you and your
developmental
psychology

藤崎亜由子
羽野ゆつ子
渋谷郁子
網谷綾香
編

あなたと
生きる
発達心理学

●子どもの世界を発見する保育のおもしろさを求めて

ナカニシヤ出版

はじめに

　近年，世界的にも幼児期の教育に対する注目が集まっており，生涯にわたる人生の基盤としての幼児期の重要性が再認識されています。経済協力開発機構（OECD）は，幼児教育・保育政策に関する調査プロジェクトを1998年に発足させ，これまでにStarting Strong（人生のはじまりこそ力強く）という報告書を5冊まとめています。その中では一貫して幼児教育・保育への投資は社会的な経済的効率性を促進し，生涯にわたる不平等を低減すると述べられています。そして，保育の量の拡充のみならず質の確保が課題となり，さらには保育の質とは何か，質をどう評価するのかの議論が進んでいます。

　現在，日本の幼児教育・保育も制度上の大きな改革が進み，個々の保育者の高い専門性が求められ，仕事内容は多岐にわたっています。しかし，子どもの傍らで寄り添いながら，一人ひとりの子どもを理解し，よりよい発達を願いながら共に成長していく存在でありつづけることは，今も昔も変わらず保育の基本なのではないでしょうか。

　本書は，保育者養成課程（幼稚園教諭免許状・保育士資格）におけるテキストを想定しています。具体的には，「発達心理学」や「保育の心理学」「子どもの理解と援助」「子ども家庭支援の心理学」などの科目のテキストとして使用できる内容を含んでいます。本書の特徴としては，能力・機能主義的な視点から能力の束として子どもを描くのではなく，関係発達論的な視点で子どもを見ることの重要性に鑑み，第1部では「関係発達論的視点」から保育の営みをとらえることを提案しています。また，遊びと生活を通した保育の重要性は，各章を通して共通のテーマとしています。章立ては，テキストとしての使用を優先して分野別とはなっていますが，まずは日常の子どもの姿をもとに，その中に浮かびあがる発達の姿をとらえたいと願っています。よって，前半に「保育の中の発達の姿」があり，後半に「発達の理論」を配置しています。

　その上で，現前する日常の子どもの姿から，発達を理解するための仕掛けと

して，今回，執筆者全員が同じエピソードを共有し，同じ一人の子の発達の姿をそれぞれの視点から議論する方式としました。具体的には，岩波映像株式会社に許可をいただき『3年間の保育記録：一人の子どもの入園から卒園まで』という映像資料を用いました。この映像資料は，入園から卒園まで，リョウガ君という男の子がどのように幼稚園の中で過ごし育っていくのかが描かれている大変貴重なものです。リョウガ君は，繊細かつ意志の強い男の子です。初めての登園日にはお母さんと離れがたかったリョウガ君が，年長クラスが終わる頃には，お友達と探検ごっこを楽しみ，幼稚園の築山からダイナミックに転げ降りるまでに成長していきます。友達とぶつかり，泣いて笑って，主張して，うまく制作ができずに悔しくて悔しくて，でも涙をこらえたり。そんな姿を保育者は見守り，時には迷いつつ，共に歩んでいきます。本書では，このようなリョウガ君の育ちの姿をもとに発達の理論を解説しました。従来，発達心理学が明らかにしてきた知見を単に知識として見るのではなく，それらが具体的に一人の子どもの育つ姿の中にどのようにして現前しているのか，保育の営みの中で子どもがどのように力を発揮し変化していくのかを描きたいと願っています。

　保育者を目指す学生のみなさんが発達心理学を学ぶ意義は，単に発達の諸理論を頭に詰め込むのではなく，具体的な子どもの姿と照らし合わせながら，日常の「あたりまえ」の子どもの行動を，新鮮さと驚きをもって再発見するまなざしを身につけることにあるのではないでしょうか。赤ちゃんが大声で泣くこと，指さしが理解できるようになること，笑顔を交歓することなど，通常あたりまえとして生活していることの根底をとらえ直すことによって，人間とは何かが見えてきます。発達心理学を学ぶ中で，日常の子どもの生活や遊びから人間のおもしろさを感じ取ってほしいと願っています。

　だからこそ，本書では発達心理学が明らかにしてきた知見を所与のものとして学生に解説するのではなく，それらを用いて目の前の子どものことば，表情，行動をどう理解していくのか，その視点を「教える者」と「教えられる者」が共有し，共に学び合いたいと考えています。子ども（人間）をめぐる謎や不思議を，学生や保育者，養成校の教員・（教科書の中の）研究者たちが共に考えるというイメージです。それが「あなたと生きる発達心理学」です。

本書の執筆にあたっては，岩波映像株式会社様には貴重な資料の使用を許可
していただき，心より感謝申し上げます。また，本書を執筆するにあたり保育
の魅力を存分に教えてくれた子どもたちや保育者の先生方に心より御礼申し上
げます。最後に，未熟な編者を温かく励まし支えてくださったナカニシヤ出版
の山本あかね様に深く感謝申し上げます。

編者を代表して　藤崎亜由子

目　次

はじめに　i

第1部　発達心理学と保育

第1章　発達心理学とは？―子どもの発達を理解することの意義―― 2

1．人間とは何か―生物学的発達　3
2．「子ども」とは―文化・歴史的発達　5
3．子どもが生まれ育つ道筋―個体発生的発達　6
4．保育者としての子どもへのまなざし　8

第2章　保育は子どもの何を育てるのか？

―関係発達論的視点と保育―― 11

1．関係発達論とは　12
2．「望ましい姿」に囚われることの危険性　12
3．子どもの「心」を「感じる」ことの重要性　13
4．主体としての心の二側面―「私は私」と「私は私たち」　14
5．主体としての心を育むための養護的かかわり　16
6．教育的かかわり　17
7．日々の関係性が子どもの心に沈殿していく　18

第2部　保育の中の発達の姿

第3章　環境を通して子どもが育つとはどういうことだろう？

―保育における人・モノ・コトとの出会い―― 24

1．保育の中で子どもが育つ　25
2．子どもの育ちを支える保育者の役割　31
3．まとめ―環境を通して子どもが育つとはどういうことだろうか　35

第4章 赤ちゃんは何を見て，触って，感じているの？
―0～2歳の発達と保育――――――――――――――――――37
1．保育実践における子どもの発達と保育　37
2．1歳児から2歳児の自己主張に向かう自我　43
3．3歳未満児の保育における Active learning　45

第5章 幼児期に大切にしたいことってなんだろう？
―3～6歳の発達と保育――――――――――――――――――49
1．3歳児の発達と保育で大切にしたいこと　50
2．4歳児の発達と保育で大切にしたいこと　54
3．5歳児の発達と保育で大切にしたいこと　56

第6章 子どもから大人への変化を生きぬくために必要な糧とは？
―児童期から青年期の発達と学校――――――――――――61
1．児童期の発達と学校　62
2．思春期の発達と学校　66
3．私は何者？―青年期を生きる　70
4．児童期から青年期を生きぬく―発達の連続性の中でとらえる　71

第7章 大人も発達するの？―成人期，老年期の発達と家族支援――73
1．親子を支えるための視点―円環的因果律　73
2．家族を見渡す手法―ジェノグラム　75
3．親自身の発達を支える視点―専門家の手助けの重要性　77
4．子育て世代をめぐる状況と保護者支援―ジョイニングを意識する　78
5．祖父母世代の育ちと孫育て―世代間境界と境界侵犯　79
6．多様な家族とその理解
　　―離婚家庭と再婚家庭における忠誠葛藤と継母（父）神話　81

第8章 「しょうがい」ってなんだろう？
―障害のある子もない子も共に生きる保育――――――――84
1．新たな「障害」観　84
2．さまざまな障害と必要な配慮　87
3．共に生きる道を歩む　93

目　次　vii

第3部　発達の理論と子ども理解

第9章　身体づくりは心も育てる？
―活動の基盤となる身体・運動の発達―――――――98
1．身体の発達　99
2．運動の発達　102
3．子どもの生活と身体・運動の発達　105

第10章　子どもの脳はどのように発達するの？
―脳の構造と機能の発達―――――――――110
1．脳構造の発達　110
2．脳機能の発達　113
3．おわりに　118

第11章　ヒトの胎児・新生児はどのように「有能」か？―――――119
1．胎児の発達　119
2．新生児期の発達　122
3．ヒトの出産と新生児の特徴　127

第12章　感情の発達がなぜ注目されているのか？
―社会性や認知発達を支える感情―――――131
1．感情の発達　132
2．社会・情動的発達の重要性　137

第13章　やる気ってなんだろう？―動機づけと子どもの遊び―――141
1．やる気って何？　142
2．内発的動機づけと外発的動機づけ　143
3．動機づけと感情　146
4．動機づけを阻害するもの―失敗経験と物理的な報酬　147
5．内発的動機づけと遊び　149

第14章　子どもたちはどのように世界を理解していくのだろう？
―自分をとりまく人やモノへの認知の発達―――――153
1．ピアジェの認知発達理論　153
2．ピアジェ以後の認知発達の考え方　158

3．ヴィゴツキーの社会文化的発達理論—内言と外言　159

第15章　子どもの学びを支える保育とは？
—学び（学習）のプロセスと理論学習————162
　　　1．行動主義的学習観　162
　　　2．社会構成主義的学習観　167

第16章　子どもは人とのつながりの中で，どのようにことばを獲得するのだろう？————172
　　　1．ことばを話すための準備—ことばを生む声の獲得　173
　　　2．ことばになる前のことば
　　　　　—ことばが生まれる前のコミュニケーション　173
　　　3．ことばを生む認知的な基盤—三項関係の成立と象徴機能の発達　174
　　　4．話しことばの獲得—ことばで人とつながり，世界を広げる　175
　　　5．伝え合うことばの獲得—話し合いを支える保育者の援助　176
　　　6．書きことばの獲得—音から文字へ　178
　　　7．小学校教育につなぐことばの獲得
　　　　　—一次的ことばと二次的ことば　180
　　　8．遊びや生活をつくることばの獲得—未来をつくることば　181

第17章　子どもが社会への一歩を踏み出す時とは？
—社会性の発達————183
　　　1．エリクソンの発達理論　184
　　　2．社会性の発達—リョウガ君の歩みから　187
　　　3．育てる者の発達　190
　　　4．社会に支えられて開かれる発達　191
　　　5．おわりに—社会性をめぐって　194

第18章　仲間関係を通して育つことってなんだろう？————196
　　　1．幼児は遊び相手をどのようにして選ぶのか　196
　　　2．仲間とのかかわりと関係の違い　199
　　　3．社会的な遊び　199
　　　4．仲間関係を通して育つこと　200
　　　5．保育において心がけること　203

第19章　気持ちを理解するってどういうことだろう？
—自我の芽生えと遊びの中での他者理解————204
　　　1．自分と他者の関係の基盤—三項関係の成立　204

目　次　ix

　　　2．自我の芽生え　206
　　　3．自己制御と他者のことば　208
　　　4．他者理解の発達　209
　　　5．自己主張と自己抑制　211

第20章　子どもは規則や善悪をどのように学ぶのだろうか？
──道徳性の発達────────────214

　　　1．道徳性の基盤　215
　　　2．道徳的判断の発達　216
　　　3．子どもの道徳性を育むには　219
　　　4．小学校以降の道徳教育とのつながり　221

引用文献　223
索　　引　237

┌─コラム─
│　1　幼児期の終わりまでに育ってほしい姿　21
│　2　保育者の発達　36
│　3　就学前教育と格差問題　60
│　4　家庭，地域とともに　83
│　5　スウェーデンの保育から行事を考える　152
│　6　子どもを理解するさまざまな方法（1）知能検査と発達検査　171
│　7　子どもを理解するさまざまな方法（2）観察，エピソード記録　213
└

掲載エピソード一覧（掲載ページ順）（『3年間の保育記録：一人の子どもの入園から卒園まで』岩波映像株式会社より）

No	エピソードタイトル	年齢	DVD	エピソード登場時間	掲載章	掲載ページ	主な関連章
2-1	ボクは仮面ライダー	3歳8か月頃	1巻	55:04	2章	p. 19	3章, 5章, 12章, コラム7
3-1	乗り物遊具でコラコラ	3歳1か月頃	1巻	09:55	3章	p. 26	16章
3-2	探検隊の坂転がり	5歳9か月頃	2巻	01:33:43	3章	p. 30	
5-1	初めての登園日	3歳0か月頃	1巻	01:49	5章	p. 50	12章
5-3	ママに抱っこしてほしい	3歳1か月頃	1巻	16:53	5章	p. 51	
5-5	お弁当食べない宣言！	4歳6か月頃	2巻	21:57	5章	p. 54	1章, 3章, 15章, 17章
5-7	メニューの値段を決める	5歳3か月頃	2巻	01:02:25	5章	p. 57	
5-8	富士山とエベレストはどっちが高い？	5歳1か月頃	2巻	54:26	5章	p. 57	
9-1	丸めて剣を作る	3歳6か月頃	1巻	41:52	9章	p. 98	12章, 13章
9-2	ボクにはできない	3歳8か月頃	1巻	01:03:56	9章	p. 98	3章
9-3	自分の手ででてきた！	3歳11か月頃	1巻	01:08:40	9章	p. 99	
13-1	砂場遊びに夢中になるまで	5歳1か月頃	2巻	52:14	13章	p. 141	3章
13-2	オオカミのお面づくり	4歳8か月頃	2巻	29:34	13章	p. 148	
14-1	みんなで剃りごっこ	4歳8か月頃	2巻	29:49	14章	p. 155	
14-2	黒ひげレストランごっこ	5歳3か月頃	2巻	01:00:46	14章	p. 156	
14-3	四つ葉のクローバーをつくる	5歳9か月頃	2巻	01:17:14	14章	p. 161	12章
15-1	プール遊びへのきっかけづくり	3歳4か月頃	1巻	29:35	15章	p. 164	5章, 14章
16-1	どうやってボールを回せばいい？	5歳6か月頃	2巻	01:11:50	16章	p. 176	19章
16-2	星組探検隊だけのマークをつくろう	5歳9か月頃	2巻	01:31:50	16章	p. 181	
17-1	森を描こう	4歳6か月頃	2巻	26:35	17章	p. 183	3章
17-2	ころんじゃった	4歳2か月頃	1巻	12:46	17章	p. 187	
18-1	3歳クラスの遊び相手	3歳児前半・後半	1巻	46:00	18章	p. 196	
18-2	黒ひげレストランでのいざこざ	5歳3か月頃	2巻	01:00:46	18章	p. 198	5章, 12章, 14章, 20章
19-1	自分の望みと相手の望み	3歳8か月頃	1巻	58:32	19章	p. 207	コラム7
19-2	他の人の意図を読む	5歳6か月頃	2巻	01:11:50	19章	p. 211	
20-1	やりたい放題	3歳3か月頃	1巻	24:26	20章	p. 214	3章, 15章

注：年齢順の一覧は，p. 222を参照。

第1部
発達心理学と保育

　発達心理学の世界へようこそ。

　保育者を目指す人には，心理学に関心をもってくれる人が多い。特に発達心理学は，子どもの心を理解できるようになりたい，という願いを叶えてくれるのではないかと期待する人も多い。それは，保育の中で，目の前にいる子どもは，「どうして泣いているのだろう」「何を伝えたいのだろう」「今はやさしく受け止めるほうがいいのか，少し厳しくダメなことはダメだと言っても大丈夫だろうか」と，子どもの最善の利益を考えて，判断に迷う経験をしているからではないだろうか。この迷いは，発達を考える上でも重要だ。保育場面で子どもの心を理解することは，子どもを保育者である自分と切り離して理解することではなく，子どもと保育者自身との関係の中での営みだと物語っているからである。だからこそ，子どもが安心して眠る姿や，できなかったことができるようになった姿，専心して遊ぶ姿を見て，保育者は喜びを感じる。発達は，関係性の中で生まれる。この発達観について，関係発達論として第2章で紹介する。

　関係性は，広がっていく。時間的には，一人ひとりの人生の時間，その人生が次の世代へと受け継がれていく時間，ヒトという種の進化的な時間，地球物理的時間へと広がっていく。空間的には，家庭，保育所・幼稚園といった教育機関，地域といった身近な関係性から，多様な自然や文化が共生する地球との関係性へと広がっていく。第1章は，関係性の広がりとしての発達観を展望する手がかりとなる。

　人が連綿と続けてきた生の営みである保育・教育では，発達を包括的にとらえることが求められる。第1部は，第2部以降で紹介されるさまざまな領域の発達を結び合わせ，子どもも大人も，生きているだけではなく，共に生きていく，という未来に向けた発達観を描く道標になるだろう。

第1章　発達心理学とは？
子どもの発達を理解することの意義

　保育は幼児理解に始まると言われる。文部科学省（2010）『幼児理解と評価の考え方』では，「幼児期にふさわしい教育を行う際にまず必要なことは，一人一人の幼児に対する理解を深めること」とあり，保育者は幼児が今何に興味をもち，何を実現しようとしているのか，何を感じているのかなどをとらえ続け，その**発達**を促していかなければならない，とある。では，子どもの発達の過程を理解し，適切な発達援助ができるということは，具体的にはどのようなことなのだろうか。本書では，発達心理学がこれまでに明らかにしてきた知見や発達的な視点を大切にしつつ，現前する子どもの日常の姿と結びつけながら解説することを心がけた。具体的には，リョウガ君という男の子の幼稚園での3年間の育ちの姿と重ね合わせて，発達を理解し支援する保育という営みを描きたいと願っている。

　では，みなさんは発達心理学については，どのようなイメージをもっているだろうか。保育者を志す学生は，発達心理学と聞くと，〇歳頃の子どもには何ができて何ができないのかの一覧表を網羅する学問であり，その物差しにあてはめて子どもを理解しようと試みがちである。保育者養成校で教員をしていると「先生！　4歳さんってハサミ使えますか？」などの質問をよくうける。また，発達心理学は幼児期もしくは児童期を対象とした学問であると限定的にとらえる人も多いだろう。

　それも無理はない。心理学自体が比較的新しい学問領域であり，1870年代のドイツで誕生した近代的な心理学の歴史は150年に満たない（サトウら，2012）。発達心理学の歴史はさらに浅く，日本において発達心理学会が発足したのは1989年となる。大人を対象とした研究から子どもへと視座が広がり，子どもがどのようなプロセスを辿って大人になるのかについても関心が広がる中で**児童心理学**が誕生し，その後に人間の生涯にわたる変化をとらえようとして生まれ

てきたのが発達心理学なのである（藤永，2016）。近年では，脳科学や遺伝学，工学や人類学，教育学，社会学など学際的にその領域を広げ，発達的視点を中核においた「**発達科学**」として発展しつつある。

　発達心理学の定義は，「受胎から死に至るまでの生体の心身の形態や機能の成長・変化の過程，これに伴う行動の進化や体制化の様相，変化を支配する機制や条件などを解明し，発達法則の樹立を目指す心理学の一分野」とある（柏木ら，2005）。つまりは，時間に沿って展開される「**変化の過程と仕組み**」が発達心理学のテーマなのである。また，発達は胎内生活から始まり（第11章参照），成人して後も生涯にわたって人は発達する。人間の発達と聞くと，赤ちゃんが歩き出し，ことばを話し，お絵かきをし始め，数を覚え，文字を学ぶというように次第に何かができるようになっていく能力の獲得の姿が真っ先に頭に浮かぶ人も多いだろう。しかし，ある機能の獲得の背景には，他の機能の消失がある（第10・11章参照）。また，さまざまな機能が低下していく老年期にも人間の発達はある（第7章参照）。このような能力の**獲得的変化や衰退的変化**も，個人の環境への適応能力の変化ととらえて，その変化に関心を寄せるのが発達心理学なのである。

　人間の発達をとらえる時間軸には，大きく分けて以下の四つがある。それが進化という時間軸から人間をとらえる**生物学的発達**という視点であり，人類の歴史的時間の中で人間をとらえる**文化・歴史的発達**である。そして，**個体発生的発達**では人間の生涯という時間軸での変化をとらえるとともに，それを比較的短期間の日々の営みの中から見る視点が**微視発生的発達**である。下記では，その四つの視点に立って，子どもの発達と保育について考えてみたい。

1．人間とは何か―生物学的発達

　人間は生物であるというごく当たり前の視点を，文明化された生活を送る私たちは忘れがちである。生物としてのヒトへの理解を深めることは，幼い子どもの命を守るために必須の知識であると同時に，人間の不思議に出会える貴重な機会を与えてくれる。

　無限の可能性があるように思える子どもたちにも人間という種レベルの制約

4　第1部　発達心理学と保育

があり，どんなに訓練しても空は飛べないし，水中で息はできない。先祖から受け継いだ遺伝的な制約と人間がもつ大きな学びの可能性の中で，よりよく生きることを目指して子どもたちを教育していくのが保育の営みである。

　137億年と言われる宇宙の歴史の中で，46億年前に地球が誕生し，さらに35億年前には地球上に生命が誕生した。昆虫類の繁栄は約4億年前に遡ることができる。魚類や両生類，爬虫類と多様な種が生まれる中で，胎盤を形成し子宮の中で胎児を育てる真獣哺乳類は1億2500年前頃に誕生し（Ji et al., 2002），6500万年前になると霊長類が出現した（長谷川・長谷川，2002）。ヒトは哺乳綱，霊長類目の中の**ホモ・サピエンス**（Homo sapiens）という種に属する。サピエンスとは「賢い」という意味である（もちろん，人間が自らを「賢い」と名づけたのである）。哺乳動物なので，卵ではなく大人と似た形態の赤ん坊を産み乳で育てる。霊長類は樹上生活に適応し，その一部では嗅覚が退化する一方で視覚が発達した（郷・颯田，2007）。霊長類の一種である人間も目から多くの情報を取り入れ，見て学ぶことが得意である。と同時に，目を使ったコミュニケーションを複雑に発達させてきた。見つめ合い，視線で意図を伝え合うのは極めて人間的なやりとりである。ちなみに，人間の目は白目と黒目のコントラストがはっきりしており，互いに視線を読み合いやすくなっている（小林，2002）。

　およそ700万年前にチンパンジーとの共通祖先から分岐したヒトの祖先は，二足歩行を開始し，道具を使用し，肉食を覚え，脳が巨大化し，高度な言語能力をもつに至った。他の生物がそうであるように，人間もまたユニークな特徴をもつ生物なのである。特に興味深いことに，人間は血縁関係にない他者とも協力する社会性をもっており，積極的に教育を行うという特徴をもっている。チンパンジーは熟達者の行動を子どもがよく「見て」学んでいくが，大人が子どもに積極的に「教える」ことはしないという（松沢，2002）。「ああしなさい」「こうしなさい」と手取り足取り教えたくなるのはどうやら人間特有の感覚らしい。そこには，他者の心の状態（何がしたくて，何がわかっていて，何がわからないのかなど）を推測し，的確に情報を与えることのできる能力が絡んでいる（第19章参照）。保育という営みの中であたりまえに繰り広げられている「**教え-教えられる**」という日常にも，生物学的基盤があるのである。

2．「子ども」とは―文化・歴史的発達

　人類が誕生した以降の歴史の中でも人間の生活は著しく変化した。長い狩猟採集生活の後，農業を開始したのがおよそ１万年前である。その頃には，動物の家畜化も始まった。およそ2000年前には全世界で３億人だった人口は，現在では70億人を突破した（国連人口基金，2011）。特に産業革命以降に食糧問題の改善や工業化による生産力の向上とともに人類は爆発的に増加していく（図１-１参照）。さらに医学的な進歩も乳幼児の死亡率を急激に減少させた。

　子どもの発達にも，彼らが育つ時代・文化が多大な影響を与えている（第17章参照）。現代の日本では，少子化，高齢化，核家族化，地域社会の崩壊などが叫ばれて久しい。スマートフォンなど，親の世代には想像もできなかった技術が子どもたちの手のひらの中にある。保育者としては，人類の長い歴史の上に立って，今という時代を見据え，子どもたちの将来を展望し，未来を願いながら今ここの子どもたちと向き合っていなければならない。そのためにも，文

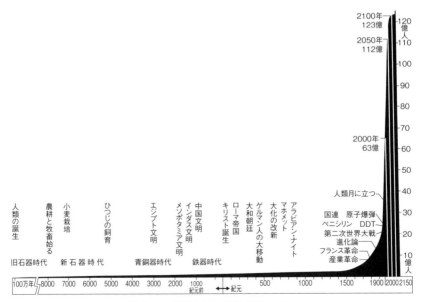

図１-１　世界人口の推移（篠崎，1976）

化・歴史的な発達の視点をもつことは重要なことであろう。

　そもそも，私たちが抱く子どもへの見方や考え方，接し方も文化によって，そして時代によって変化するという視点も忘れてはならない。産業革命以後，社会がゆとりをもち，より多くの子どもがより長く生きることになった時代に**「子ども」という観念**が誕生したとするアリエスの論考はあまりにも有名である（Ariès, 1962 杉山・杉山訳 1980）。これに対する批判的検討も多くあるが，子どもへのまなざしが時代や文化によって変わりうることを示した研究の嚆矢としての意義は大きい。日本においても庶民の暮らしは長く貧しく，捨子や子返し（子殺し）という風習があった（太田，2007）。江戸時代になってようやく生活が安定する中で，守り教育する存在としての子どもへのまなざしが生まれてきたという。現代では，守られる存在としてだけではなく，社会に参加し意見を表明する主体としての権利を子どもは有するとされている（『子どもの権利条約』1989年国連総会において採択。日本では1994年に批准）。リョウガ君の事例（エピソード5-5『お弁当食べない宣言！』参照，p.54）でも，お弁当を食べない宣言をしたリョウガ君に対して，「お弁当を強制しないで，とにかくリョウガ君の抵抗につきあってみよう」と保育者は試みる。リョウガ君の力を信じ，その行動を意思の表明としてとらえ，主体性を受け止めるかかわりである。

　現代日本における保育の営み，すなわち，子どもを主体に遊びや生活を丁寧に育みながら，環境を通して行う保育も，以上のような文化・歴史的背景のもと形作られてきたものである。21世紀に入り，世界的にも幼児期の子どもたちの育ちの質が，後の人生を左右するとする実証的データが蓄積されつつある（Heckman, 2013 古草訳 2015）。生涯にわたる人間形成の基盤としての幼児期の教育（保育）の重要性は，今後一層高まっていくであろう。

3．子どもが生まれ育つ道筋―個体発生的発達

　発達とは，受胎から死に至るまでの人生を視野に入れていると上述した。このような個人の変化の歴史が個体発生的発達である。2017年度時点，日本国民の平均寿命は男性81歳，女性87歳である（厚生労働省，2018）。このような長

表 1-1　発達の時期のおよその範囲と名称

胎児期	受精から誕生まで
乳児期	誕生から 1 歳 6 か月頃まで （生後 4 週までは新生児期）
幼児期	1 歳 6 か月頃から 6 歳頃まで
児童期	6 歳頃から12歳頃まで
青年期	12歳頃から22歳頃まで
成人期	22歳頃から65歳頃まで 　成人前期　22歳頃から40歳頃まで 　中年期　　40歳頃から65歳頃まで
老年期	65歳頃から死に至るまで

い人生をひとくくりに論じることは難しく，発達心理学ではある程度のまとまりのある時期に分けて人間の発達をとらえようとする。代表的な区分が，胎児期，乳児期，幼児期，児童期，青年期，成人期，老年期という区分である（表1-1参照）。操作的な区分ではあるが，そこには子どもの発達にとって連続的な変化（語彙数が増える，身長が伸びるなど）では測れないような質的な変化（体外生存可能となる肺呼吸の開始，歩行の開始，ことばの獲得，書きことばによる学習の開始，抽象的・論理的思考の開始など）が存在する。このような区分を**発達段階**と呼んでいる。

　本書でも，前半部分はそれぞれの発達段階に応じた子どもの育ちの特徴と変化を描いている。後半には，ことばや感情，認知，社会性などの心理的機能別に子どもの発達を描いた。ただし，注意しなければならないのはそれぞれの機能は独立して存在するものではないということである。ことばという機能を取り出して，単語を繰り返し諳んじることで子どものことばの力を伸ばすことはできない。ことばは伝えたいと思える豊かな体験や，体験を共有したいと思える親密な他者の存在，表象機能の発達などと絡み合いながら総合的に育っていくものなのである。

　発達段階に使用される時期区分に沿った子どもたちの能力や機能の発達は，子どもを理解する目安ともなる。それは子どもたちの育ちの見取り図をもつことだと言えるかもしれない（秋田，2015）。保育者は地図に沿って発達の道筋を見通すことによって，今ここにある子どもたちの育ちを信じて待つこともで

8　第1部　発達心理学と保育

きる。時には子どもと一緒に寄り道したり，回り道をしたり，ゆっくりと歩む姿に寄り添うこともできるだろう。また，地図は保育者同士，子どもの育ちを語り合う素地ともなる。忘れてはならないのは，外側の基準（目安）に子どもを合わせようとしたり，その目安に従って，それぞれのペースでそれぞれの道を歩む子ども同士をむやみに比較したりしてはいけないということである。

　また，発達とは一直線の上昇ではなく，停滞や下降，回り道などもあり，個人差も大きく，その表れは多様であることを理解しておいてほしい。リョウガ君の発達も決して単純な道のりではなかった。その渦中にあった担任の先生は，時には不安を感じつつ，迷いつつ，見守るか子ども同士のかかわりにゆだねるか，積極的に関与するのかをその都度判断し，決断していたのであろう。一つひとつの判断・決断は，実践の中で即興的に生み出されていく。それを振り返り，確認し，改善しながら実践は積み重ねられていく。その営みを支える根拠や指標として，発達心理学を学ぶことは意味をもつのではないだろうか。

　最後に，**微視発生的発達**について触れておきたい。保育者のかかわりは即興的に生み出されていると述べた。保育の中では，日々子どもたちは成長し，変化していく。もちろん保育者も成長している。知るということは，変わるということであり，人間は常に変わり続け，何かを知って生まれ変わり続けている（養老，2003）。一見同じように見える日々の中で，刻々と変化していく子どもの姿をとらえる視点が微視発生的発達である。「A ちゃんが園庭で拾ったものを見せにきてくれたのは初めてだな」「いつも遠慮がちな B くんがお友達に自分から声をかけていたな」「C ちゃん，飼育槽のカタツムリがキャベツを食べる様子をじっと見ていたな」など，小さいけれどとても大切な子どもの変化に気づき，その意味を理解しようとかかわる積み重ねが保育を創っていくのだろう。

4．保育者としての子どもへのまなざし

　以上，子どもの発達を「生物学的発達」「文化・歴史的発達」「個体発生的発達」「微視発生的発達」という四つの視点からとらえる重要性を指摘してきた。ここでは，コール（Cole, M.）の図（図1-2）をもとに保育者としての専門

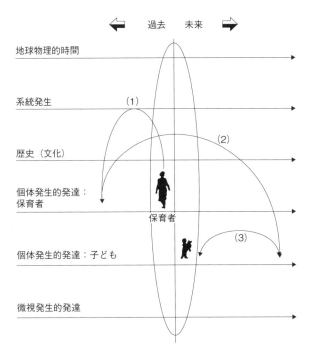

図1-2　過去を振り返る，未来を考える（Cole, 1996 天野訳 2002をもとに作成）

　水平線は，物理的宇宙の歴史，地球上の生物の（系統発生的）歴史，地球上の人類の歴史（文化・歴史的時間），個人の生活（個体発生的発達），瞬間瞬間に生きた経験（微視発生的発達）に対応する時間尺度を表す。縦の楕円形は，子どもの誕生という出来事を示す。認識の時間的な配分は，継次的に，次のように進む。（1）保育者の過去の記憶，（2）その保育者の子どもの未来についての想像，（3）保育者のそれに続く行動。この連鎖においては，保育者や他の大人たちが，子どもの経験を，自分たちが想像する未来の子どもの姿と一致するように組織化してゆき，文化の理念的な側面がその物質的形式に変換される。

性について考えたい（Cole, 1996 天野訳 2002：コールは，地球物理的時間についても言及している）。

　コールは，ヴィゴツキー（Vygotsky, L. S., 1896-1934）の文化−歴史的発達観の視点から（第14章参照），大人と子どものかかわりを分析する。彼は，文化を用いる人間だけが文化の過去に「さかのぼり」，それを未来に投影することができ，その思い描いた未来を現在に「連れてくる」ことができると述べている。例えば，子どもと接する大人は，（1）過去の自分の育ちに関する記憶からその文化において適切だと見なされる活動をもとに，（2）子どもたちの

未来について想像する。（3）そして想像した子どもの未来に基づいて，今目の前にいる子どもたちに働きかけていく。大人は子どもの未来を想定して一定の文化的文脈をつくりだし，それぞれの文化に特有の実践が子どもの発達を導いていくのである。あくまでも「発達の原動力」は，子ども自身の主体的活動であるが，文化的環境は「発達の源泉」となるのである（Vygotsky, 1956 柴田訳 2001）。そして，生まれた時より周りの人々との社会的なやりとりに巻き込まれ，子どもたちは発達していく。

　以上の図式に照らし合わせると，保育者自身のもつ過去の経験が意識的・無意識的にも子どもの育ちにいかに影響するかがわかるだろう。リョウガ君の『お弁当食べない宣言！』（エピソード5-5参照，p.54）を見て，どうにか食べさせないといけないと栄養面が気にかかり焦る人もいるだろうし，その行動を「わがまま」ととらえて毅然と対峙する人もいるかもしれない。リョウガ君の存在をかけた訴えにたじろぐ人もいれば，自分を乗り越えようともがく姿に頼もしさと希望を見いだす人もいるかもしれない。保育者自身の過去の経験や今おかれている状況によって，子ども理解のあり方は異なってくる。子どもの「気になる行動」も，その子自身に内在する問題として対処するのではなく，自分との関係，子ども同士の関係，保育の場の雰囲気など，かかわりの中でとらえていく必要がある（刑部, 1998）。時には，「なぜ自分はその子のその行動が気になったのか」と自問することで，自分自身の子どもの見方に気づくことも大切である。また，保育者同士の学び合いの重要性は言をまたないであろう。

　専門家である保育者は，（1）自らの過去の記憶や子どもの発達に関するさまざまな理論や保育制度などの文化−歴史的に育まれてきた過去の智慧をもとに，（2）子どもたちの育ちゆく未来を見通しながら，（3）いまここにともにある子どもとのかかわりを豊かに紡ぎ出していかなければならない。ぜひ，人間とはなんだろう，発達するとはどういうことだろう，この時代によりよく生きるとはどのようなことだろう，という根源的な問いをもちながら，子どもとかかわってほしい。

（藤崎亜由子）

第2章　保育は子どもの何を育てるのか？
関係発達論的視点と保育

　今，本書を読んでいるみなさんの多くは，将来，保育者になることを志しているだろう。そこで，ぜひ想像してみてほしい，「自分はどんな保育者になっていくだろうか？」と。

　子どもを温かく包みこむような優しい保育者になる人もいるかもしれない。子どもと一緒に遊び回る元気な保育者になる人もいるだろう。あるいは，着替えやお片づけなどをきちんと躾けようとする保育者になる人もいるかもしれない。

　そうした保育者の「人となり」には，その保育者自身がかつて親や保育者，教師といった「育てる者」たちにどう育てられてきたかということが深く影響している。「育てる者」に十分に甘え，自分の気持ちを受け止めてもらってきた人は，子どもの甘えを温かく受け止めていく保育者になる可能性が高いし，逆に厳しい「育てる者」に囲まれて，甘えることが許されなかったという人は，目の前の子どもが甘えを出してきた時に，「もっとしっかりさせなきゃ」などと思う可能性がある。

　これまで「育てられる者」だったみなさんは，いよいよ「育てる者」の側に回ろうとしている。その「育てる者」の「人となり」が子どもの育ちに深く影響していくということは，みなさん自身の体験を振り返ってみれば明らかだろう。保育者になるということは，子どもを育てる専門家になるということ，それだけ大きな責任を引き受けるということである。自分がどんな「人となり」の保育者になりたいか（なっていくべきか），子どもをどう育てていったらよいかということを考えながら，本書の各章を読み進めてほしい。

1．関係発達論とは

　本章ではまず保育の一番の基本となる事柄について，**関係発達論**（鯨岡，1999）に沿って見ていくことにする。関係発達論というのは，発達心理学の領域で新たに提唱されている理論で，次のような特徴をもつ。

　①子どもの能力の発達以上に，子どもの心の育ちに光を当てる。

　②周囲の人々との関係性が子どもの心に沈殿し，心のありようを決定づけていくと見て，子どもと周囲の人々の関係性に注目する。

　③養育者や保育者などの子どもへの向かい方には，かつて自分がどう育てられたかということが深く影響していると見て，「育てられる者」が「育てる者」になっていく過程を追っていく。

　いずれの視点も保育を考える上で重要なものであるが，以下では特に①と②の視点を活かした保育論，子どもの見方とはどういうものであるかを紹介していく。

2．「望ましい姿」に囚われることの危険性

　保育とは子どもを育てる営みであると述べた。だが，子どもの何を，どのように育てていけばよいのだろうか。

　例えば，見通しをもって，自分のしなければならないことに気づき，自ら行動できるような力を育てていくことが大切だと言う人がいるかもしれない。あるいは，集団生活のきまりを守り，自分の気持ちをコントロールできることが重要だと考える人もいるだろう。さらには，小学校への準備として，人の話をきちんと聞いたり，物の性質や仕組みに好奇心をもてたりする子が望ましいと言う人もいるかもしれない。

　実は，これらは平成30（2018）年度から適用された新しい保育所保育指針，幼稚園教育要領，幼保連携型認定こども園教育・保育要領に，「**幼児期の終わりまでに育ってほしい姿**」として明記されている10の子どもの姿の一部である（コラム１，p.21参照）。すべての保育者は保育指針や教育要領に従って保育を

行うことが求められるから，そこに記載されている子どもの姿を頭の片隅に入れておくことは必要かもしれない。

　しかし，逆にこうした「望ましい姿」にあまりに囚われてしまうと，今目の前にいる子どものことを「見通しがもてない子」「集団生活のきまりが守れない子」「何に対しても興味がもてない子」といったふうに否定的にしか見られなくなってしまう危険性がある。保育者が一方的に「望ましい姿・行動」「身につけるべき能力」を設定し，そこに向けて子どもを引っ張ろうとしたり，あれこれやらせたり，ルールなどを教え込んだりする保育（これを「させる保育」と呼ぼう）は，子どもに対する保育者のまなざしを厳しいものにし，保育者の目をかいくぐろうとする「ずる賢い」子どもや，逆に大人の顔色を過度にうかがう従順な「いい子」を生み出していくだろう（Garland & White, 1980）。それは子どもの育ちにとって決して望ましい保育とは言えない。

3．子どもの「心」を「感じる」ことの重要性

　「させる保育」の最大の問題点は，子どもの「行動」や「能力」など外面的な要素ばかりを見て，子どもの「気持ち」や「心」に注意を向けていない点にある。例えば，昨日まで集団の輪に入れなかった子どもが，今日はみなと一緒に行動していると，それだけで「あの子も協調性が身についてきた」などと評価する人がいる。だが，本当に大切なのは，その子がみなと一緒に行動することを楽しめているかどうか，集団の中で生き生きと自分を発揮できているかどうかといった，その子の気持ちや心のありようである。たとえ行動面では集団に入れていたのだとしても，保育者から言われるままに，本当はやりたくない集団活動をやらされている，といったことでは意味がないのである。

　その子がどういった気持ちで集団に参加しているのかといった心のありようは，必ずしも「目に見える」ものではなく，保育者が五感をフルに使って「感じる」ほかないものである。保育者は，目に見える行動や能力の変化以上に，子どもが今何を感じ，どういう気持ちでいるのかといった心や体験世界のありようを察知する感受性を磨いていく必要がある。また，あれもこれもと行動や能力を身につけさせること以上に，子どもの心が少しでも充実し，豊かになる

14　第1部　発達心理学と保育

ようかかわっていくこと，それを通じて子どもの心を育てることを保育の最大
の目標にしなければならない。

4．主体としての心の二側面―「私は私」と「私は私たち」

　子どもの心を育てるというのは，もっと具体的に言うと「**主体としての心**」
を育んでいくということである（鯨岡，2010）。主体としての心には，次の二
つの側面がある。一つは，自分の好きなことを見つけ，それに夢中になっての
めり込んでいくような心，自分なりの思いをもって，それを周囲に押し出して
いけるような心である。そのように気持ちが動く根底には，自分はあるがまま
の自分でよいのだという自信・自己肯定感がある。こうした心の側面を「私は
私」の心と呼ぶ。もう一つは，他者と気持ちがつながれることを喜び，他者を
思いやろうとする心である。そのように気持ちが動く根底には，他者は自分に
とって悪い存在ではない，他者はきっと自分の気持ちをわかってくれるという
信頼感・安心感がある。こうした心の側面を「私は私たち」の心と呼ぶ。

　この二つの心は，「自分はこうしたいけれど，相手のことを考えると……」
といったように，しばしば葛藤する。しかし，そうした場面でも，自分勝手に
なるでもなく，他者に合わせすぎるでもなく，自分のことも他者のことも大切
にした解決策をその都度見いだしていこうとするのが，成熟した人間のありよ
うであろう。そのようなバランスのとれた心のありようは，図2-1のような
やじろべえで表現される（図2-1）。もちろん，このやじろべえは，子どもの
中にはじめから十全な形で備わっているものではなく，養育・保育・教育を通
じて育まれるもの，その後も人間の成熟とともに徐々に発展していくものであ
る。

　まず，生まれたての乳児に対して，養育者が授乳をしたり，おしめを替えた
りといった傾倒的な世話を繰り返していく。すると，やがて乳児は「（お腹が
空いた）おっぱいがほしい！」「（おしめが濡れて気持ち悪い）早く気持ちよく
なりたい！」と言わんばかりに養育者を求めて泣くようになる（「私は私」の
心の萌芽）。そして，養育者がそうした乳児の欲求に温かく応えていくと，や
がて乳児は空腹感や不快感などの生理的欲求がない時でも，大好きな養育者と

第2章　保育は子どもの何を育てるのか？　15

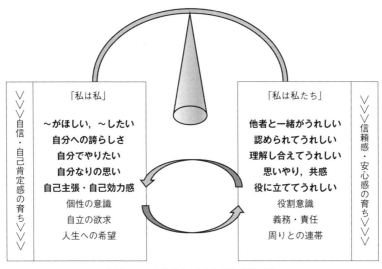

図 2-1　主体としての心のやじろべえ

一緒にいられること自体を喜ぶようになってくる（「私は私たち」の心の萌芽）。

　生後1歳頃，筋肉が徐々に成熟してきて，身体をある程度自分の思い通りに動かせるようになってくると，子どもはつかまり立ちやよちよち歩きを一生懸命にしようとする（Mahler et al., 1975 高橋・浜畑訳 2001）。そして，ついに立てたり，数歩歩けたりすると，すごくうれしそうな表情，「見て，できたよ！」と言わんばかりの得意げな表情で養育者や保育者の方を見たりするようになる。もちろん，そのような表情を見せるのは，そばにいる養育者や保育者が「すごい！○○ちゃん，歩けたね！」といったふうに認めてくれるからである。こうしたことを通じて，自分を誇らしいと思う気持ちや，他者から認めてもらえるとうれしいという気持ちが出てくる。

　2〜3歳頃になると，さらに自分でできそうなことが増えてきて，あれもやってみたい，これもやってみたいという欲求が高まってくる。同時に，自分は他の誰とも異なる一個の「私」なのだという自意識が芽生えてきて（Wallon, 1956 浜田訳 1983），自分なりの思いを強く押し出すような場面も増える。その結果，自分とは異なる「私」をもつ友達と衝突する場面も出てくるが，その一方でそれぞれの「私」がつながった時の喜びもより深いものになり，「○○

16　第1部　発達心理学と保育

ちゃんがうれしいと，私もうれしい」といった思いやりや共感の心も芽生えて
くる。

　幼児期後半の4～5歳頃には，ことばもかなり操れるようになり，より明確
な自己主張をするようになる。また，友達との比較の中で自分の得意分野を発
見し，うまくできることに自己効力感を感じるようになる。そして，仲間集団
の中で自分の得意分野を活かしつつ，周りの人の役に立てる喜びを味わえるよ
うになってくる。

　このように「私は私」の心と「私は私たち」の心は，常に表裏一体のものと
して絡み合いながら，各時期を通じて徐々に複雑に，豊かに発展していき，こ
れ以降も生涯かけてその過程は続いていく。保育の一番の目標は，生涯かけて
発展していく主体としての心の基礎・土台（図2-1の太字で書いた心の諸側
面）を育むことなのである。

5．主体としての心を育むための養護的かかわり

　子どもの中に主体としての心を育むためには，どうすればよいだろうか。

　まず一つ言えることは，「させる保育」ではそれは十分に育たないというこ
とである。あれもしなさい，これもしなさいといった大人の側の要求が強くな
ればなるほど，子ども自ら好きなことを見いだし，存分にそれにのめり込んで
いくような心の動きは抑えつけられてしまう。また，集団のきまりを守りなさ
い，友達のことを思いやりなさいなどといくら教え込んでみても，それで人と
気持ちを通わせ合う喜びや他者への思いやりが育つわけでもない。主体として
の心は，子どもの内側から自然と芽生え，育ってくるものであって，外から何
かをさせたり，教え込んだりして育つものではないのである。

　主体としての心を育んでいくための一つのヒントは，乳児期の養育者のかか
わりにある。生理的欲求が高まり，泣き出した乳児に対して，養育者が日々丁
寧に応えていくことを通じて，乳児の中に「おっぱいがほしい！」「早く気持
ちよくなりたい！」といったことを訴える「私は私」の心や，その養育者と一
緒にいることを喜ぶ「私は私たち」の心の萌芽が生じるのだった。つまり，主
体としての心を育むための最大のポイントは，子どもが表出したものはどんな

ものであれ大事にするということ，子どもの気持ちに寄り添って「あなたはこうしたいんだね」と応じていくということなのである。こうした対応を「**養護的かかわり**」と言う。

養護的かかわりは，保育のすべての局面で重視されねばならない第一指針だと言ってよい。子どもは（あるいは人間誰しも），自分の気持ちに寄り添ってくれる人に好意と信頼を向け，自分という存在への自信や安心感をもつことができるようになる。そして，「これがしたいんだ」「こう思うんだ」という自分なりの思いをより明確に形作り，それを押し出していけるようになる。ここに「私は私」の心と「私は私たち」の心が育ってくるのである。

6．教育的かかわり

養護的かかわりが保育の第一指針である。確かに子どもは，保育者の思いや願いとは逆のことをすることが多々あるだろう。友達とけんかしてつい手が出ることもあるし，給食の時間なのになかなか園庭から入室しないこともある。しかし，そうした場合でも，保育者自身の思いや願いを一旦棚上げして，まずはそのような行動の背後にある子どもの気持ちにぐっと注意を向けていくことが重要である。「～しなさい」ということばを一度飲みこんで，まずは「こんなことが嫌だったんだね」「今やっている遊びがすごくおもしろいんだね」といったふうに，子どもの気持ちを受け止めていこうと心を砕かねばならない。

ただし，そのように子どもの気持ちを「受け止める」ことは，子どもの行動をすべて「受け入れる」こととは違う。友達への乱暴はやはり困るし，いつまでも園庭で遊ばせていたのでは給食に移れない。そうした時には，保育者が「これはしてほしくない」「そろそろ入室してほしい」といった自分の思いや願いを丁寧に伝えていくこともまた，非常に大切である。子どもの「気持ち」はいつでも「受け止めて」いくように努め，子どものしている「行動」についてはその都度「受け入れられる／受け入れられない」を判断する，という頭の整理をしておくとよい。受け入れられない行動を修正してもらう必要がある時，あるいは保育者の目から見て「もう少しこうしたら，もっとこの子の気持ちが充実するのに」といったことがある時に，子どもに対して保育者の思いや願い

18　第1部　発達心理学と保育

を伝え返し，子どもを誘い，導いていくかかわりを，**教育的かかわり**と言う。

　例えば，A君がB君の使っていたおもちゃを取り上げて，遊び出したという場面があったとしよう。ここでしばしばやってしまいがちなのが，「A君，これはB君が先に使っていたものだよね。勝手に取ったらだめでしょう。はい，ごめんなさいをして返そうね」などと言いながら，保育者がA君の手からおもちゃを取り，B君に返してやるといった対応である。このような対応では，自分のやったことを頭ごなしに否定されたA君の中に，自分という存在への自信やB君に対する思いやりは育たない。そこで，こうした時にはまず，大人の側が考える「こうすべき」を一旦棚上げし，「A君，B君がすごく楽しそうにおもちゃで遊んでいたから，A君もほしくなっちゃったの？」などとA君の気持ちを受け止めるような一呼吸（間）を作り出すようにする。すると，自分の気持ちをわかってもらえたと感じたA君には，おもちゃをほしいと思ったこと自体は悪いことではないのだという感覚，「私は私」を認めてもらえた安心感が生じる。この安心感が，他者の気持ちにも注意を向ける気持ちのゆとりを生み出す。これに乗じる形で，「でも，見て。B君，使っていたおもちゃを急に取られて悲しそうな顔をしているよ」などと，B君の気持ちにも気づけるように誘っていくのである。これが教育的かかわりの一例である。

　このように，保育における教育的かかわりは，上から指導する，子どもに何かを教え込むといった意味での「教育」ではなく，しばしば「気づきへの誘い」や，保育者側からの「提案」といった形をとる。あるいは，保育者は問題をとらえ直す視点やヒントだけを提示して，あとは子ども自身にどうしたらよいかを考えてもらうことを大事にする，と言ってもよい。いずれにせよそれは，子どもの気持ちを受け止めるという養護的かかわりと一体的に行われる必要がある。

7．日々の関係性が子どもの心に沈殿していく

　どの子にも「私は私」の思いがあるということを尊重する養護的かかわりと，どの子にも他者の気持ちをわかろうとする「私は私たち」の心があることを信

じて働きかけていく教育的かかわり。これらを一体的に行っていくというのは，言い換えれば「子どもを一人の主体とみなして応対する」ということである。まだ十分に主体としての心のやじろべえが育っていない子どもを，保育者の側がある意味先取り的に一人の主体とみなして応対していくことで，実際に子どもの中にやじろべえが育っていく。このように，子どもと周囲の人との関係性が，子どもの心に沈殿し，そのありようを形作っていく現象を丁寧に見ていくのが，関係発達論である。

　最後に，『3年間の保育記録』（岩波映像株式会社，2004）の映像に収録されている一場面を取り上げて，本章で述べたことを確認しておこう。

エピソード2-1　『ボクは仮面ライダー』（リョウガ君　3歳8か月頃：年少組）
問：リョウガ君の心にどんなものが残っただろうか？

　リョウガ君はマコちゃん（マコト君）に教えてもらいながら，折り紙でセミを作ろうとしている。ただ，折り紙が得意なマコちゃんが次々と折り進めていくペースについていけず，「わかんない」と言いながら困ったような表情である。しかし，たまたまマコちゃんが切り抜いた折り紙が，仮面のような形になったのを発見して，「仮面ライダーみたい」とうれしそうな表情になる。そして，それにベルトをつけてお面にしたいのか，しばらくうろうろしていたが，その時マコちゃんにお団子を作ろうと園庭に誘われる。リョウガ君は青い折り紙の仮面を持ったまま園庭に出ていく。
　マコちゃんと一緒に園庭の小屋に入る。その時，リョウガ君と砂遊びをしたかったのか，マコちゃんはこれはもういらないとでも言うように，リョウガ君の持っていた青い折り紙の仮面を取って，破こうとした。リョウガ君は懸命に「やぶったらダメ～，きっちゃダメ～」と止めるが，マコちゃんからそれを返してもらった時には，すでに少し破れてしまっていた。悲しくて，悔しくて，リョウガ君はその折り紙をぐちゃぐちゃに丸めて，「いらない」と捨ててしまう。マコちゃんとリョウガ君のあいだに険悪なムードが漂う。
　しばらくして，リョウガ君は少し気持ちを立て直して，他の子と熊手で遊ぼうとした。しかし，リョウガ君と砂遊びをしたかったのにそれがかなわなかった悔しさから，マコちゃんがその熊手を奪おうとする。リョウガ君も負けじと応戦し，マコちゃんと叩き合いになる。両者が熊手を振り回しているのを見て，新任の狩野先生が「危ない！」と駆け寄ってくる。
　「どうしたの」と問いかける狩野先生に，リョウガ君は泣きながら「きっちゃったの～」と言う。先生は懸命にリョウガ君の気持ちを汲み取ろうとするものの，経緯を見ていないために，「髪の毛を切ったの？」などと違う意味にとってしまう。「ちがう，かみ！おりがみのかみ！」とリョウガ君が言ったところで，ようやく先生も折り紙のことだとわかり，辺りを見回す。そばに先ほどぐちゃぐちゃにして捨てた折り紙が落ちていた。狩野先生が「この青い紙のこと？切られたくなかったの？」と尋ねると，リョウガ君はうんとうなずく。先生は折り紙を広げて，リョウガ君に見せつつ，「これが嫌だったの？」「そうか，嫌だったね　切られてね」と，リョウガ君の気持ちを代弁し，寄り添おうとする。

20　第1部　発達心理学と保育

> 　その後，リョウガ君の気持ちを把握した狩野先生，塚本先生に破れた折り紙を直してもら
> い，ベルトもつけてもらうと，リョウガ君は一転，なんともうれしそうな表情になる。そし
> て，得意げに仮面ライダーになりきり，「へんしん！」などと言って遊び出した。マコちゃ
> んもリョウガ君の意図がわかり，自分もやりたくなったのか，自分のお面を作ってやってき
> て，一緒に加わった。

出典『3年間の保育記録②　やりたい　でも，できない　3歳児後半』より

　この場面で，保育者は何とかしてリョウガ君の気持ちを理解しようと，粘り強くかかわっている。そして，リョウガ君の断片的なことばや，近くに落ちているぐちゃぐちゃの折り紙から想像力を働かせ，折り紙を破かれたのが嫌だったというリョウガ君の気持ちをつかみ，それに寄り添っていく。養護的かかわりのお手本になるような丁寧な対応だと言える。幼い子どもの場合，何が起こったかをことばで一から説明できるわけではないので，今回のようにきちんと子どもの思いを把握できることばかりではないが，それでも何とかして気持ちに寄り添おうとする保育者の姿勢から，子どもは「自分は大切にされている」ということを感じ取っていく。それが自分という存在への自信や保育者への信頼感につながっていくのである。

　破れた折り紙を直してもらい，ベルトをつけてもらった時のリョウガ君の表情や，生き生きと遊び出したその後の姿を見ると，気持ちを受け止めてもらえるということが子どもの心をこれほどまでに変えるのかということを感じざるを得ない。同時に，保育者の適切な援助があってはじめて，子どもは自分のイメージを実現し，夢中になって，得意になって遊び込んでいけるのだということも，このエピソードからはよくわかる。けんかになってしまったマコちゃんとも最後に一緒に遊べたことで，友情も一段と深まったであろう。仮に保育者がリョウガ君の思いに寄り添うことなく，大切にしていた仮面を破かれたという無残な体験だけがリョウガ君に残った場合を想定すると，この場面でリョウガ君の心に残ったものがいかに大きいかがわかるだろう。

　保育の中にいくらでもありそうな，こうした何気ない場面での体験が積み重なって，「私は私」と「私は私たち」の心が徐々に育っていくのである。

（大倉得史）

コラム 1　　幼児期の終わりまでに育ってほしい姿

　「幼児期の終わりまでに育ってほしい姿」は，平成30（2018）年施行の保育所保育指針，幼稚園教育要領，幼保連携型認定こども園教育・保育要領に共通に記載されている（下記は幼稚園教育要領より抜粋）。共通ということは，どの施設で育っても，幼児期において重視される育ちの姿は同じであることを示しているとも言える。また，5歳児修了時の子どもの姿を小学校の教員も共有しやすくなり，幼児教育と小学校との接続にも役立つことが期待されている。ただし，その「望ましい姿」に囚われることの危険性は，第2章や第5章に示した通りである。

①**健康な心と体**：幼稚園生活の中で，充実感をもって自分のやりたいことに向かって心と体を十分に働かせ，見通しをもって行動し，自ら健康で安全な生活をつくり出すようになる。

②**自立心**：身近な環境に主体的に関わり様々な活動を楽しむ中で，しなければならないことを自覚し，自分の力で行うために考えたり，工夫したりしながら，諦めずにやり遂げることで達成感を味わい，自信をもって行動するようになる。

③**協同性**：友達と関わる中で，互いの思いや考えなどを共有し，共通の目的の実現に向けて，考えたり，工夫したり，協力したりし，充実感をもってやり遂げるようになる。

④**道徳性・規範意識の芽生え**：友達と様々な体験を重ねる中で，してよいことや悪いことが分かり，自分の行動を振り返ったり，友達の気持ちに共感したりし，相手の立場に立って行動するようになる。また，きまりを守る必要性が分かり，自分の気持ちを調整し，友達と折り合いを付けながら，きまりをつくったり，守ったりするようになる。

⑤**社会生活との関わり**：家族を大切にしようとする気持ちをもつとともに，地域の身近な人と触れ合う中で，人との様々な関わり方に気付き，相手の気持ちを考えて関わり，自分が役に立つ喜びを感じ，地域に親しみをもつようになる。また，幼稚園内外の様々な環境に関わる中で，遊びや生活に必要な情報を取り入れ，情報に基づき判断したり，情報を伝え合ったり，活用したりするなど，情報を役立てながら活動するようになるとともに，公共の施設を大切に利用するなどして，社会とのつながりなどを意識するようになる。

⑥**思考力の芽生え**：身近な事象に積極的に関わる中で，物の性質や仕組みなどを感じ取ったり，気付いたりし，考えたり，予想したり，工夫したりするなど，多様な関わりを楽しむようになる。また，友達の様々な考えに触れる中で，自分と異なる考えがあることに気付き，自ら判断したり，考え直したりするなど，新しい考えを生み出す喜びを味わいながら，自分の考えをよりよいものにするようになる。

⑦**自然との関わり・生命尊重**：自然に触れて感動する体験を通して，自然の変化などを感じ取り，好奇心や探究心をもって考え言葉などで表現しながら，身近な事象への関心が高まるとともに，自然への愛情や畏敬の念をもつようになる。また，身近な動植物に心を動かされる中で，生命の不思議さや尊さに気付き，身近な動植物への接し方を考え，命あるものとしていたわり，大切にする気持ちをもって関わるようになる。
⑧**数量や図形，標識や文字などへの関心・感覚**：遊びや生活の中で，数量や図形，標識や文字などに親しむ体験を重ねたり，標識や文字の役割に気付いたりし，自らの必要感に基づきこれらを活用し，興味や関心，感覚をもつようになる。
⑨**言葉による伝え合い**：先生や友達と心を通わせる中で，絵本や物語などに親しみながら，豊かな言葉や表現を身に付け，経験したことや考えたことなどを言葉で伝えたり，相手の話を注意して聞いたりし，言葉による伝え合いを楽しむようになる。
⑩**豊かな感性と表現**：心を動かす出来事などに触れ感性を働かせる中で，様々な素材の特徴や表現の仕方などに気付き，感じたことや考えたことを自分で表現したり，友達同士で表現する過程を楽しんだりし，表現する喜びを味わい，意欲をもつようになる。

（藤崎亜由子）

第2部
保育の中の発達の姿

　私たちはみな，どんな身体で生まれるか，誰の子どもに生まれるか，自分では何も決められないまま，いのちを授けられる。そして，身体と心を刻々と変化させながら生きていく。その道のりの途中で，自分の思い通りにならないことにぶつかり，「もっと〇〇だったら」と自分に足りないものを悔やんだり，人を羨んだりすることもある。それでも私たちは次第に，与えられたいのちを自分のものとして引き受け，自分らしく生きていく道を探し始める。

　第2部では，私たちが生涯をかけて，自分らしさを作り上げていくプロセスが，保育の場を舞台に描かれる。自分らしさを作り上げるとは，この世界の「人・モノ・コト」との出会いから心のありようが変容し，自分が確かなものになっていくプロセスである（第3章）。思いを大人に汲んでもらうことで自分の存在を意識し始め，他者に向けた自己表現を発達させていく乳児期（第4章）。こんな自分になりたいという願いをふくらませる幼児期（第5章）。学校という集団社会の中で勤勉性と抽象的な思考を獲得し，友人と語らい，やがて自らの生き方を決定していく児童期・青年期（第6章）。育てられる者から育てる者へ大きな成長を遂げて次世代を育む成人期，そして自らの人生を統合して，その英知で人々をつないでいく老年期（第7章）。障害のある人たちとの出会いは，誰もがさまざまに生きる条件を背負いつつも，手持ちの力を持ち寄り，支え合って生きることの大切さを私たちに教えてくれる（第8章）。自立とは決して一人ぽっちで立つことを意味しないのである。このように，その時時の人の生きる姿を学ぶことは，子ども，保育者，保護者など，多くの人々がかかわりながら育ち合う，保育の営みを理解することの助けになるだろう。

　人は，その人らしさを認めて励ましてくれる人がいて初めて，自分を生きられるようになる。この本を読んでいるあなたにも，そんな人がいたのではないだろうか。今度はあなたの番だ。子どもたちが自分らしい人生の第一歩を力強く踏み出せるよう，認め，励まし，支えていってほしい。

第3章 環境を通して子どもが育つとは どういうことだろう?

保育における人・モノ・コトとの出会い

　本章では，リョウガ君の3年間の育ちや保育者のかかわりについて，保育実践者である筆者の視点から読み解いてみたい。このことを通して，環境を通して子どもが育つとはどういうことかについて考えてみよう。

　保育者を目指すみなさんに，はじめに問いたい。そもそも幼稚園や保育所などの集団保育施設は何のためにあるのだろうか。学校教育法第22条には，「幼稚園は，（略）幼児の健やかな成長のために適当な環境を与えて，その心身の発達を助長することを目的とする」とあり，保育所保育指針には「保育所は，（略）その健全な心身の発達を図ることを目的とする。保育所は，その目的を達成するために，（略）保育所における環境を通して，養護及び教育を一体的に行う」とある。つまり，法的には『環境を通して心身の発達をうながす』ことが，幼児期の教育（保育）の目標であると示されている。しかし，その具体的な中身はなかなか見えてこないために，時として英語や算数の教材を与えてそれらの能力を身につける保育や，鍛錬することで逆上がりや倒立ができるようにする保育など，目に見える能力の伸長を目指した保育に価値がおかれるのであろう。

　このように保育が混迷する要因は，『発達をうながす』の中身である「子どもに何を育てたいのか」と，『環境を通して』の中身である「そのために保育者は何をするのか」が明確ではないためではないだろうか。保育者養成の現場では細分化された知識の習得に時間が割かれ，また，保育現場に出ても，日々の保育を円滑に進めることに労力が割かれるために，いわゆる**保育観**とも呼ばれるこれらの内容に関してきちんと学ぶ機会が与えられてないようにも思われる。しかし，翻って考えてみると，そもそも「保育観」を明解に示しているものには，筆者もあまり出会っていない。その中で，筆者が保育観を明解に示した代表例の一つだと考えるのが，第2章で紹介された鯨岡のものである。鯨岡

は，「子どもに育てたいもの」の中身は「主体としての心」，つまり「『私は私』の心と，『私は私たち』の心」であることを示している。そして，それらを育てるための「保育者のかかわり」として，「させる保育」ではなく「養護的なかかわり」で「子どものあるがままを受け止める」ことの大切さを述べている。詳細は第2章を参照されたい。

　もう一つ，筆者が「保育観」を明解に示した代表例と考えるのが，津守真の保育観である。津守真は，日本の保育学者であり愛育養護学校での経験を通じて保育について考え続けた人物である。津守（1997）は，保育を通して「子どもに育てたいもの」として，「存在感」「能動性」「相互性」「自我」の四つを挙げ，それを支える「保育者の行為」として，「出会う」「交わる―表現と理解」「現在を形成する」「省察する」の四つを挙げている。

　以下では，津守の理論に基づきながら，保育者や仲間という人的環境や，園ならではの物理的環境とのかかわりの中で，リョウガ君がどのように育っていったのか，また保育者は具体的にどのような援助を積み重ねていったのかを見ていきたい。なお，一つのエピソードには，実際には上に挙げた八つすべての内容が分かち難く含まれているが，説明の便宜上分けていることを断っておく。

1．保育の中で子どもが育つ

（1）存在感

　津守は，子どもの中に育てたいものとして，まず**存在感**を挙げている。それは，子どもがこの場を自分が生きる場所だと実感することであると津守は述べている。特に入園当初や進級当初など，環境が変わった時期には，保育者は子どもたち一人ひとりがこの場で安心して過ごすことができ，自分の居場所ができるように全力で支える。なぜなら，この場に安心して存在できることが，「能動性」を発揮してモノやコトとかかわったり，「相互性」を発揮して他者とやりとりしたりするための前提条件だからである。リョウガ君の場合，どのような形で存在感を育んでいったかを，一つのエピソードから見てみよう。

26   第2部　保育の中の発達の姿

エピソード3-1 『乗り物遊具でユラユラ』（リョウガ君　3歳1か月頃：年少組）
問：リョウガ君が幼稚園で自分の存在感を見いだしていった要因はなんだろうか？

入園後3日目。昨日は母親がいなくなったことに気づいて泣き出したリョウガ君。この日も離れがたくしていたが，担任の村石先生に促されて砂場に出てきた。隣のクラスの塚本先生が型抜きの遊びを始めようとしているところに行き，自分も型抜きの道具を取る。塚本先生に促されることで，リョウガ君もスコップで型抜きに砂を詰める。それを塚本先生の前でひっくり返したかったようで探すが，近くにいないので自分で皿にひっくり返すが，うまく固まっておらず「しっぱい」とつぶやく。その後，別の型抜き容器に砂をつめて，他児が塚本先生に料理を食べさせているところに行き，目の前でひっくり返す。塚本先生が「できたー」と大きな声で喜ぶ。リョウガ君は，少し失敗したと思っているのか，緊張しているのかほとんど表情を変えないまま。

その後，リョウガ君は向き合って座ることができる乗りものの固定遊具に行き，一人で揺すっていた。そこにユキナガ君が走ってきて向かいに乗り込む。2人ともうれしそうである。「ちょっと　いくね」とリョウガ君は乗り物から降りてチューリップを指差して，「あのさ，あのチューリップ，なんかさいてない？　ね？」とユキナガ君の方を見る。ユキナガ君はチューリップの方を見るが「サクランボ，えへへ，サクランボ」と言い，ことばのやりとりはいまいち噛み合わない。さらにリョウガ君は「あのさ，いってみてごらん，ね」とユキナガ君を誘うが，ユキナガ君は応じない。リョウガ君は「あれが　あれが　あのチューリップさいてないでしょ　だから，さいてないのかな」と言いつつも乗り物に戻り揺らし始める。

2人は向かい合ったまま座席のところに寝転ぶようにして，バーの下から顔を見合わせる。「グーグー，あー，ねちゃった」とうれしそうなリョウガ君。ユキナガ君も楽しそうに寝そべり，「パパのまね」と言う。「ねむい。おきたら，あさだ」とユキナガ君。「あさ」とリョウガ君もうれしそうに言い，体を起こす。とすぐに「よるだ」と寝そべり，「よる」と2人で笑い合う。

そこに，担任の村石先生がやってきて「ゆらゆらした人，リョウガ君とユキナガ君」と2人の体に優しく触れながら声をかける。「そろそろおみやげもらって，お家帰るから」と言い，ユキナガ君の手を引いて遊具から下ろそうとする。しかしユキナガ君は手をほどいて，村石先生から離れた方に行く。リョウガ君も同じように先生から離れた方に行く。村石先生はユキナガ君の方に回って，後ろから抱きかかえるようにして「イヤ」というユキナガ君を遊具から下ろす。抱きかかえられたままのユキナガ君は足をばたつかせながら「のる」と主張する。村石先生は「乗ってお母さんのところに行こうか」と言って，再びユキナガ君を遊具に乗せ，自分も遊具に乗る。そして，村石先生が揺らして話をしながら，「隠れよう」というイメージを伝えつつ，母親の方に行った。

出典『3年間の保育記録①　よりどころを求めて　3歳児前半』より

　入園して母親と離れることが難しいリョウガ君の姿からも，園という新しい環境の中での自分の「存在感」がまだ確かなものになっていないことがうかがえる。その中で，担任の村石先生は，昨日遊んだ砂場に誘うことで，リョウガ君が安心して遊びはじめることができるのではないかと考えたようだ。確かに

砂という素材は，多様に形が変化することや豊かな感触を伴っている（松本，2018）ために，なかなか動き出しにくい新入園児にとって適した環境だと言えるだろう。しかし，この日のリョウガ君には，先生が近くにいなくても砂場に居続けられるだけの「存在感」はなかったようである。それは，村石先生が同じ場にいなかったからかもしれないし，塚本先生に受け止めてもらいたかったけど，塚本先生も入園したそれぞれの子どもが「存在感」をもてるように必死にかかわっているために，リョウガ君だけにじっくりとかかわれなかったからかもしれない。リョウガ君が，塚本先生とのかかわりの中で見つけためあてに向かっていたことからもわかるように，現在のリョウガ君にとっては，砂で遊ぶこと自体に自らの楽しさを見いだしていたわけではなく，砂を介して先生とかかわることで自分の存在感を確かにしようとしていたことがうかがえる。

　その後，リョウガ君はユラユラと動く遊具で遊び始める。ここでは揺れの反応が返ってくることで，リョウガ君の心も動かされ，楽しさを感じ始めたようである。そこにユキナガ君がやってきて，一緒に体を倒して顔を見合ったり，一緒に動いたりすることで，今度は気持ちが友達とも通じ合って，楽しいという気持ちがより確かなものになった様子がうかがえる。そして会話が生まれ，朝になったら起きて，夜になったら寝るというイメージの共有が始まった。この揺れるという遊具の特性や，友達と一緒に区切られた同じ場を共有できる空間，そして一緒に笑い合える仲間の存在が相まって，リョウガ君の存在感がここで確かなものになっていることがうかがえる。

　このエピソードの後半，この楽しさは降園時間というリョウガ君にはどうにもならないもので終わらされそうになる。保育者は，子どもの思いに沿うばかりでなく，大人や社会の都合を伝えなければならない存在である。この時，村石先生はまずは大人の都合を優先して，リョウガ君たちにこの場から離れることを促した。しかし，リョウガ君やユキナガ君にとっては，存在感を確かにできる大事な場所であるので必死に抵抗した。村石先生は，思った以上に抵抗が強いことから，リョウガ君やユキナガ君にとってこの場が大事な場所になっていることを理解したようである。そこで，村石先生も一緒に遊具に乗るという，二人の「今」を大事にしようとするかかわりに変化している。これは，後に述べる，子どもの姿から子どもの思いを「理解」し，子どもの「現在を形成」す

るかかわりである。そして，可能な状況であればもっとこの現在が充実するようにかかわったのであろうが，すでに保護者が迎えに来ているという状況だったことから，遊びのイメージの中でこの場を離れることを促したのであろう。

　今回の例のように，安心して自分を発揮し，満足感を味わう経験を積み重ねることで，子どもたちは「存在感」を確かにしていく。そして，そこから次に述べる「能動性」や「相互性」が生まれてくるのである。

（2）能動性

　能動性とは，「自分で選んだことをやる」ことだと津守は述べている。また，「子どもが自分で，自分から何かをする，その自分を育てることが保育者の主要な関心だ」とも述べている。ここで言う「能動性」は，幼稚園教育要領解説や保育所保育指針解説等に数多く出てくる「主体性」とほぼ同義だと考えてよいだろう。子どもが主体性を発揮して環境とかかわることを幼児教育では大事にしている。

　ここでは，エピソード２-１『ボクは仮面ライダー』（p.19）の場面から，**リョウガ君がどのように能動性を発揮しているのか**，を考えてみよう。

　まず，マコちゃんに折り紙を教えてもらっている場面では，マコちゃんと同じものを作りたいというリョウガ君の意志は感じられるが，自分が本当に作りたいのかというと，そうでもないと感じる人が多いだろう。このエピソード以前のリョウガ君は，マコちゃんの指示に従ったり後追いしたりして，一緒に過ごすことで自分の居場所を見つけようとしているが，その結果自分から能動性を発揮しにくい状況であった。特に今回の折り紙のように得手不得手がはっきりしやすいものでは，リョウガ君は自信をもって自分から取り組むことは難しかっただろう。

　そのリョウガ君が自分から動き出したのは，マコちゃんが作って渡してくれた折り紙がきっかけだった。その形のおもしろさから，「仮面ライダーみたい」と心が動いたことで，仮面ライダーになりきるというリョウガ君の「能動性」が発揮された。見立てたりなりきったりすることは，折り紙とは違い技能を伴わない。今のリョウガ君には，「能動性」を発揮しやすい対象だったことがうかがえる。

第3章 環境を通して子どもが育つとはどういうことだろう？ 29

　しかし，それも長くは続かなかった。マコちゃんがリョウガ君が持っていた青い折り紙を破ったからだ。マコちゃんにとっては，自分に関心を向け従ってくれるリョウガ君が自分の「存在感」を確かにする対象だった。そのリョウガ君が自分以外のものに「能動性」を発揮していることはマコちゃんにとって「存在感」の危機であり，そのマコちゃんがリョウガ君の折り紙を破ったのはある意味必然とも筆者には感じられた。

　折り紙を破られた後，リョウガ君は熊手をもって別の遊びをしようとした。これは，マコちゃんとの決別を意味するのであろう。つまりリョウガ君は，マコちゃんについていくのではなく，自分がしたいことをしようとする「能動性」を発揮したのである。だからこそマコちゃんは自分の「存在感」をかけて，リョウガ君の熊手を奪おうとし，いざこざになったのであろう。ここは双方の気持ちや「存在感」が激しくぶつかっている，双方にとってとても大事な場面だと筆者には感じられた。マコちゃんとのいざこざで「存在感」が不安定になったリョウガ君は翌日の登園時に泣くことになるのだが（エピソード9−2『ボクにはできない』参照，p.98），マコちゃんに自分の思いを出すことができた今回の経験は，リョウガ君がさまざまな場面で「能動性」を発揮する第一歩になったと思われるのである。

（3）相互性

　相互性とは，津守が「他者とのやりとりをたのしみ，他者に対する誠実さを育てられて共同の活動をつくる」ことだと説明しているように，相手との信頼関係を育み，相手のことも考えながら行動しようとすることである。具体的には友達や先生とのやりとりを楽しんだり，相手のことを思いやったりするようになることを指している。そのような場面は保育では常にあり，先のマコちゃんとのいざこざも，「相互性」が育っていく過程の大事な経験である。また，エピソード13−1『砂場遊びに夢中になるまで』（p.141）にも，リョウガ君とケイスケ先生との信頼感や，つながって一緒に何かをしようとする意志が感じられるであろう。この内容は，第2章に示された「私は私たち」の心（p.15）とほぼ同じではないだろうか。そして，この映像資料の5歳児後半に出てくる友達と遊びや生活を共に作るリョウガ君の姿は，「相互性」の育ちの現れだと

言えるだろう。

(4) 自 我

　津守は，保育を通して存在感や能動性，相互性が育まれることで，自信と誇りをもった**自我**が形成されると述べている。その具体を見てみよう。

エピソード3-2　『探検隊の坂転がり』（リョウガ君　5歳9か月頃：年長組）
問：幼稚園生活を通してリョウガ君にどのような「自我」が形成されただろうか？

> 　子ども会で「ほし組探検隊」をすることになったリョウガ君。他児と一緒に探検の道具などを作る。うまくできなかったり自信がなかったりして，涙が出そうになることもあるが，投げ出すことなく，ベルトや望遠鏡などを作り上げる。途中の友達との話し合いにも参加している。
> 　道具をもって園庭に探検に出かける。木製遊具を登ったり望遠鏡でトンネルの中をのぞき込んだりなど探検をしていたが，そのうち，作った道具を全部置いて，芝生の築山を転げ落ちる遊びになる。リョウガ君も豪快に転げ落ちる。作った道具を使って探検していることを想定していたケイスケ先生も，子どもたちのその姿を見て，自らも身一つで一緒に転げ落ちる。

出典『3年間の保育記録④　育ちあい学びあう生活のなかで　5歳児』より

　この5歳児後半の姿から，幼稚園生活を通してリョウガ君にどのような自我が形成されたかを考えてみたい。自我の形成を支えているものの一つは，このクラスの中で仲間とともにいられるという「存在感」だろう。自然な会話や素直に自分を出せる姿などから，リョウガ君の居場所が確かにあることがわかる。

もう一つは「能動性」である。仲間との間で制作したり話し合ったりする際にはそれほど自分から動き出してはいないが，探検や坂転がりの際には自分からしたいことに向かって動き出していることがわかる。もう一つは「相互性」である。仲間と一緒に何かをしたいという思い，だから自分も同じものをもちたいという気持ちなど，仲間とともにある喜びを感じている。

このエピソードの最後の場面は，それらの育ちが象徴的に表れているように筆者には感じられる。あれほど苦労して作った道具を投げ出し，身一つで坂を転げ落ちる姿からは，子ども会の行事ではなく，自らの意志で遊びを選び，友達と一緒に思い切り遊びを楽しむリョウガ君の「能動性」や「相互性」の高まりが表れている。そして，その姿を肯定的に受け止め，共に楽しむケイスケ先生の支えが，リョウガ君の自我の形成を支えているのだろう。

このように，確かに自分として存在し，周りの環境に自分の意志でかかわり，身近な人とのかかわりを楽しみ，友達と一緒に生活を作っていく。そんな自信をもった「自我」がリョウガ君の中に形成されていることが，映像を見通すことで伝わってくるだろう。

2．子どもの育ちを支える保育者の役割

（1）出 会 う

ここからは，子どもの育ちを支える保育者の役割について考えてみよう。まずは，**出会う**ことについてである。

集団保育施設には多くの子どもがおり，子どもと出会うことは当然のように思われるかもしれない。しかし，「出会う」ことは，単に子どものそばで過ごすこととは違う。津守が大人は子どもとのかかわりにおいて「自分の消費するエネルギーを最小にする傾向がある」と述べているように，一人一人とじっくりとかかわることは相当のエネルギーを消費するので，保育者は得てしてみんなを効率よく計画通りに，そして自分の理解の範疇で動かそうとする傾向があるのだ。私にも経験があるが，そのように保育者が振る舞う時，子どもとの出会いは起こっていない。

津守は，子どもと「出会う」ことは予期できない「偶然の機会」であるので，

保育者にはそこに腰を据えて向き合う「出会う意志」が必要であることを述べている。第2章に紹介されたエピソード2-1『ボクは仮面ライダー』(p.19)で，熊手を振り回しているところに偶然出会った狩野先生は，単に行為を止めるのではなく，また保育者の立場からリョウガ君の行為の意味づけをするのでなく，その時のリョウガ君を理解しようと全力で出会っている。このような，子どもと対等に，腰を据えて本気で向き合うことから，保育行為は生まれていく。

（2）交わる―表現と理解

続いて交わることについて解説する。**交わる**は，実際の保育現場では次節の（3）「現在を形成する」とセットだと考えるので，具体的な事例は次節で詳述することとする。

津守は「交わる」に「**表現と理解**」ということばを加えている。表現するのは子どもで，理解するのは大人（保育者）である。一つひとつの子どもの行動は表現であると津守は述べる。そしてそれは誰かに向けての表現であるので，答える人があって意味をもつ。子どもには表現を受け止め，理解する存在が必要なのである。つまり保育者には，子どもの行動をどう理解するかが常に問われている。例えば，第20章で紹介されているエピソード20-1『やりたい放題』(p.214)で，ものを投げて散らかすリョウガ君の姿をどう理解するかである。人に迷惑をかける非社会的な行動であると理解するのか，やっと幼稚園に慣れ，自分を十分に出し始めた姿だと理解するのかによって，その後の保育者のかかわりは変わってくる。『お弁当食べない宣言！』（エピソード5-5参照，p.54）や「運動会の玉入れやらない宣言」も，不適切な行動ですぐに変えさせねばならないこととも，何らかの思いを伝えるための自己主張とも取ることが可能である。もちろん現実の保育の中では，子どもの思いや行動をすべて受け入れることはできず，保育者のかかわりも両義的になるのであるが，少なくとも後者の理解を保育者が示さないと，リョウガ君は保育者に理解してもらえたという思いはもてないであろう。津守は，「行動を子どもの表現として理解するためには，大人は固定観念を捨て，想像力をはたらかせて子どもの側から見る努力をせねばならない」と述べている。また同時に，「理解するとは自分自身が変

化することであって，相手を自分の期待に沿うように，あるいは知識の網の目に入れるように変化させることではない」とも述べている。ここには，保育者が知識や経験からその子どもの行動を理解するのとは異なる，「交わる」ことへの厳しい姿勢が示されているのではないだろうか。

（3）現在を形成する

　続いて**現在を形成する**ことについて述べる。先にも述べたように，これは，（2）「交わる─表現と理解」のもとに成り立つものである。ここでは，保育者がどのようにリョウガ君の行動を理解し，どのような現在を形成したかを振り返ってみよう。

　第17章のエピソード17-1『森を描こう』（p.183）では，**保育者はリョウガ君の行動をどのように理解し，どのような現在を形成しようとしたのだろうか**，を考えてみよう。

　このエピソードの前半，他児は描き始めている中で大きな紙の近くで立っているという「表現」をしているリョウガ君を，少なくとも絵を描くことに関心があり，描き始めるきっかけを待っているとケイスケ先生は「理解」したのではないだろうか。そして，リョウガ君にも実際に描くことで満足感を味わってほしいと願ったと思われる。ケイスケ先生が「クリクリ……」と言いながらリズミカルにイガを描いたことで，リョウガ君の心は動き，そこに触るという行動（表現）が生まれている。そのことで，ケイスケ先生はリョウガ君の心の壁が薄れてきたことを「理解」し，さらに行動を引き出そうともう一つクリを描いたり，クリを描くことを提案したりした。しかし，リョウガ君はクリを描くことを拒否する（表現）。その姿勢を見て，ケイスケ先生はリョウガ君には，クリを描くという行為がまだまだ敷居が高いことであると「理解」し直し，描くことを促すのでなく，再び心が動くように，クイズを出して答えてもらうというかかわりに変えた。これは，絵を描くという「現在を形成」するのでなく，リョウガ君が絵の周りで楽しく過ごすという「現在を形成」しようとしたのではないか。そのことにより，再びリョウガ君の心は動き出す。その動き出したリョウガ君の心を「理解」し，ケイスケ先生は再びリョウガ君が絵を描くきっかけを提案する。先ほどは「クリ」という形の決まったものであり，リョウガ

君もうまく描けるかどうか自信がなかったようである。今回は川という正解の
ない自由度の高いものであり，また友達がのびのびと描いているモデルもあっ
たために，ケイスケ先生は，これならリョウガ君も描き始めるのではないか，
という「理解」があったのであろう。そしてケイスケ先生が，「うわー，どん
どんつながってきました」とリョウガ君の行動を受け止めることで，リョウガ
君は絵を描くことで満足感を味わうという「現在を充実」させていった。

　このように保育者は，子どもの行動を「表現」として受け止めることで，常
に「理解」を更新しつつ，どのような「現在を形成」しようかと考え，援助を
行っている。保育の中身とは，このような交わりと現在を形成することの繰り
返しでできているのである。

（4）省察する

　津守は省察について，「保育の実践と省察は切り離すことができない。省察
するところまでの全体が保育である」と述べている。保育の最中に自分の保育
を振り返ることができることもあるが，実践していると多くの場合，保育者は
その時の熱い思いに囚われすぎて，冷静に子ども理解や自分の保育を振り返る
ことができないものである。そこで，保育を終えて，今日起こったことを振り
返ることで，自分が囚われた子ども理解の中で子どもの現在を形成しようとし
ていたことや，その時には理解できなかった子どもの行動が理解できることな
どを経験することができる。そして，その刷新した子ども理解をもって，また
明日の保育に向かい，新たに「出会い」直していくのである。くどいようだが，
明日の保育は，既存の指導案や環境構成から生まれるものではない。省察によ
る今日の保育の振り返りが，明日の子どもとの「出会い」や「交わり」を開い
ていくのである。

　この映像資料では直接省察する場面は出てきていないが，それぞれのエピ
ソードに表れるリョウガ君の育ちを支えた保育者のさまざまなかかわりは，
日々の省察から生まれたものであることは間違いないであろう。

3．まとめ—環境を通して子どもが育つとはどういうことだろうか

　以上，リョウガ君の３年間の育ちを見てみると，**発達**というものが単に何かができるようになるという能力の伸長ではなく，その子どもの心のありようが変容し，確かなものになっていくことだということが見て取れるであろう。はじめ居場所がなく，力を発揮しにくかったリョウガ君が，クラスの中でしっかりと自分らしくいることができる「存在感」を確かにしていく姿。まわりの環境に自分からかかわろうとする態度が薄かったリョウガ君が，次第に身の回りの環境に「能動性」をもってかかわっていくようになっていく姿。はじめは保育者にも甘えられずにいたのが，保育者を頼るようになり，次第に友達と心を通わせお互いに刺激し合う関係に変容していくという「相互性」を発揮していく姿。そして，自信がなく「できない」とことあるごとに言っていた自分から，やってみよう，できる自分らしくいられる，という自信をもった「自我」となっていった姿。このような心のありようの変容そのものが，リョウガ君の育ちと言えるのではないだろうか。

　その育ちを生んだのは，身近な**環境（人・モノ・コト）との出会い**・かかわりである。そして，その出会いやかかわりを支えたのが保育者である。保育者は，子どもと「出会い」，子どもの行動を表現として見て，それを理解した上で「かかわり」，子どもが生きている「現在を形成」していった。そして，その保育を支えたものは日々の「省察」であっただろう。このような，**保育者の援助**を受けながら，身近な環境（人・モノ・コト）との出会いやかかわりを通して，リョウガ君は自分の存在を確かにし，自分がこの世界で生きていくという意志を確かにしていったのだろう。本章を通して，保育という営みは子どもの何を育てることなのか，そして保育者はそのために何をするのかという保育観を確かめながら，保育ということ，発達ということを考え直すきっかけにしてもらえたらと思う。

（松本信吾）

コラム2　保育者の発達

保育者に保育の仕事の魅力を尋ねると,「子どもの笑顔やつぶやきに出会えること」や「子どもの成長を実感し,保育に手ごたえを覚えること」などが返ってくる。また,「保護者と子どもの成長の喜びを共有できること」や「保護者からの感謝のことば」を挙げる人もいる。さらに「同僚との信頼関係」や「同僚と保育内容や環境を話し合ったり,考え合ったりすること」を大切に思う人がいる（小島ら,2017）。まさに,保育の仕事の喜びは,子ども,保護者,同僚とのコミュニケーションの中に存在していると言えるだろう。そしてまた,これらのコミュニケーションに促され,保育者は成長・発達していく。

保育は一人で完成する仕事ではない。一人で保育計画を立て,準備し,実施したとしてもそれで終わりではなく,子どもからの反応が返ってきて相互作用が起こって初めて形を成す。次に示すのは,3週間の幼稚園実習を終えた,大学4年生の語りの一部である（谷川,2018）。

「完璧にこなさなきゃって思ってしまうんですけど,子どもとかかわっていて完璧ってないなってすごい思って。（中略）自分が完璧って思っても,子どもたちが楽しめていなければ,それは自分にとっての完璧なだけで,それは自分の自己満足で,子どもたちにとっては全然完璧じゃないって。」

子どもが楽しめる内容は一人ひとり違うわけで,その意味で保育に一つだけの正解は存在しない。保育者は自分なりの見通しや願いをもって保育の場を作ろうとするが,その瞬間の子どもの心の動きに合わせて,自分の思いを出したり,あるいは引っ込めたりしなければならない。そのためには,今ここで起こっていることの流れを理解する力と,子どもの心という見えないものを見る力の両方が必要になる。

このような力はどのようにして身につければよいのか。大切なのは,自分の保育を記録し,自分の保育を思い返す時間をもつことと,自分の保育を同僚に語り,それをもとに話し合うことの二つである。これらを通して,少しずつ自分の保育の姿が見えてくるはずだ。また,公開保育などに参加し,他の保育者の保育を見,その思いを聞くことは,子どもの心をとらえる見方を広げる上で貴重な機会となる。子どもの心に寄り沿った保育ができるようになるには4〜5年はかかるだろう。日々の子どもや保護者,同僚とのかかわりから得られる喜びを糧としながら,やり抜いてほしい。その先に保育の本当の楽しさがある。

（渋谷郁子）

第4章　赤ちゃんは何を見て，触って，感じているの？

０～２歳の発達と保育

　第１章で述べたように，発達心理学では，乳児期とは誕生から１歳６か月頃までを指している。一方で，保育所保育指針（以下，保育指針）では，０歳児が「乳児保育」の対象とされており，次に「１歳以上３歳未満児の保育」に区分されている。つまり，保育指針では，０歳代が乳児と規定され，１歳半頃までを乳児と表記している表１-１（p.7）とは若干のずれがある。ちなみに，保育所等に入所できるのは，産休（８週間）明けの３か月目に入った頃からである（市町村によって受入年齢は異なる）。そこで本章では，本書の後半の発達の理論編で概観する乳幼児の発達の姿を参照しながら，保育指針の年齢区分に従いつつ０歳代の乳児から３歳未満児に焦点をあてて保育の実際について見ていきたい。

１．保育実践における子どもの発達と保育

（１）思いを伝達する手段としての泣きと表情

　乳児の泣きは感性とかかわることもあり，泣きの理由は同じであっても泣くタイミングや，大きい声で泣くとか，か細い声で泣くなどさまざまな個性がある（表４-１，p.39参照）。また，家庭の環境や四季の変化によっても異なる。いずれにしても，泣きは子どもの表現であり，周囲の人との対話の第一歩と考えられる。一般的に乳児は，眠たい時，おなかが空いた時，排泄をした時などに泣くことが多いが，非言語期にある乳児にとっては，心やからだが求めていることを周囲に伝達する手段として，大切な役割をもつ。

　泣きの中で最も注意が必要なのは，日常と違うと感じる保育者の勘による健康状態の把握である。特に微熱は「赤ちゃんは平熱でも体温が高いから」とか，「熱は低いからすぐに下がるだろう，大したことではない」などと判断されが

ちだが，微熱が続く場合には，必ず専門医にかかるように保護者へ伝えよう。保育の現場では，微熱が続いた子どもが急に高熱を出したので受診させたところ，診断結果がブドウ球菌による細菌性肺炎であったり，白血病の疑いが持たれたりした事例もある。熱が高い時は，大きな声で泣く元気もなくなり，か細い声で泣くので見逃さないようにしよう。苦痛の表情が見えたりする時も含めて早期に発見すれば大切な命は守ることができる。

（2）たくさん遊んでたくさん食べてよく眠る

　たくさん遊んでたくさん食べて元気に成長するためには，よい睡眠をとることが大切である。赤ちゃんはお母さんのおなかにいる時からすでに眠ったり起きたりしている。そして「妊娠30週から36週頃には，眠りの基本的な生体リズムが出来上がっている」と小西・吹田（2003）は述べている。

　睡眠には，脳の疲労等を回復させる働きがある深い眠り（ノンレム睡眠）と，呼吸器や循環器系を回復させる働きの浅い眠り（レム睡眠）がある。

　では，乳児は1日のうち何時間程度眠るのだろうか？　生後間もない新生児期は16時間程度，生後1〜2か月頃は14〜15時間程度，生後3〜4か月頃になると11〜14時間程度，6か月前後になると11〜13時間程度の睡眠をとると言われている。新生児の睡眠のレム睡眠とノンレム睡眠の比率は，50％ずつ程度であるという（松本，1998）。3か月から7か月頃はレム睡眠が40％前後となり，8か月頃からは25％程度となる。

　なぜ，新生児はレム睡眠が長いのだろうか。母親の胎内にいる時は羊水の中で水中生活をしているようなもので，誕生すると，空気を吸って酸素をとり，炭酸ガスをはいて空気中での生活を自分の力で維持していくようになる。そのために，呼吸器や循環器が円滑に働くことが重要となり，その働きを助けるためにレム睡眠が長いのである。

　子どもの発達には，覚醒とお昼寝のリズムをしっかりと作り，遊びと睡眠を充実させることが大切である。しかし，実際には，生理的に眠りにつくのに時間がかかる子どもや，午睡時間が短い子どもがいる。そして，親の仕事の都合などで就寝時間が不規則になる子どもは，保育所が考えているデイリープログラムとは，かけ離れた生活リズムになってしまう。そうしたケースでは，1日

24時間の生活の中で，夜と昼の睡眠時間をトータルしてその子どもの健康を守るにふさわしい睡眠時間が確保されているのか，夜の入眠時間と朝の起床時間などについて，保護者と話し合うなど緊密な連携をとる必要がある。保護者との話し合いでは，保護者の生活形態や子どもへの思いを大切にしながら，どのような状態であっても保護者の気持ちを肯定的にとらえることが大切である。そして子どもの規則正しい生活のリズムが，子どもの発達や健康にとって一番の栄養であることを理解してもらうために，保護者に寄り添う気持ちを大切にしたい。

（3）赤ちゃんは個性的

　生まれたばかりの赤ちゃんは，すでに，刺激に対する反応の仕方に個人差がある。トマスとチェス（Thomas & Chess, 1977）は，ニューヨーク縦断研究を行い，子どもの行動特徴と母親への面接記録をもとに，9カテゴリに基づいて子どもの気質を三つに分類した（表4-1）。それは，①手のかからない扱いやすい子ども（easy child）40％，②扱いにくい子ども（difficult child）（10％），③時間のかかる子ども（slow-to-warm-up child）（15％）である。どれにも

表4-1　主な気質的行動特徴の特性次元
（菅原，1992より作表）

①活動水準	身体運動の活発さ
②接近／回避	新奇な刺激に対する積極性／消極性
③周期性	睡眠・排泄などの身体機能の規則正しさ
④順応性	環境変化に対する慣れやすさ
⑤反応閾値	間隔刺激に対する敏感さ
⑥反応の強度	泣く・笑うなどの反応の現れ方の激しさ
⑦気分の質	親和的行動／非親和的行動の頻度
⑧気の散りやすさ	外的刺激による気の散りやすさ
⑨注意の範囲と持続性	特定の行動に携わる時間の長さ／集中性
〈気質タイプの3種類〉	
①扱いやすい子ども	接近＋周期性（規則的）＋順応性（慣れやすい）＋気分の質（ポジティブ）＋反応の強度（ゆるやか）
②扱いにくい子ども	回避＋周期性（不規則）＋順応性（慣れにくい）＋気分の質（ネガティブ）＋反応の強度（強い）
③時間のかかる子ども	最初は回避やがて接近＋最初順応性（慣れにくい）やがて慣れる

分類されない平均的な子どもは35％である。例えば，①手のかからない扱いやすい子どもは，生理的機能が規則的で，新しい人や事物へも積極的で慣れやすく，機嫌がよくおだやかという特徴が報告されている。

そうした個々の気質的行動特徴をふまえた上でかかわりをもつことは，子どもにとっても保育をする側にとっても，心地よい時間を作り出すことになるだろう。子どもの個性をわかっている保育者は，子どもの泣きや不機嫌さが病気なのか気質なのかを理解して保育をスムーズに展開させることができる。一方で，その日の子どもの睡眠時間などの乱れや，体調の乱れによって，いつもと違う様子が見られることがある。子どもの個性は気質的なものに加え，その時々の環境が要因になり，表れ方に変化が見られることがある。こうした両側面に配慮ができることが子どもの個性をより豊かにする保育と言えるだろう。

（4）0歳児から3歳未満児の発達的特徴と遊び

この時期の遊びは，ひとり遊びや傍観遊び，そして平行遊びなどがある。ひとり遊びとは，何かに触れたり，音を出したりして，ひとりで遊ぶ行為を言う。傍観遊びは，自分は何もせずに友達の遊びを眺めて楽しんでいる遊び方である。また，音が出るおもちゃなど，自分の手ゆびの延長線上にある物から快を求め，反復的に働きかける遊びも多い（第2次循環反応，第14章参照）。そのためこの時期の子どもはひとり遊びも傍観遊びも長続きがしない。1歳後半になると，歩行が完成して自分の力でどこへでも行けるので，興味関心に沿ってひとり遊びを楽しむ。2歳頃になると，友達が横にいつつ，一人ひとりが自分の遊びを楽しむ平行遊びが見られる。また人形の髪の毛をブラシでといたり，お昼寝の時に先生に寝かせてもらっている様子を再現したり，ままごと遊びをしてお母さんや赤ちゃんになったつもりで楽しんだりと，日常生活の体験による再現が多くなる。

子どもが楽しくて仕方がないと感じ，安心して遊べる環境は，情緒の安定が育くまれていく。同時に，大人への信頼感を基盤として，幼いながらも仲間がそばにいることに喜びを見いだしてより遊びが大好きになる。以下では，各時期の遊びの特徴を発達的特徴に照らして見ていこう。

0か月～6か月頃の育ち　　1か月半頃から始まる社会的微笑と周囲の人に

よる応答的対応の積み重ねによって，赤ちゃんは身近な人の顔を認識するようになる。4か月児頃には90度程度の追視が可能になるので，優しい音が出るガラガラなどを正面から見せて視野に入ってから振りかざして音を出してみるとよいだろう。時には乳児の手の平をガラガラで触れてみると把握反射でぎゅっと握る瞬間がある。そうした子どもたちの行動に「きれいな音がするね」などと声をかけことばをそえるかかわりは大切である。優しい音声の中で，大人と子どもとの基本的信頼として特定の大人との間に絆が芽生えるのである。

　一方，体の動きでは，生後2か月から3か月頃までは仰臥位（仰向けの姿勢）において両手両足がそれまでの左右非対称から左右対称の姿勢へと移行し，その後，両手を合わせたり両足を触れたりしながら体の中心から反対側へ（左側にある玩具が欲しい時は，右手を伸ばして取ろうとするなど）と手が伸びるようになる。4か月頃には運動系と感覚系のつながりが生まれ，自分の思いと体の動きが重なるようになってくる。つまり，自分の意志によって動く随意的な行動ができるようになるのである（第9章参照）。保育者は，子どもの意志の力を育む環境として，例えば見比べながら自分で玩具を選ぶことができるよう，玩具を見えるところに複数置いて関心を高めたりするのもよいだろう。

7か月～12か月頃の育ち　　乳児は見知らぬ大人に対しては人見知りを行い，用心深くなる時期もあるが，子ども同士では面識がなくてもすぐに微笑み合い，喃語を発し近寄って触るなど，かかわりをもつ。また，乳児保育に携わったことのある人は，ある子が泣きだすと，他の子も泣き出すという場面に出会ったことがあるだろう。この現象は**情動伝染**（第12章参照）と呼ばれ，他者の感情的な状態に共鳴し反応していると考えられる。このような能力が，後の他者への共感や向社会的行動の基盤ともなっている。特に7か月前後は不安と葛藤を繰り返しての人見知りが見られるが，機嫌のよい時は自分に声をかけられると笑顔で応えるようになる。保育者の音声に心地よさを感じて安定した情緒が育まれた乳児は，10か月頃には，保育者との間で基本的信頼の感覚を獲得するのである。あわせて，指さしによる応答が始まる。他者が指さした方向の先にある何かを見たり，自ら気になったものを指さして知らせたり（定位の指さし），取ってほしいものを指差して要求したり（要求の指さし）が見られ，ことばでは喃語（無意味語）から，初語，そして一語文へと発達する姿がある（第16章

参照）。

ハイハイができるようになる7か月頃には，玩具をすぐに渡してしまうのではなく，乳児自身が目標をもって近づき，自分で玩具を手にするといった経験も大切にしよう。そうした保育者とのかかわりに支えられて，7か月児なりの達成感が育まれていくのである。

また，手足の筋肉が発達し，お腹とお尻を床にはつけないで両手両足を床につけて這う高バイをする頃には，緩やかな段差の階段や斜面などで豊かな遊びが体験できる環境を大切にしよう。こうしたこの時期の経験は，幼児期に向けて体の動きを調整する力の基礎となり，子どもたちの健やかな成長を支え，遊ぶ意欲を豊かに育むことにもつながっていく。ただ，その際は子どものやる気を大切にしながら，危険がないようにことばをかけて子どものやりたいことを見守ることが大切である。

手の操作は，7か月頃には5本の指を開いて上から玩具を包み込むように持つ熊手状把握，11か月を過ぎた頃には親指と人差し指で小さなものを摘むピンチ把握をするようになる（第9章参照）。片方の手で何かを持ち，なめて確かめながら，やがて玩具の持ち替えや両手に持った物を合わせて遊ぶことがある。物を一方的に出す操作から，出す・入れるなど二つの動作を同時に楽しむようになるこの時期には，生活の中で不要になったお鍋ややかんのふた合わせなども子どもたちが大好きな遊びである。ふた合わせでは，同時にその音も楽しんで遊ぶようになる。保育者はリズムをつけたり，音の高低や長短をつけたりして，いろいろな遊びを一緒に楽しもう。

1歳～3歳未満児の育ち　2歳前後は，他者への依存と自立の間で揺れ動きつつ，基本的な生活習慣を身につけようと意欲を見せる時期である。大人が手伝おうとすると，まるで反抗するかのように「じぶんで」と主張するものの，できない自分に気づき，泣いたりごねたりもする。また，認識とことばの関係では，大小・長短の違いや数の世界にも関心をもち始める。自我の芽生えがイヤの連発や，友達とのトラブルを生む時期でもある。ことばは二語文から三語文，そして多語文へと変化し，「18か月から20か月には新しいことばを1日4～10語を習得し，概ね300語を使用するようになる」とも言われている（第16章参照）。そうした中で人の心を読もうとしたり，人の行動を理解したり，行

動やその状況を読もうとする力も生まれるようになる（第19章参照）。

　この時期は大きいビスケットと小さいビスケットの違い，女の子と男の子の違いなど二つを対比して違いを理解し始める。生活や遊びの中で，保育者が意図的に「おおきいおやまをつくろう」「すこっぷ１本ちょうだい」など，日常の生活の中で数や量の基本となることばかけを日々心がけると，子どもたちの中にも比べるおもしろさが広がっていくだろう。

　遊びの環境設定では，空き缶や空き瓶で蓋のついているものの中に玩具を入れて渡してみるのもよいだろう。そうした遊びは，開けた時に玩具が出てくるという新奇性が，遊びをより楽しいものとして発展させていくことになる。このように，モノとモノとを組み合わせた二つの動作を同時に楽しめるようになった時期の子どもは，生活の中でお片づけが好きになったり，大人の真似をして掃除道具を操作しようとしたり，それが遊びそのものとなったりする。保育者は温かく見守りながら，「きれいになって気持ちがいいね」などと，遊びの楽しさを共感しながらことばをかけてみよう。子どもの気持ちはより豊かになり，生活の中の遊びが大好きになって生き生きとした日々を送ることになるだろう。

　１歳半頃に誕生した自我は，２歳後半頃から，「私もやりたい」「してみたい」など自己主張へ向かう自我へと拡大する。保育者は子どもの思いを受け止めて共感しながら，子どもが何をしたいか対話して応えていこう。

２．１歳児から２歳児の自己主張に向かう自我

（1）先生みてみて・噛む子ども

　１歳半頃になると，決まった子どもが決まった友達に向けて度々噛んでしまうといったことがある。この姿をどのように受け止めていったらよいのか，噛んだ子ども，噛まれた子どもの保護者にどのように伝達をしたらよいのか保育者も悩むところである。

　この時期の子どもはことばで自分の気持ちを相手に正確に伝えることに幼さを残しているため，上手に伝えることができない。保育者は噛んだ方の子どもの気持ちについても十分知っておかなければならない。理由はさまざまであり，

「友達が持っているおもちゃが欲しかった」「一緒に遊びたかった」「何らかの要因で葛藤によるイライラが治まらなかった」なども考えられる。

　では，集団の中で全部の子どもが噛むのであろうか。そうではない。おそらく噛む子どもは，大人が見ている以上に敏感で繊細な気持ちを備えており，一度噛んで保育者に叱られると，自分の思いや気持ちを理解してもらえなかった矛盾の中で噛むことを繰り返すようになるとも考えられる。噛んだ事実についての反省は1歳児といえども必要であるが，噛んだ子どもを悪い子としない配慮も必要である。保育者が叱ってしまうと，他の子どもがその空気を感じて，ますます噛む子どもを避けてしまい，噛んだ方の子どもが居場所を失ってしまうこともある。噛んだ子どももそうでない子どもも保育者の温かさに包まれることにより友達の痛みを僅かながら知ることだろう。時間をかけながら信頼関係を育くんでいくようにしてみよう。きっと明るく楽しい空気が子どもをとりまく環境を居心地よいものにしていくのではないだろうか。

（2）2歳前後のダダコネと自我

　2歳前後になると自分の思いが伝わらないと，ばたっとどこでもうつぶせて泣き続けたり，泣き叫んだり，地団太を踏んだりといった姿が見られる。その背景に自分をわかってほしいといった気持ちがあるのではないだろうか？　何でも「イヤッ」とする子どもの世界の裏側には，「イイヨ」の気持ちも密かに存在している。二つの対の世界を獲得し始める2歳児の世界は，気持ちの切り替えができれば，次の楽しい遊びへと気持ちを向けることができるのである。

　ダダコネは自分で何かをしたいことや自分で決めたいことの表れとしてとらえてもよい。二つの対の世界を獲得しつつある子どもに，二つの世界を示して決定権を子どもに譲ってみてはどうだろうか。例えば，「どっちにしたいのかな」と子ども自身が決めるチャンスと環境を作ってみよう。ここでも保育者と子どもの関係において基本的な信頼関係が生まれ，どの子どもも安心した日々を送ることになるだろう。

3．3歳未満児の保育における Active learning

　最後に3歳未満児の発達に応じた保育内容について考えてみたい。近年，Active learning（アクティブ・ラーニング）ということばはよく耳にする。Active learning とは「主体的で対話的で深い学び」と考えてよいだろう。しかし，保育指針には Active learning ということばは出てこない。本来，Active learning は，学校教育の中で使われることばであり，受動的な学びから能動的な学びへの変換という考え方である。言い換えれば目的をもって学習者が主体的に学べるように保育の環境を整えることである。では，3歳未満児を対象とした Active learning とはどのような保育を言うのだろうか。保育者が子どもに寄り添い，いつでも子どもとの間に会話があること，ことばに幼さを残している子どもでは保育者が気持ちを洞察しながらの対話があること，そして，いずれにしても最後には充実感や達成感が存在するような対話的保育の展開が，3歳未満児の Active learning であると，ここでは理解していただきたい。

　筆者は子どものつぶやきや問いから出たことばや表情を保育者がどれだけ感性豊かに受け止めることができるかで，3歳未満児保育での Active learning が成立すると考えている。ここでは，四つのエピソードから3歳未満児を対象とした Active learning の基本について考えてみよう。

（1）　3歳未満児保育における Active learning の実際

エピソード4-1　『ひとりでたべる！』（保育園11か月児）
問：本児は，手づかみで食べ始めると，なぜ満足したのだろうか？

保育者：「ひとりで食べてみる？」（お皿に食べ物を入れてスプーンを添える）
子ども：満足そうな表情（手づかみで食べ始める）
保育者：（スプーンの持ち方を教える）
子ども：（数回スプーンで食べるが，やがて手づかみで食べる。保育者が援助しようとすると拒否をする。そして，食べ物で遊び始める）

　いつも食事では食べさせてもらっていた11か月児だったが，ある日を境に食

46　第2部　保育の中の発達の姿

べさせてもらうことを拒むようになった。その理由について考えた保育者は，もしかしたら自分で食べてみたいのではないかと考えた。こうした食事場面では，手の平に食べ物を入れてくちゃくちゃにつぶしながら，遅しく遊びだすこともあるが，やがて食事はスプーンで食べることを学び，手の操作も上手になっていくのである。ここでは保育者が子どもの気持ちに寄り添い，子どもが「したいこと」を問いかけて，子ども自身が決定する保育がある。

エピソード4-2　『室内の電話ごっこ』(保育園12か月児)
問：電話はなぜ魅力的なのだろうか。

> 子ども：(棚に置いてあった本物の受話器をもって耳に当てている)
> 保育者：「もしもし○○ちゃんですか？今何をしているのですか？」
> 子ども：(受話器を耳に当ててニコニコしている)
> 保育者：「そのお電話は大人だからチョウダイ？」(と手のひらを差しだす)
> 子ども：(保育者へ渡そうとしたり，ひっこめたりしながら，数回繰り返して楽しんでいる)

　生後12か月頃には，自分の身の回りにある生活体験の模倣をごっこ遊びに発展させるようになる。エピソード4-2は電話ごっこだが，12か月前後には人形の上にタオルをかけて優しくトントンと背中をさすって寝かせることがある。その姿は，保育者の日常を見ているようだ。犬塚・大藪（2015）によると，「乳児の模倣発達が個体の成熟だけでなく，所属する育児文化によって影響をされる」とあるが，保育園育ちの子どもの象徴的な姿であると言えよう。

　こうした日常を保育室内において発展できるように環境設定を心がけたいものである。

エピソード4-3　『お空にバナナ？』(保育園1歳児)
問：1歳児の学ぶ力について発達との関連で考えてみよう。

> 子ども：「バナナ！」(昼間に空に出ていた三日月を指さして話す)
> 保育者：「ほんとだね，バナナみたいだね。でも(指差して)あれはおつきさまだよ」
> 子ども：「おつきさま？バナナバナナ！！」
> (数日後に三日月が出ている絵本の読み聞かせをする)
> (翌日また三日月を見つけて)
> 子ども：「おつきさまや！せんせい，おつきさまだね」

保育者は，後に「子どもは，形が似ていたことからバナナだと思っていた。その時に保育者に言われてもわかっていないようであったが，絵本を見ることによって知ることができたのだと思う」と話している。1歳児の発見について保育者はその気づきに寄り添いながら，「おつきさま」と現実を知らせている。その後において，三日月が出てくる絵本を見せている保育者の感性も評価したい。そして，絵本で学習した子どもが次には「おつきさま」を認識している。ここでもう少し子どものことばから想像性を引き出すことばかけをしたら子どもは何を話してくれるだろうか？　例えば「ほんとだね，バナナみたいだね」と寄り添った後に，「バナナはお空で何をしているのかなあ」子どもの答えを待って，そのあと「お空には他に誰がいるのかな？」などと声をかけるのもよいのではないだろうか。

保育には子どものことばに耳を傾けると同時に少しの「間（マ）」が必要である。子どもがゆったりと考えをめぐらす時間を作るようにしよう。

エピソード4-4　『どんぐり見つけた（砂場付近）』（保育園2歳児）
問：自然物を対象とした発見と感動は2歳児の心に何を残すのだろうか。

子ども：「せんせい，どんぐり」
保育者：「あ，ほんとだ。どんぐりだね〜すごいね」
子ども：「うん」
保育者：「どこで見つけたの？」
子ども：「ここ！（砂場）」
保育者：「ここにあったんや」
子ども：「うん，ここにあった」
保育者：「あ，またあったよ」
子ども：「あー！！どんぐりどんぐりこーろころ，いっぱいやー」

2歳児は大小や長短などの形の大きさや図形の違いや対の関係に気づく時期である。だからこそ，子どものことばに「いっぱいやー」ということばが聞かれるのである。保育者は子どもの心に寄り添いながら，「いっぱいやー」の後に「そうだね，いっぱいだね，たくさんあるね，こっちのおうちに入れてみようか」などとお皿を家に見立てたことばかけて，次に小さなお皿を出して「ここのおうちにも入れてみようか」などと示してから「どっちのおうちの方がどんぐりさんたくさんいるかな？」と言ってもよいのではないだろうか？

「いっぱい」と「少し」の二つの関係とことば，さらに見立て遊びの中で一つのどんぐりを順番に指差して，「これはお父さん」「これはお母さん」「これは大好きなおもちゃ」「これはぼくが作ったお菓子」などと一つひとつの意味づけを楽しむように，一つのことばから発展が見られるのが2歳児なのである。

（2） 3歳未満児保育における Active learning は保育者の喜びと子どもからの学び

「子どものつぶやきや問いから出たことばや表情を保育者がどれだけ感性豊かに受け止めることができるかで，3歳未満児での Active learning が成立する」と前述した。また，そうした子どものつぶやきを次の保育にどのようにつなげていくかが専門性をもった保育の質と関係するのである。エピソード4-1および4-2では，保育者が経験1年目の初任者であり，次の保育につなげるまでのゆとりはなかった。だが，保育者が Active learning の視点をもつことにより，子どものつぶやきから保育の展開を発展させることができる。それは，豊かな実践として子どもの心に響き，さらに保育者の喜びや達成感，自己肯定感が，保育者自身の保育への意欲へとつながるのである。そうした保育者の生き生きとした姿勢は子どもへも影響していくことだろう。「乳児保育における Active learning は保育者の学び」であることを改めて考えてみてはどうだろうか。

（大橋喜美子）

第5章 幼児期に大切にしたいことってなんだろう？

3〜6歳の発達と保育

　みなさんは幼稚園や保育所に通っていた頃のことを憶えているだろうか？ 人がそれまでに経験した出来事に関する記憶のことを「自伝的記憶（autobiographical memory）」と言うが，大人になってから思い出せる最も古い記憶は4歳頃のものであると言う。この現象は「幼児期健忘（childhood amnesia）」として知られ，記憶機能，言語能力，自己概念の発達とともに，アイデンティティも密接に関係していると言われている。つまり，記憶の中での「人生の始まり」は幼児期ということになる。

　では，そんな幼児期に大切にすべきことはなんだろう？　2017年3月に改定・改訂された保育所保育指針，幼稚園教育要領，幼保連携型認定こども園教育・保育要領には，保育士，幼稚園教諭等が指導する際に考慮すべきものとして「幼児期の終わりまでに育ってほしい姿」（以下「育ってほしい姿」，コラム1参照，p.21）が明記された。「育ってほしい姿」が具体的に示されたことで「保育の目標がわかりやすくなった」と評価する意見がある一方，「育ってほしい姿」が到達目標としてとらえられ，チェックリスト等で子どもや保育の評価に利用されることを危惧する声もある（長瀬，2017；川田，2017）。

　私たちは，子どもが実際に見せる「姿」だけでなく，その奥にある「ねがい」にも目を向けなくてはならない。それは，他者とのかかわりなどを通じて，子どもたち一人ひとりの心の中に生まれた「自分自身を変えようとするねがい」（発達要求）である。また，その「ねがい」を実現していく過程では，さまざまな困難や葛藤が生じ，生活上の「問題行動」となって現れることもある。保育や教育では，そうした一人ひとりの発達要求にふさわしい環境や活動を保障するとともに，その「ねがい」に寄り添った指導が求められる。「育ってほしい姿」が，子どもたちの発達要求をなおざりにした「大人にとって都合のよい子ども像」の押しつけになっていないかの検証が必要である。

50　第2部　保育の中の発達の姿

　本章では，幼稚園生活の中で，さまざまな葛藤を乗り越えていくことで成長していったリョウガ君の姿と，それをあたたかく見守り，指導する先生たちの姿に学びながら，幼児期の発達と保育で大切にしたいことは何かを考えたい。

1．3歳児の発達と保育で大切にしたいこと

（1）生活と遊びの主人公になっていく

　幼児期に入り，生活や遊びでの経験を通してイメージの世界（表象世界）を豊かにふくらませてきた子どもたちは，「今日は公園に行って，お父さんと一緒にブランコをして遊ぼう」，「お昼寝から起きたら，アイスを食べよう」と，楽しい見通しや，自分なりの思いをもって主体的に行動するようになる。しかし，家庭や家族の中では生活や遊びの「主人公」として成長してきた子どもたちも，幼稚園や保育所という「新しい舞台」，先生や友達という「新しい人間関係」の中で「自分らしさ」を発揮していくには，さまざまな困難が待ち受けている。3歳から幼稚園に入園することになったリョウガ君もそんな一人である。

エピソード5-1　『初めての登園日』（リョウガ君　3歳0か月頃：年少組）

> 　3月生まれのリョウガ君が幼稚園に入園して，初めての登園日の朝。お母さんに手を引かれながら登園してきたが，どこか不安そうな表情。もう片方の手には（お家でお母さんに折ってもらったと思われる）紙飛行機を持っている。先生やお母さんに促されて，上靴に履き替えるが，どこか足取りは重い。そのあいだも家から持ってきた紙飛行機は手放さなかった。

出典『3年間の保育記録①　よりどころを求めて　3歳児前半』より

　生活の見通しが持てるようになったからこそ，「見通しが持てないこと」への不安は大きいのかもしれない。エピソード5-1からもリョウガ君の不安な気持ち，葛藤している様子が伝わってくる。この場面で印象的だったのはリョウガ君が家でお母さんに作ってもらったと思われる紙飛行機をずっと手に持っていたことである。このように，慣れない場面や強い不安を感じる時に，タオルやお気に入りのオモチャなどを「心の杖」にして前向きに頑張ろうとする姿も見られる（田中・田中，1984）。ここで筆者が20年ほど前に経験したエピ

ソードを一つ紹介しよう。

エピソード5-2 『リュックの中身は…』（A君　3歳）

初めて親子教室に来ることになっていたA君（3歳）とお母さんが時間になってもなかなか現れない。スタッフが心配していると、「すいませ～ん」と慌てた様子のお母さんがA君を連れてやってきた。事情を聞くと「この子がこれを持っていくと言ってきかなくて…」と言って見せてくれた小さなリュックの中にはウルトラマンの人形がぎっしりと詰め込まれていた。「次は置いてこさせますので…」と話すお母さんに「大丈夫、そのうち自分で置いてくるようになりますので」と伝えて、みんなで大笑いした。

初めての場所（親子教室）に行かなくてはならないこともちゃんとわかっていて、きっと朝からお母さんに急かされながら「心の杖」となるウルトラマン人形を懸命にリュックに詰め込んでいたであろうA君。そんな姿を想う時、「心の杖」を単に「不安の表れ」として見るのではなく、その不安な場面や気持ちに立ち向かう「前向きな姿」としてとらえることの大切さを実感したエピソードであった。

ちなみに、リョウガ君のように3歳から初めて幼稚園での集団生活を経験する子どもたちと違い、幼い頃から保育所で集団生活を経験してきた子どもたちにとっても2歳児クラスから3歳児クラスへの「接続」には大きな壁がある。保育所は幼稚園のようにクラス規模が決まっておらず、子ども1人あたりの保育士の数は子どもの年齢によって異なる。2歳児クラスでは子ども6人に先生1人の割合だが、3歳児クラスになると子ども20人に先生1人となってしまう。子どもたちにしてみれば、頼れる先生が急に減って不安に感じることもあるだろう。

（2）「大きな自分」と「小さな自分」の間で揺れ動く

エピソード5-3 『ママに抱っこしてほしい』（リョウガ君　3歳1か月頃：年少組）

幼稚園の砂場で遊んでいたリョウガ君。すでにおもらしをしてしまった様子。友達のマコちゃん（マコト君）と遊びたくて何度もアプローチするがなかなかうまくいかない。何とか一緒に遊ぼうと、ままごと道具をカゴごと持って来ようとした時、転んで手を怪我してしまった。「おもらししちゃった…」「友達が遊んでくれない…」「手が痛い…」と悲しいことが重なったことで、とうとう気持ちが崩れて泣き出してしまったリョウガ君。「ママ、だっこしたい～」「ママってばぁ～」と叫びながら園内をさまよう。担任の先生が見つけて、着

52　第2部　保育の中の発達の姿

替えに誘ったり，怪我の様子を聞いたりしても「ダメなの！」「むこういってよ！」「みない
でくれ！」「もうやめて！」「ママだっこ…」と何を言ってもダメ。ようやく，着替えもさせ
てもらい，しばらく先生に抱っこしてもらったことで，次第に落ち着きを取り戻し，最後に
は笑顔も見られた。

出典『3年間の保育記録①　よりどころを求めて　3歳児前半』より

　幼稚園生活にも少し慣れてきたリョウガ君。幼稚園でも「仲のよい友達と一
緒に遊びたい」という「ねがい」が芽生えてきて，あの手この手でがんばって
いたにもかかわらず，いくつかの不運も重なり，とうとう気持ちが崩れてし
まった。「みんなと同じようにしてみたい…でも，できるかな…」，「おにい
ちゃんになりたい…でも，赤ちゃんみたいにお母さんに甘えたい…」と，「大
きな自分」と「小さな自分」の間で揺れ動く3歳児の気持ちがよく伝わってく
るエピソードである。
　2歳半ば過ぎから子どもたちは，「○○なモノと，△△なモノ」というよう
にモノの性質を**「対の関係」**でとらえるようになる。「大きい－小さい」，「長
い－短い」，「暗い－明るい」，「重い－軽い」など対比的認識が深まっていくと
ともに，ことば（概念）としても自分なりに使い分けていこうとする。3歳頃
になると「自分－他者」の関係を意識するとともに，「できる－できない」を
強く意識するようにもなる。「ボクが一番！」と張り切って遊んでいたかと思
うと，ちょっとしたきっかけで自信をなくしてしまい，ひとりで打ちひしがれ
ていることもある。ここで，ある保育園の3歳児クラスでのエピソードを紹介
しよう。

エピソード5-4 『しっぽをたった1本取られただけで…』（B君　3歳児）

　5月初旬，保育園から近所の公園に散歩に出かけた。公園に着いて，みんなに「しっぽと
りしようか～」と提案すると，クラスのリーダー的存在のB君が，「Bが（しっぽを）ぜん
ぶつけたい」と言う（※当時「先生ごっこ」が流行っておりB くんも「先生」役が大好
き。また，しっぽとりの最初は先生がしっぽを全部つけて，それを子どもたちが取って自分
につけることになっていた）。他に先生役をしたいと言う子がいなかったので，B君を先生
役にして「しっぽとり」が始まった。しばらくはみんなで楽しそうに遊んでいたが，ある子
がB君のしっぽを一つ取ることに成功した。するとB君は「とらんといて」と大激怒。
「しっぽとりやし，みんな取りに来るよ」と伝えて「もう1回しよう」と誘っても，「やらな
い」と言って違う遊びを始めてしまった。

第5章 幼児期に大切にしたいことってなんだろう？ 53

　「かっこいい先生」になりきって遊んでいたB君が，友達にしっぽを（しかもたったの1本）取られてしまっただけで気持ちが崩れてしまう姿が何ともかわいいエピソードである。リョウガ君のエピソードの中にも，折り紙で仲よく一緒に遊んでいたマコト君とトラブルになった時，先生に直してもらった変身ベルトを身につけた瞬間に，仮面ライダーにヘンシンして遊び始める場面がある（エピソード2-1『ボクは仮面ライダー』参照，p.19）。大人が子どもの気持ちを丁寧に受け止めることも大切だが，ちょっとしたきっかけで一瞬にして立ち直れる「変わり身の早さ」は3歳児の魅力の一つではないだろうか。

　子どもたちは「楽しそうな遊び」，「楽しそうな場所」にはすぐに集まってくる「習性」がある。映像資料にもリョウガ君が先生と他の子どもたちが楽しそうに遊んでいる姿を眺める様子が何度も出てくるが，プール遊びの場面（エピソード15-1『プール遊びへのきっかけづくり』参照，p.164）でも先生たちは無理に誘うのではなく，少しずつ水遊びに慣れさせながら，自分から活動に加わりたくなるように働きかけていた。射場（1997）は，3歳児とのつき合い方のコツについて「相手の土俵に引きずり込まれないで，必ず自分（保育者）の土俵に誘い込んで相撲をとること」と述べている。

（3）「イッチョマエ」は3歳児の特権⁉

　「自分－他者」「できる－できない」の違いがわかって，そのことに敏感になる3歳児だが，大人に支えてもらいながらでも「できた」という経験を「自信」につなげていける時期でもある。また，自分のことはそっちのけで友達のことを手伝っていたり，なかなか部屋に戻ってこない子どもたちを呼びにいってくれたのはいいが自分も遊びがおもしろくなって戻ってこなかったりすることもある。

　神田（2004）は，客観的には「半人前」にもかかわらず，主観的には「一人前」意識をしっかりもっている3歳児のことを，愛おしさを込めて"イッチョマエの3歳児"と呼んでいる。また，そんな3歳児たちの「イッチョマエぶり」を表しているのが「オレ」や「ワタシ」といった自称詞の使用である。それまで自分のことを名前や愛称（○○くん，○○ちゃん）で呼んでいた子どもたちは，3歳頃から自分のことを「オレ」や「ワタシ」と名乗るようになる。さら

54　第2部　保育の中の発達の姿

に興味深いのは「オレ」「ボク」などの自称詞を，相手や場面によって使い分けるというのだ。子どもが使用する自称詞について調査した西川（2004）によると，男児の場合，両親に対して「愛称・名前」を使用する一方で，友達に対しては「オレ」をよく使っているという。また，男児が保育者に「オレ」を使うのは，自己主張したり，自慢したりする場面に限られていたという。

2．4歳児の発達と保育で大切にしたいこと

（1）4歳児の「しんどさ」と「抵抗」

　4歳頃になると「○○ができるカッコイイ自分になりたい」，「みんなと一緒に○○したい」といった「ねがい」（発達要求）がこれまで以上に高まってくるが，これらの願いはすぐには叶わないことが多い。また，4歳頃には，注意の制御やメタ認知にかかわる能力の獲得により，周囲の状況をよく見て考えることができ始めることから，「○○したい」という自分の思いと「○○すべき」という約束ごととの間で葛藤する姿が見られるようになる。そして，大人（親や先生）を求める心が，時には「反抗」や「抵抗」という形で表現されることもある。

エピソード5-5　『お弁当食べない宣言！』（リョウガ君　4歳6か月頃：年中組）

> 　2学期になってからお弁当を食べるのを3日間拒否し続けているリョウガ君。この日も朝からお母さんに「お弁当食べない宣言」をしたとのこと。ケイスケ先生はリョウガ君にもっと友達とかかわってほしいとの思いから，リョウガ君と少し距離をおいており，「お弁当食べない宣言」は，そのことに対するリョウガ君の「抵抗」なのかもしれない。リョウガ君は，宣言通り，弁当の時間になっても「たべたくない　きぶんなの！」と先生に伝え，みんながお弁当を食べている時もじっとその様子を見ている。先生が持ってきたお茶には口もつけず，わざわざ手洗い場の蛇口から水を飲むという徹底ぶりである。
> 　先生はそれに対して，お弁当を強制しないでとにかくリョウガ君の抵抗につきあってみる。「きょうはいい（たべない）」というリョウガ君に「今日はいい？　また今度食べれるかな？　わかった」と受け止めたり，お弁当箱を運ぶ手伝いを提案し，お弁当を食べるきっかけをつくってみたりしつつ待つ。

出典『3年間の保育記録③　先生とともに　4歳児』より

　エピソード5-5からは，自分で納得して立ち直るしかない4歳児の「しんどさ」が感じられる。筆者は4歳の時期を「幼児期の思春期」と表現すること

がある。矛盾した形容ではあるが，1歳児の「だだこね」や3歳児の「揺れ」とは異なり，相手の気持ち（意図）や「すべきこと」がわかった上で，気持ちに折り合いをつけようともがいている姿は思春期の子どもの姿にもつながる。

子どもたちは4歳半ば頃から「**心の理論**（Theory of Mind）」（第19章参照）を獲得していき，相手の立場に立ってものごとを考えられるようになる。友達やきょうだいに上手に教えてあげたり，思いやる姿が見られたりする一方で，相手がいやがることをわざとするといった姿も見られる。また，大人（親や保育者）からの期待や思いも敏感に感じ取れるようになることで，自分の本当の気持ちを伝えることができないといった悩みを抱えることもある。そのため，この時期には大人の「励まし」や「仲裁」が逆効果になることも多い。他人の気持ちを理解できるようになる（正しくは「理解しようとするようになる」）ことは，決して幸せなことではないのかもしれない。

（2）自制心は「我慢する力」なのか？

今回の保育所保育指針，幼稚園教育要領等の改定・改訂にあたっては，幼児期に育むべきものとして「非認知的能力」や「社会情動的スキル」が強調されている。無藤（2017）は，「『幼稚園教育要領』改訂の趣旨」の中で「近年，**社会情動的スキルや非認知的能力**と呼ばれる，忍耐力や自己制御，自尊心といった特性を幼児期にこそ身につけることが期待され，そこでの違いが大人になってからの生活に大きな差を生じさせるという研究なども出てきています」と述べている（第12章参照）。

ここで無藤の言う「研究」の一つは「ペリー就学前プロジェクト」と呼ばれるもので，1960年代にアメリカのミシガン州で低所得世帯（58世帯）を対象に就学前教育の効果を調べたものである。追跡調査の結果，就学前教育を受けた子どもたちは，受けなかった子どもたちに比べて，14歳時点での学力，留年や休学せずに高校を卒業する割合，40歳での収入や持ち家率などは高く，生活保護受給率や逮捕者率は低かったという。しかし，ペリー就学前プロジェクトの効果や解釈をめぐっては懐疑的な意見もあり，今後さまざまな観点から検証が必要であろう。

ところで，社会情動的スキルや非認知的能力と言う場合，日本では「忍耐

力」や「自己抑制」が強調される傾向にある。**自己統制**には，**自己主張**と**自己抑制**の両面があり，どちらに重きを置くかには文化による違いも見られるようだ（第19章参照）。エピソード5-6はイギリスで制作されたドキュメンタリー番組「4歳児のヒミツ～驚きがいっぱい～」（THE SECRET LIFE OF 4 YEAR OLDS，2015）の一場面である。

エピソード5-6 『つまみ食いは勇気の表れ!?』（ハイム君　4歳）

教室にはおやつに食べるチョコレートケーキが置いてある。教室には子どもたちだけで，特に先生からの指示はない。少しわんぱくなハイム君（4歳）は，周囲の友達の「やめなよ」「先生にばれるよ」「きっと叱られる」などの制止も聞かず，勝手にチョコレートケーキを食べてしまった。

出典：地球ドラマチック「4歳児のヒミツ～驚きがいっぱい～」より

　日本だと「我慢ができない子」，「忍耐力がない子」と評価されてしまいそうだが，この番組の中で発達心理学者のサム・ウォス氏は「悪い行いは知性の表れです。いかにルールを曲げられるかを考え，ルールとはどんなものかを見極めようとしているんです。また，みんなが怖がることをして，勇気を示しているとも見えます」とコメントしている。「自己抑制」を強調する日本との違いが鮮明に表れていて，とても興味深いシーンであった。

　また，「自制心」とは，どんな時にも，誰に対しても発揮される「忍耐力」とは異なる。「お腹は空いているけど，給食は大好きな友達と一緒に食べたいな」，「ブランコに乗っていたいけど，友達と一緒の方が楽しいから交代で遊ぶことにしよう」など，生活を共にする仲間と心地よく過ごすための方法を自分たちで考え，その必要性がわかった上で，自分自身を変えていこうとする気持ちが「自制心」へとつながるのである。

3．5歳児の発達と保育で大切にしたいこと

（1）あいまいな世界をとらえようとする5歳児

　5歳半ば頃になると，子どもたちは物と物との間にある「あいまいな世界」をとらえる努力をしながら，自分と他者の間も調整していこうとする。これまでの3～4歳頃は「できる－できない」の間で揺れ動き，葛藤する姿が特徴的

であったが，「できる」と「できない」の間に「ちょっとだけはできた」「まあまあできた」といった**間の世界**が生まれてくる。年長組の子どもたちと話していると，途中で「えっとな…，それでな…」と「間」を刻むことばを挿みながら懸命に（文脈をつくって）伝えようとしてくれる。また，「もし〜だったら…」，「〜のときは…」と，条件をつけて思考できるようにもなってくる。「好きか嫌いか？」の問いに対しても，「ちょっとだけ好き」「まあまあ」「どっちでもない」「ふつう」などバリエーション豊かな答えが返ってくる。

エピソード5-7 『メニューの値段を決める』（リョウガ君　5歳3か月頃：年長組）

> くろひげレストランのメニューに値段を書き入れていくリョウガ君。
> 「おこさまらんち」は100（円），「めだまやき」は10,000（円），「ポップコーン」は100（円）と次々と値段を決めていく。「アイス」を1（円）にしたところケイスケ先生に「アイスは「ちょっと」安いんだな」と言われ，少し考えてから「じゃあ10（円）」と言って値段を変更した。

出典『3年間の保育記録④　育ちあい学びあう生活のなかで　5歳児』より

エピソード5-7はリョウガ君がレストランごっこでのメニューの値段を決めている場面である。アイスを「1円」に設定したリョウガ君だったが，ケイスケ先生に「アイスは「ちょっと」安いんだな」と言われて値段を「10円」に変更した。先生の「ちょっと」ということばで，1円は「ちょっと」ではなかったことに気づいたのかもしれない。

エピソード5-8 『富士山とエベレストはどっちが高い？』（リョウガ君　5歳1か月頃：年長組）

> 友達やケイスケ先生と一緒に砂場で山を作っているリョウガ君。
> リョウガ君：「エベレストって　どんなたかいの？」
> ケイスケ先生：「えっとね，8,000メートルぐらいあるの」
> リョウガ君：「8,000？，9,000？…」
> ケイスケ先生：「富士山は3,776メートルあるの」
> リョウガ君：「どっちが　おおいの？」
> ケイスケ先生：「8,000の方が大きいよ」
> リョウガ君：「うん？　じゃあ　エベレストのほうが　でかいってこと」
> ケイスケ先生：「そうだよ」

出典『3年間の保育記録④　育ちあい学びあう生活のなかで　5歳児』より

エピソード5-8はケイスケ先生とリョウガ君の何気ないやりとりが印象的であった。保育所保育指針でも「幼児期における数量や文字に関する指導は，確実に数を数えられたり，文字を正確に読めたり，書けたりすることを目指すものではない」としている。きっと子どもたちはこうした遊びの中での自然なやりとりを通して，数量的な関心を広げて，感覚を身につけていくのだろう。決して「数への関心を広げるための遊び」となってしまわないためにも心に刻んでおきたいエピソードである。

（2）安心して自分を出せる集団の中で育まれる自己肯定感

　5歳児クラスの後半になり，リョウガ君は友達の中でも自分の思いをしっかり出せるようになってきた。その象徴的な出来事が「レストランごっこ」でケント君と殴り合いのけんかになったシーンであった（エピソード18-2『黒ひげレストランでのいざこざ』参照，p.198）。この時の経験はリョウガ君の記憶にどのように刻まれたであろうか。

　最後に，子どもたちの「意見表明権」が尊重されることで思わぬ展開を見せたエピソード（服部，2000）を紹介する。

エピソード5-9 『年長クラスの話し合い』（保育園，5歳児クラス）

　年長クラスの7月，全員で紙を貼って作った「汽車」のおみこしを何色で塗るかを決めることになった。最初，22人中17人が「クロがいい」と主張。「汽車らしいから」など理由を出し合う中で21人が「クロ」派になった。
　ところが，なおみ（5歳9か月）だけ「ピンクがいい」「かわいいし　きれいだから」と言ってゆずらない。クロ派の子どもたちは，「そんなんヘンや！」「みんなクロがいいの！」「なおみのバカ！」とだんだん個人攻撃をはじめる。
　そこで，保育者が「なおみがピンクがいいって言う理由もあるの。みんなでどうやってぬったらいいか考えて」と提案。非難ゴウゴウのざわめきが一瞬静かになる。
　少し経って，さちこ（5歳6か月）が，「いいことかんがえた！」と勢いよく手をあげる。
さちこ「うえのところはピンクにして，あとはクロにするの」
なおみ「そんなん，いや…みんなしばらくだまってしまう。
たくま「じゃあ，よこのところもちょっとだけピンクにしたら？」
ちずこ「こっちからみたらピンクのきしゃになるよ」
　この後，行きつ戻りつ20分もの大議論になり，結局，屋根をクロにして側面はピンクにぬることになった。

出典：服部敬子「5歳児」『育ちあう乳幼児心理学』より

もし，みなさんがこのクラスの担任の先生だったら，クラスのほとんどの子ども（22人中21人）が「クロ派」になった時，どんなことを考えただろうか。「保育者としてなおみちゃんの意見も聞かなくては…」と思いつつも，最初の子どもたちと同じように「クラスのみんなは黒がいいって言っているし…」，「ピンクよりも黒の方が汽車（機関車）らしいよね…」，「なおみちゃんはちょっとわがままかな…」と考えながら話し合いを進めてしまわないだろうか。

　しかし，保育者の一言をきっかけに，子どもたちは諦めずに「上のところはピンクにして，あとはクロにするのは？」，「よこのところもちょっとだけピンクにしたら？」，「こっちからみたらピンクのきしゃになるよ」などと年長さんらしい知恵を絞ってなおみちゃんと交渉を続けた。そして，その結果できあがったのは何と「ほとんどピンク色」に塗られた汽車（おみこし）だった。ところが，完成したピンクの汽車おみこしを見た子どもたちの反応はと言うと，意外にも「ピンクけっこうきれいやな」「かわいいな」と好評だったという。子どもたちを徹底して信じ抜いた保育者の姿勢が生んだ実践と言えるが，時に子どもたちは大人の想像をはるかに越えた姿を見せてくれる。そして，それこそが「保育の醍醐味」なのではないだろうか。

　「幼児期の終わりまでに育ってほしい姿」で確かに保育の目標がわかりやすくなるのかもしれない。しかし，子どもたちを無意識に「育ってほしい姿」に近づけることが保育の目標となってしまうと，大人の発想を超えるような，こうした実践が生まれなくなってしまわないだろうか。

　幼児期に大切にすべきことは，仲間に認められたり，許されたりする経験を通して「このままの自分でも大丈夫なんだ」，「ここにいてもいいんだ」と思える安心感（自己肯定感）や「保育園・幼稚園は楽しかった」という記憶を子どもたちに残してあげることではないだろうか。そして，そのためには，子どもたち一人ひとりの多様性（diversity）が尊重されるとともに，それを包摂しうるような保育者の価値観，保育実践の多様性が保障されることが大切ではないかと考える。

（平沼博将）

コラム 3　就学前教育と格差問題

　今日，教育の世界では学力格差が課題となっている。この学力格差の背後には，経済格差，文化資本の格差，都市と地方の格差，日本語スキルの格差などが隠れている。これは小学校に入ってからだけの話ではない。むしろ，小学校に入る前つまり就学前教育と最も関係する課題である。なぜなら，多くの研究が示すように，就学前教育が就学後の学力に大きく影響するからである。したがって，学力格差是正のために就学前教育のあり方を検討する意義は大きい。

　就学前教育を考えるにあたり海外の教育施策を2例見てみよう。一つ目は，ブラジルの福祉政策と連携した教育施策である（志水・鈴木，2012）。ブラジルの学力格差は大きな経済格差に起因している。そのため，一定の所得水準以下の家庭には，子どもの数に応じた一定額が支給される制度がある。受給条件として，子どもの予防接種や健康診断の受診，子どもの学校への出席が義務付けられている（学校へ行かない子どもが多いため）。このように，この施策は，経済格差の是正を目的とした福祉政策と，子どもの学校教育への参加を促す教育施策の両方の側面をもっている。

　二つ目はアメリカのヘッドスタートプログラムである。これは一定の所得水準以下の家庭の就学前教育を行うもので，栄養面や健康面など福祉的サポートが含まれていることはブラジルの施策と同様である。主に人種などの影響による格差によって，就学時に既に生じている学力格差の是正を目的としている。この制度の特徴は，プログラムに保護者も参加するという点である。

　学力格差是正の観点から見れば，学校の力が家庭の力を上回ることは困難であることが指摘されてきた。子どもへの家庭の影響がより大きいとされる就学前においてはなおさらである。しかし，冒頭にも述べたように，就学後への影響力の大きさを考えれば，就学前教育の重要性は言うまでもない。上記の海外の事例を参考にするならば，就学前教育において大切なことは，一つは，（社会）福祉施策と教育施策の連携であり，もう一つは，家庭を巻き込んだ形での実施である。つまり，経済面や福祉面への支援と，子どもと共に保護者が学べる環境づくりへの支援が必要である。後者については幼稚園や保育所にもその可能性がある。幼稚園や保育所は小中学校に比べて保護者とのかかわりが大きいからである。これらの取り組みを通じて，さまざまな格差が再生産されない仕組みづくりが求められる。

（鈴木　勇）

第6章 子どもから大人への変化を生きぬく ために必要な糧とは？
児童期から青年期の発達と学校

　この章では，児童期から青年期までの発達について考えていく。児童期は幼児期に続く時期であり，小学校に通う6歳から12歳までの時期を指す（学童期ともよばれる）。個人差はあるものの小学校高学年頃から中学生にかけて第二次性徴が見られるようになると，思春期[1]に入っていく。そして，大人への移行期としての青年期が訪れる。児童期が社会学的に定義されるのに対して，思春期は生物学的に定義され，青年期は心理（社会）学的に定義されている（保坂，1998）という指摘もあり，特に思春期・青年期については個々の発達の個人差が非常に大きいため，明確に年齢区分を示すのは困難である。しかし，読者が具体的にイメージしやすいように，本章では第二次性徴が始まってから中学・高校段階に相当する年代を思春期，心理社会的な発達課題がテーマとなる18歳から20代の時期を青年期としておく。卒園式の頃にはまだどこかあどけなさの残っている子どもたちが親や先生たちの背丈に近づき，成人として社会に出ていくまでの時期だと考えると，大いなる変化期であることが実感できるだろう。

　さて，これから本章で紹介していく一つひとつのことがらについては，ぜひ「あのリョウガ君だったらどうだろうか」と想像を膨らませながら考えてほしい。加えて，過去の自分自身はどのような体験をしてきたか，どのように育ってきたかについても振り返りながら理解してほしい。それが**発達の連続性**について考えるということであり，一つとして同じ経過をたどることのない個別の発達の様相をとらえる姿勢に結びついていくからである。

1　エリクソンの発達図式もそうだが，一般的には「青年期」の中に「思春期」を含んで考えられることも多い。しかし本章では，「青年期全体が長期化している現代社会にあっては，青年期を下位段階に分けてみていくことが必要」と指摘する下山（1998）にならって，思春期と青年期を区分して考えていくこととする。

62 第2部 保育の中の発達の姿

1. 児童期の発達と学校

(1) ドキドキの1年生—保幼小の接続

　幼稚園を卒園したリョウガ君。卒園式から数週間たって4月に入ると，もう小学生である。あなたは，ランドセルを背負ったリョウガ君の姿が想像できるだろうか。幼稚園に入園して間もなくの頃の彼の様子を思い出してほしい。あれから3年がたち成長したリョウガ君であるが，小学校の入学式ではどんな表情を見せるだろうか。教室に入る時，クラスの友達と出会う時，どんな様子を見せるだろう。先生にはどういう態度を示すだろうか。同じエピソードを通してリョウガ君の姿を共有していても，「きっと楽しい小学校生活が送れるだろう」と想像する人もいれば，「うまくやっていけるかな」と少し心配に思う人もいるかもしれない。その印象の違いはいったいどこから来ているのだろうか。どのような根拠に基づくものであるか，少し考えてみてほしい。映像で見たリョウガ君のこれまでの歩みを客観的に評価した結果だ，と主張する人もいるかもしれないが，おそらくその判断材料の一つには，それぞれのもつ "小学校教育" のイメージがある。自分自身が体験したさまざまな出来事を想起し重ね合わせた人もいるだろう。同じ学習指導要領に即した教育が全国のどの小学校でも行われるわけだが，リョウガ君がどんな小学校に通い，どんな先生や友達と出会い，どんなカリキュラムを提供されるのかによって，その後の歩みはまた大きく異なってくるに違いない。当然のことなのだが，子どもの発達は連続している。乳幼児期の日々の積み重ねの体験と環境が子どもの発達を促し，そこで培ったさまざまなものを糧として，子どもたちは小学校という新しい環境での体験を積み重ねていく。幼稚園でケイスケ先生に見守られ導かれた体験，友達とけんかした体験，さまざまな体験がきっと小学校でのリョウガ君の糧となり，彼を支えていくことだろう。

　新しい環境に入っていく時，誰しもが多かれ少なかれ期待と不安を抱く。しかし，本人のもつ糧（あるいは，よりどころ）が少なすぎたり，個人の適応力では追いつかないくらいの大きすぎる環境の変化があったりすると，さまざまな問題が生じることは想像に難くない。遊びを中心として過ごしてきた保育

所・幼稚園の生活から小学校での教科等の学習を中心とした生活に移行していくこの時期に，子どもたちが学校生活に適応できず落ち着かない状態が続く，いわゆる**小1プロブレム**が問題視されるようになったのは2000年頃からである。その問題の解消を目指して保幼小の連携の重要性がさかんに叫ばれるようになり，実践的な取り組みも各地で行われている（秋田・第一日野グループ，2013など）。教育政策上でもこの動向は顕著であり，平成29（2017）年3月に改訂された小学校学習指導要領では幼児期の教育との接続について「小学校の入学当初においては，幼児期において自発的な活動としての遊びを通して育まれてきたことが，各教科等における学習に円滑に接続されるよう，生活科を中心に，合科的・関連的な指導や弾力的な時間割の設定など，指導の工夫や指導計画の作成を行うこと」と明示され，**スタートカリキュラム**の編成・充実が求められている。幼児期に培われてきたさまざまな学びの芽を大切に育てていくようなきめ細やかなカリキュラムと環境を整えることで，子どもたちは安心して日々の学校生活を過ごしていけるだろう。

（2）児童期の発達課題と学校

　児童期の子どもの学びは，もちろん小学校だけでなされるものではない。学校も含め家庭や日常生活のすべてにおいて，子どもは学んでいる。それは幼児期でも児童期でも変わらない。しかし，この時期の子どもが学校という集団社会の中で，知識を学び，物事の仕組みを理解し，何かをうまくなしとげるための手順を学んでいくことには，大きな意味がある。

　エリクソン（1959）の発達理論（第17章参照）によると，児童期には絶え間なく注意を傾け，目的を貫くまで勤勉に努力することを通して，何かを達成し作り上げる喜びを味わうようになる。これが**勤勉性**の感覚である。リョウガ君もきっと，授業で習った知識をもとに問題を解いたり宿題をしたりもするし，学校や学級という組織の中で係活動をしたりするだろう。クラブ活動もするかもしれない。一生懸命取り組めば取り組むほど，最後には「やり遂げることができた」「自分はクラスの役に立つことができた」など，大きな喜びを味わうことだろう。その一方で，当然うまくいかないことも出てくる。課題が達成できなかったり，失敗したりした時には**劣等感**も生じる。集団生活であるので，

できている友達と自分を比較してしまうこともあろう。そのような中で「自分はダメだ」と思ってしまい無気力になることもあるかもしれない。しかし，劣等感を抱く経験はむしろ大切である。失敗を認めず自分の無力さを否定し，根拠のない自信で自分を支えようとしても，それはいつか破綻する。大事なことは，劣等感を抱くことがあっても，それを上回るだけの達成感を味わう経験を積み重ね，有能感を実感できることである。

　そのために大事なのは，教師の評価と自己評価である。教師はどのように課題に向かう子どもを励まし，声かけしていけばよいのか。できる子とできない子がいた時，どのようにすべきなのか。劣等感に脅かされすぎない適切な自己モニタリングを促すためのフィードバックはどのようであるべきか。個々の子どもの発達段階や個性に応じて，個別に評価していく部分と集団内での評価のあり方を考えるのが重要な役目となる。

（3）知的発達と教科学習

　学校での学びというと，教科学習を思い浮かべる人も多いだろう。ここで，小学校で机に向かって学んでいる中学年頃のリョウガ君を想像してみたい。低学年でのスタートカリキュラムも一段落し，それぞれの教科学習が本格化してくる。国語，算数，理科，社会…それぞれの授業の中で，彼はどんな表情を見せるだろうか。リョウガ君が好きになるのはどの教科だろう。コツコツと努力して課題に取り組むのだろうか。うまくいかずに悔しい思いをすることもあるだろうか。

　9歳の壁，10歳の壁ということばがある。9，10歳頃の学力の伸び悩みやつまずきに対して用いられることが多く，聾教育の現場では1960年頃から注目されていた。この時期は思春期に向けて「具体的操作期」から「形式的操作期」へと移行していく時期（第14章ピアジェの認知発達論を参照）と重なる。図6-1は，聴覚障害児に携わる中でこの時期に着目した脇中（2013）によるものである。「9歳の壁」を越えると抽象的な思考もできるようになり，本格的な教科学習をこなしていけるが，そのためには，幼児期から続いてきた生活言語を十分に獲得していることが前提の一つとなるとされている。「高度化」とは，「生活言語の充実」を意味しており，子どもの生活の中で豊かな経験を

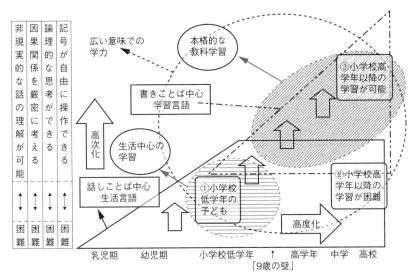

図6-1　生活言語と学習言語,「9歳の壁」の関連 (脇中, 2013)

積み重ね，雑多な情報に触れ，親密な人との会話を始めさまざまな人間関係を経験することが必要である。

（4）児童期の友人関係

　再び，リョウガ君の小学校での姿を思い浮かべてみよう。ある日の2時間目。社会の授業では，学級内でグループを作り話し合いをした。授業が終わり，休み時間となる。ざわめく教室内には，友達に手助けしてもらいながら時間内に終わらなかった課題に取り組む子がいる。連れだってトイレに行く子もいる。教室の後ろのスペースに4，5人で寄り集まってふざけあっている子もいる。何やらこそこそと放課後に遊ぶ約束を取りつけている子もいる。一人静かに本を読む子もいる。そんな中，リョウガ君は誰とどのように過ごすのだろうか。

　これまでのさまざまな経験を通して発達させてきた社会性や道徳性，自己理解・他者理解等（第17章から20章参照）を基盤に，子どもたちは学校という集団生活の中で，人と人の関係性や社会のルール，自分自身のありようをさらに広く深く学んでいく。幼児期から低学年頃までは親や先生など大人の秩序に守られて過ごしてきた子どもたちも，小学校高学年頃になると，同性の集団を作

り，同一行動をともにすることで結束力を高めていくようになる。放課後に
こっそり仲間で集まって，大人には言いにくいようなことをした経験がある人
もいるだろう。この時期には，仲間集団の承認が保護者の承認より重要になっ
てきて，大人が「やってはいけない」と言うことを仲間と一緒に行うこともあ
ることから，**ギャング（＝悪漢）・エイジ**と呼ばれてきた。発達的には，後述
する思春期における親からの自立の動きを支えるために必要な仲間関係と考え
られてきたが，近年では，遊びを共有する時間も場も減少してきており，「ギャ
ング・グループの消失」も指摘されている（保坂，2010）。こうした友人関係
の変質については，次項で触れるとしよう。

（5）飛躍する子どもたち

　「10歳の壁」を切り口として，認知・感情・友達関係・道徳性など多角的な
観点からこの時期の発達について整理した渡辺（2011）によると，「壁」とい
うイメージは実は「飛躍できる質的な心の変化の時」ととらえることもできる。
この時期の子どもたちの発達を理解し，はしごのかけ方さえ工夫すれば，きち
んと思春期を迎え，大人への自立の準備をスタートさせることができるという
のだ。しかし，思春期は児童期よりもさらに生きぬくことが難しい時期でもあ
る。この時期には発達を「不連続なもの」として見る視点も重要かもしれない。
革新的な質的変化が生じ，これまで積み重ねてきた自己との対立・矛盾も生じ
てくるからである。次項では，「9歳の壁」，「10歳の壁」を乗り越えた先にあ
る思春期から青年期までの様相について見ていく。

2．思春期の発達と学校

（1）第二次性徴と心の揺れ

　個人差はあるものの，小学校高学年頃から**第二次性徴**が始まる。スキャモン
の発育曲線（第9章，p.101）を見てみよう。身長や体重，呼吸器や消化器と
いった一般型の発育曲線が，思春期を迎える頃に急激に発達しているのがわか
る。身体の変化は自らコントロールすることができず，突然に否応なしにやっ
てくる。第二次性徴について知識としては知っていても，身体感覚として実際

にとらえられるその違和感やホルモンバランスの乱れは，子どもたちの心の状態を不安定にすることもある。ちょうどこの時期には，「人からどのように見られているか」が気になる時期でもあるため，周りの評価を恐れ，身体的な変化を過剰にネガティブに感じたり，外見を気にしたりする者もいる。もちろん，特に問題なく自然な形で大人への変化を受容する者もいる。こうした変化をどのように受け入れるかは，児童期までに形成してきたパーソナリティや自己意識のあり方，周りの大人たちのかかわり方によっても大きく異なってくる。

（2）甘えと自立のはざまで

　中学生となったリョウガ君を想像してみる。身体はずいぶん大きくなっただろう。彼にも反抗期が訪れている頃だろうか。親に何か干渉されるとイライラして乱暴な口をきいたりするだろうか。あるいは話しかけられても無視してサッサと自分の部屋にこもるかもしれない。あなたにもそんな反抗期があっただろうか。

　思春期は，身体が大人に近づいてくるのと相まって，心理的にも親からの自立を試みていく時期である。こうした動きは「心理的離乳」とも呼ばれている。Blos（1967）はこの時期の親からの離脱の過程を，マーラーらが提唱した幼児期の親子関係における「分離−個体化」のモデルになぞらえて**第2の個体化過程**と呼んだ。つまり，親にイヤイヤを言いながらも離れると不安になって甘えてくるという，矛盾と両価的感情に満ちたあの幼児期の体験の再燃である。親から縛られると腹が立つし，一方で「何でも自分でちゃんとしなさい」と言われると "そりゃないだろう" と思ってしまう。両価的な感情を自身でも持て余し，周りの大人にぶつけてしまうこともある。この時期の子どもに向き合う大人は，成長の過渡期であることをしっかりと理解し，心の揺れに対峙していくことが重要である。

　一方，こうした葛藤的な思春期像が現代では一般的でなくなっているという指摘（滝川，2004など）もある。思春期臨床に携わる鍋田（2007）は，「物語れない若者たち」ということばを用いて彼らの様相を明らかにし，このようなケースにおいては主体性を育てていくかかわりや群れ体験を経験させることが重要であると論じている。

（3）「中1ギャップ」は存在するのか？

　身体的・心理的な変化と同時期に，環境の大きな変化としては小学校から中学校への移行がある。学級担任制から教科担任制となり，学習内容もより抽象的思考が求められる内容になっていく。そのような状況の中で不安や戸惑いを抱き，適応できなくなる子どもも一部存在する。**中1ギャップ**という用語は，この移行期に不登校やいじめが急増する（ように見える）ことから，小中学校間の接続の問題を語る際に盛んに用いられるようになった。一方で，文部科学省国立教育政策研究所（2015）は，いじめや不登校の急増という現象は客観的事実とは言い切れず，多くの問題が顕在化するのは中学校段階からだとしても実は小学校段階から問題が始まっている場合が少なくないことを指摘している。いずれにせよ，思春期段階において児童期からの連続性に配慮しつつきめ細やかに支援することが必要な子どもたちが存在することは事実である。生徒指導や教育相談のあり方も，こうした子どもたちの発達の様相に応じて行うことが求められている。また，近年では9年一貫の教育カリキュラムも注目されており，2016年からは「義務教育学校」の設置も制度化され効果が期待されているところである。

（4）思春期の仲間関係

　中学校や高校でのリョウガ君の友人関係はどのようになるだろう。この時期はクラスや部活で仲のよいグループが形成されることが多い。リョウガ君も仲間同士で寄り集まって遊びに繰り出したりするだろうか。持ち始めたスマホを使って連絡を取りあい，話題を共有し合っているかもしれない。

　保坂（2010）は，子どもたちの仲間関係について以下のようなモデルを提唱している。①児童期後半の**ギャング・グループ**：同一行動による一体感が重んじられる。②思春期前半の**チャム・グループ**：同性の同輩集団で構成される仲よしグループ。同じ興味・関心やクラブ活動などを通じてその関係が結ばれ，互いの共通点・類似点をことばで確かめ合うのが基本。言語による一体感の確認から，仲間に対する絶対的な忠誠心が生まれてくる。③思春期後半の**ピア・グループ**：互いの価値観や理想，将来の生き方などを語り合う関係が生じる。ここでは，共通点・類似性だけではなく，互いの異質性をぶつけ合うことに

よって他者との違いを明らかにしつつ自分の中のものを築き上げ，確認していくプロセスが見られる。そして，異質性を認め合い，違いを乗り越えたところで，自立した個人として互いを尊重し合ってともにいることができる状態が生まれてくる。この集団は，異質性を認めることが特徴ゆえに男女混合であることも，年齢に幅があることもありうる。

　ギャング・グループやチャム・グループにおいては，仲間集団のメンバーに対して「同じである」ことを強力に求める同調圧力がかかり，集団での万引きや喫煙といった反社会的行動やいじめなどの対人トラブルも生じやすい。そこまで明確な問題はなくとも，「何でも友達と同じようにしないといけない」「仲間外れにされないように」と気遣いながら友達関係を続け，息苦しく感じた経験をもつ者も多いのではないだろうか。保坂（2010）は，現代的な変化としてギャング・グループの消失に伴う「チャム・グループの肥大化」と「ピア・グループの遷延化」を指摘している。今日の子どもたちは，ギャング・グループを十分に経験しないままに薄められたチャム・グループを形成しており，しかもそれが高校以降まで続きピア・グループの形成が困難になっているというのである。さらに，今日的な状況として，「ケータイ」や「スマホ」の所持が仲間関係に及ぼしている影響についても考えていく必要がある。

（5）思春期理解のチャンネル

　2018年の本屋大賞を受賞した辻村深月の『かがみの孤城』は，友人関係をめぐるある出来事から学校での居場所をなくし，家に閉じこもっている少女 "こころ" が主人公である。ある日突然，家の鏡が光り始める。その鏡をくぐり抜けた先には不思議な城があり，似た境遇の7人が集められている。ファンタジックな展開ながらも，そこに描かれる思春期の子どもたちの対人関係上での心理的体験や教師や家族との関係性は，非常にリアルである。すでに思春期を乗り越えた私たちにもあの頃の「生きづらさ」を思い起こさせるような空気が文章全体に漂っている。不登校当事者も，この小説を読んで「あまりにリアルすぎて胸が詰まった」と述べたという（石井，2018）。

　葛藤があってもなくても，思春期の只中にいる本人たちが自分自身のことを物語るのは難しい。しかし，『かがみの孤城』のように思春期の子どもたちの

姿を描いた作品であったり，思春期の子どもたちが好んで触れている漫画やアニメ，ゲーム，小説，音楽だったりが，彼らの思いを代弁してくれていることも多い。大人がこれらの世界のイメージを共有することは，ことばにし難い彼らの内的世界を理解する一つの手段となる。岩宮（2007，2013，2017など）は，アニメや小説，TVドラマ，アイドル文化などと思春期の子どもたちの世界の関連について非常に興味深い考察をしている。こうした論考を参考にしながら，学校や家庭で子どもたちがどんなことに興味をもってハマっているのか，敏感にアンテナをはりチャンネルを合わせることもかかわる大人には求められる。

3．私は何者？―青年期を生きる

（1）青年期の発達課題

　このテキストを手に取っている読者の多くは青年期を生きていることだろう。ここでは，リョウガ君が自分と同じくらいの年齢になっているところを想像してほしい。大学の教室，あなたの隣の席で彼もまた学んでいるかもしれない。アルバイトをして貯めたお金を趣味に投入しようと計画しているかもしれない。恋愛もしているだろうか。あるいは，近づいてきた就活に少し焦りを感じ始めている頃かもしれない。リョウガ君に向いている職業はいったいどんなものだろうか。

　思春期から青年期にかけての発達課題は，「**アイデンティティの確立**」である（第17章参照）。これまで見てきたように思春期には心身の変化に伴う不安や親との葛藤，仲間関係の構築の課題などを体験するわけだが，このプロセスにおいて否応なしに自分自身に向き合い，見つめなおしていくことになる。こうした体験は，「自分とは何か」というアイデンティティ確立のための一つの基盤となる。Marcia（1966）は，**アイデンティティ・ステイタス**について研究を行い，危機の経験（自分は何者であるのかに迷い，何をしたいのかを探索する経験）と積極的関与（具体的な対象を定めて，それに向かって努力する）がアイデンティティ確立のために必要であるとしている。青年期を生きる読者の中には，今，まさに危機を経験している者もいることだろうが，それは発達課題を乗り越えるために必要なプロセスであることを理解しておくとよい。も

第6章 子どもから大人への変化を生きぬくために必要な糧とは？ 71

ちろん，アイデンティティ形成のプロセスは思春期以降に始まるものではない。その基本的要素は乳幼児期からの発達過程を通して形成されるものであり，青年期以前の発達課題が適切に達成されていなければ，青年期のアイデンティティの確立はそれだけ困難となる（下山，1998）。また，この時期はさまざまな精神病理の好発期でもあることを理解し，配慮しておく必要がある。

（2）青年期を支える児童期からのキャリア教育

　高校や大学進学を検討した時，そして将来の職業を考える時，あなたはどのように自分を理解し，これからの生き方を考えてきただろうか。

　教育の場でアイデンティティ確立に深く関連してくるのが，「**キャリア教育**」である。一般に「キャリア」と聞くと「経歴」や「職歴」といった意味が連想され，「キャリア教育」＝「進路指導，就職支援」と誤解されがちである。しかし，「人が，生涯の中で様々な役割を果たす過程で，自らの役割の価値や自分と役割との関係を見いだしていく連なりや積み重ね」が「キャリア」の意味するところであり，キャリア教育は「一人一人の社会的・職業的自立に向け，必要な基盤となる能力や態度を育てることを通して，キャリア発達を促す教育」と定義される（中央教育審議会，2011）。すなわち，キャリア教育は，進路や就職先を考えるためだけのものではない。幼い頃からどのような環境・対人関係の中で，どのように自分自身を作り上げてきたか，そしてこれからどのように生きていこうとするのか，過去現在未来のすべてが連なって発達していくのがキャリアである。従来型の進路指導が中学・高校段階からのものであるのに対し，キャリア教育は小学校段階から教育活動の中に組み入れて実施していくことが提唱されている。今日の社会は刻一刻と変化しており，子どもたちは将来厳しい状況にさらされる可能性もある。そのような中でも自立的に生きていくために，「生きる力」をどのように育んでいくのか。学校や家庭，地域社会が担うべき役割は大きい。

4．児童期から青年期を生きぬく―発達の連続性の中でとらえる

　小学生の時，あなたは何をよりどころとしていただろうか。中学生，高校生

の時はどうだったろう。そして今，おそらくは青年期を生きているあなたの自立への動きを支えてくれているものはなんだろうか。例えば，今あなたを支えてくれているのが1年前に出会った親友の存在だとする。今の親友の支えが大事なのであって，過去は関係ないとあなたは思うかもしれない。しかし，あなたはなぜ，その友達と「親友」という関係を築き上げることができ，その関係を保つことができているのだろう。その親友と語り合う自分の将来。少しの不安はあるが，なぜかあなたは，希望をもって未来を想像することができている。実は，幼少期からあなたが積み重ねてきた数々の経験が，今のあなたを支えているのかもしれない。

　リョウガ君も，幼稚園や保育所などで出会う子どもたちも，養育者や保育者・仲間との関係の中で，幾層にも重なる社会の中で育てられ，成長してゆく。やがて迎える「9歳の壁」や思春期の生きづらさ，青年期のアイデンティティ拡散の危機を迎えた時，よりどころとなるのはなんだろう。そう考えると，幼少期の一つひとつの体験や家族のかかわり，保育者や教師のかかわりの重要性が見えてくる。そして，ここから先は「育てる者」としての発達が始まるわけだが，「連続性」をもって次章へと読み進んでほしい。　　　　　（網谷綾香）

第7章　大人も発達するの？
成人期，老年期の発達と家族支援

　第17章で説明されている**エリクソンの心理社会的発達理論**によれば，成人期以降は，親密性，続いて生殖性，最後に統合性が発達課題となっていく。前章まででその成長を想像してきたリョウガ君も，もうこの時期にはすっかり大人の仲間入りをしているだろう。成人期には仕事を得て，**親密性**を深めた他者と愛情をもつ。それは結婚という形を成すことが多い。これは家族ライフサイクルの起点でもあり，続くステージでは，子どもをもち，育み，巣立たせていく（生殖性は世代性とも訳され，生物学的な子にかかわらず次世代を育む活動に従事する意味をもつ）。ここには「**育てられる者**」から「**育てる者**」になるという大きな転換がある。ライフサイクルの中でも子育て期は，家族形成の要である夫婦に大きな負荷がかかる時期であると指摘されてきている。第一子が生まれた夫婦の7割近くは結婚生活に不満をおぼえるようになるという研究結果もある（Belsky & Kelly, 1994）。夫婦だけの**二人関係**から子も含めた**三人関係**，さらに「育てられる者」から「育てる者」への転換と，他者との関係性も自分自身の在り方も大きく変わる転機と言える。それはまた親が子どもを育むだけでなく，子どもを育てることによって親も育つという相互発達，いわば世代継承性（**ジェネラティヴィティ**）の姿でもある（詳細は第17章参照）。子どもだけでなく，親も発達し続ける存在であるという視点をもちつつ，家族全体を視野に入れて支えてくれる保育者がいればどれほどよいだろうか。本章では，子どもと親の相互発達へ目配りをしながら，寄り添い，相互発達を支えることに役立つ家族療法の視点を紹介していく。

1．親子を支えるための視点―円環的因果律

　初めての子育ては喜びも多いが不安も多い。子どもが経験することを見守る

親も，初めてその場面に親として向き合っているのだから。例えば，リョウガ君が入園して間もなくの様子を思い出してほしい。リョウガ君を一人残して一旦園から離れるお母さんは，「今日はカバン置いたらママは一回おうちに帰るよ」と子どもに言い聞かせていたが，それは自分に言い聞かせるようでもあった。親子の分離は，子どもが心細いだけではなく，親も心細いのである。ちょっと考えてみてほしい。母親がここで自分に言い聞かせても，なかなか安心できない人だったらどうだろう。不安そうなお母さんを見て，ますます子どもも不安になってしまうのではないだろうか。さて，そんな時，あなたが保育者ならどうするだろうか。お母さんに安心してもらうだろうか，子どもをまず安心させるだろうか。家族療法の視点から言えば，どちらも正解である。家族療法では，ベイトソン（Bateson, 1979）の円環的認識論から発展した円環的因果律で，物事を見立てるのだが，その視点で言えばいずれでも構わないのである。

　もう少し詳しく説明すると，こういうことである。通常私たちは**直線的因果律**で物事を考えがちである。「〇〇が起こったのは〜が原因だ」「これが悪かったからこういう結果になった」というのは直線的因果律である。そうでなく，原因が結果を生むが，その結果が原因になり，次の結果を引き起こすという考え方を**円環的因果律**という。その考え方で上記の心配性なお母さんと子どもの相互作用を描くと図7-1のようになる。

　親子は互いの不安を読み取って，円環的に不安を高めている。そのような場

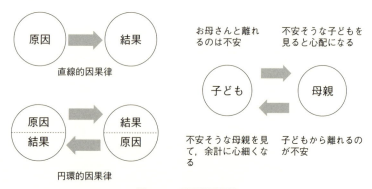

図7-1　円環的因果律

合は，どちらに働きかけてもよいのである。誘ってあげることで子どもが遊び
に入ってくれそうであれば，そのようにしてもよいし，母親に対して安心させ
ることばかけをしてもよい。両方できるのであればそれもいい。映像では，先
生は簡単なことばかけでお母さんにかかわった上で，子どもに話しかけていた。
やりやすいようにすればよいのである。何かやってみて，うまくいかない場合
は，別の方法をためしてみればよい。

　この見方のよいところは，どうしたらよい循環が生まれるのかに目が向くた
め，悪者ができにくいところであろう。お母さんの育て方がよくない，などと
原因探しをするよりも，二人の相互作用にとってよいことを探し，工夫すれば
よいと思えば，支援を行う人も希望を持ちやすいのではないだろうか。

2．家族を見渡す手法—ジェノグラム

　家族全体を客観的に見渡したり関係者で共有したりするのに役立つ方法とし
て，ジェノグラムがある。描き方のルールの基本は，図7-2の通りである。
□が男性を表し，○が女性を表す。左側に父方，右側に母方を配置する。きょ
うだいは左側が年長になるように配置する。

　さて，考えてみてほしい。みながよく知っているアニメの『サザエさん』に
出てくるタラちゃんとイクラちゃんはどういう関係なのだろうか。近所の子だ
ろうか。それとも，サザエさんとタイコさん（イクラちゃんの母親）が友人同
士なのだろうか。『サザエさん』の登場人物のジェノグラムを描くと図7-3の
ようになる。

　これを見ると，ノリスケさんはサザエさんの父方のいとこであることがわか
る。つまり，イクラちゃんとタラちゃんは，いとこの子ども同士で，いわゆる
「はとこ」，「またいとこ」と言われる関係なのである。

　このように，ジェノグラムには複雑な家族を一見してわかるように整理でき
る力がある。これが家族の客観視，自分の置かれている立場などの理解にもつ
ながるので，相談の場においては，相談に来ている人と一緒に描いてみると役
立つことも多い。やってみると「自分はこんなに孤立していたのか」「上の世
代の未解決な課題が，自分に持ち越されていたのだな」など，気づきが得られ

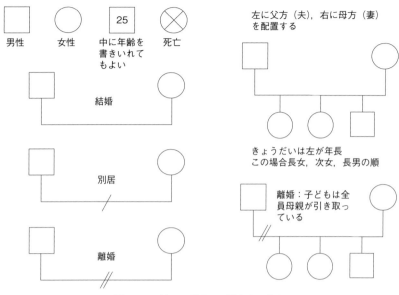

図7-2 ジェノグラムの描き方の基本

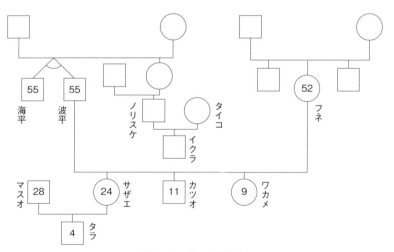

図7-3 ジェノグラム

る。それは複雑な関係を，血縁だけでなく，心情とともに紐解いていく感覚を呼び起こす。家族関係の理解を共有できるだけでなく，新たな洞察が生まれ，相談への対処の幅が広がる。後述する離婚，再婚のような話を聴くような機会があれば，ジェノグラムを描きながら話すことで，話がスムースに進み，理解や洞察が深まるであろう。

3．親自身の発達を支える視点—専門家の手助けの重要性

　親自身も子どもを育てながら，育っていく。それがどういうことかを調べた研究がある。吉野（2014）は，親の発達を概念分析という手法で検討し，その結果，親の発達の重要な要素として，【関係の中で育まれる】，【子育てを通して生じる質的な変化】，【問題に取り組み乗り越える経験】，【子育てを通して進むプロセス】の四つを見いだし，親の発達は，経験を軸に積み重ねられ，停滞と前進を繰り返しながら進むダイナミックな質的変化のプロセスであると論じている。さらに，モデルケースの事例（図7-4）を紹介し，中でも【問題に取り組み乗り越える経験】を支える看護師，保育者などの専門的介入の重要性を描き出している。専門家が親に寄り添いながら，遊ばせ方や，どうしたらよく食べるのか，泣くのも主張だということなどを伝えることによって，親は育児のスキルを獲得し，子どもといて楽しい，子どもの様子がわかるなど，子どもの気持ちや見方，接し方の変化を経験し，親子の育ちに役立つ，よい相互作用が生まれていったのである。

　専門的な介入が親を支えるという関連で言えば，筆者は発達障害の子どもを

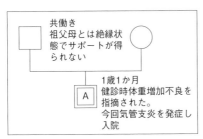

図7-4　吉野（2014）のモデルケース

もつ親のための**ペアレントトレーニング**というプログラムに携わったことがある。これは子どもの望ましい行動を増やし，困った行動を減らすための理論を親に学んでもらうことで，自分の子どものための専門家になってもらうトレーニングプログラムである。トレーニングの中では，日常的に親が困っている子どもの行動（食事中うろうろする，制止がきかないなど）を減らし，身につけてほしい行動（生活習慣など）を獲得し，増やすよう，学習理論という行動変容の理論を用いて，親が子どもに働きかけを行い，スタッフが親の観察や記録をもとにそれを支援する。このプログラムで学ぶと親子それぞれにできることが増えていくが，何よりも保護者と子どもの関係が大きく変化する。参加したある保護者は，「子どもを心から可愛いと思えるようになった」と語られ，子どもの方からも親への要求のことばが増えるなどの変化が見られた。このように，親としての発達を支えるには【問題に取り組み乗り越える経験】は欠かせない要素であり，その際保育者をはじめとする専門家の支えが後押しとして重要なのである。

4．子育て世代をめぐる状況と保護者支援—ジョイニングを意識する

　以下の文章は，ある中堅保育者による保護者対応の困難さについての記述である。「保護者に『子どものために大切ですよ』ってお願いしても，それがなかなか届きにくいなと思う。余裕がなくて，子どものことより自分のことで一杯になっている家庭が多いというか（後略）」（中平ら，2016）。今日では産休・育休の制度が整い，共働き世帯が増加している。しかし，それが女性の働きやすさにはつながっているとは限らない。すなわち，制度が整っても，未だ長時間労働が前提とされているため，育児に力を注ごうとすれば無理が生じてしまい，その負担は「仕事も家事も育児も」という形で女性が担うことになりがちである。そうした状況を考えると，先の保育者のつぶやきはよく起こることなのだろう。そのような時にこそ保護者の気持ちに寄り添うことは重要である。

　ではどのようなことばかけやかかわりが寄り添うことになるのだろうか。家

族療法では**ジョイニング**という概念がある。ジョイニングとは，家族療法を行うセラピストが家族に馴染むことを言う（Minuchin, 1974/1983）。家族に馴染むためには，セラピストは家族を先導するよりは家族についていくスタンスをとり（**トラッキング**），家族のスタイルに合わせて自分も振舞い（**アコモデーション**），しぐさや使うことばを真似る（**マイムシス**）のだが，どの家族メンバーとも接触をもつことも重要な要素である。家族メンバーの言い分はそれぞれ異なるものだが，それぞれに「なるほど」と聴いていくプロセスが重要なのである。家族療法にはいろいろな技法があるが，ジョイニングはその基礎となるものであり，ジョイニングができないまま技法による介入を行っても奏効しないと言われている。

　さて，中平ら（2016）では子どもが長時間保育となっているのに，仕事が休みの日に子どもを預けに来た母親へのことばかけを取り上げていたので，それをもとに考えてみたい。保育者としては，長時間保育となっている子どもの大変さが気になるところではあるが，こういう時こそ母親へのジョイニングが重要だ。例えば，「お母さん，お仕事大変ですね」など母親の大変さを労う一言がほしいところである。それから「○○ちゃんは園では今日はこんな遊びをしていましたよ。お家でお困りのことはありませんか？」と，もう一押し母親に肩入れしつつ，そこで母親が語った問題に，保育者が具体的な対処を伝えられれば，Ａちゃんの時のように母子の関係にもよい循環がうまれ，保育者－保護者間の協力関係も強まるのではないだろうか。もし，困ったことが保護者から出てこないようであれば，まず，よい様子を伝え，「ただ，最近ちょっと疲れているように思うのですが，おうちで変わった様子はないでしょうか？」などと水を向けてみるような工夫も可能だろう。どんなことばかけができるか，仲間で知恵を出し合えば，ここに例示したものよりもずっとよいものが見つかると思う。ぜひ，話し合ってみてほしい。

5．祖父母世代の育ちと孫育て─世代間境界と境界侵犯

　「年をとることは，未知の世界に一歩ずつ足を踏み入れること。こんな楽しい冒険はない」とは，医師であり，2017年に105歳でお亡くなりになった日野

原重明氏のことばである。エリクソンの発達段階における最終段階である「統合　対　絶望」の危機を経て，絶望が希望へと見事に架橋されたことばである。いよいよ人生をまとめ上げていく祖父母世代，子どもを育み，働き，家族を運営していく父母世代，人生の歩みを始めたばかりの孫世代は，それぞれが単独にあるのではなく，重層的にかかわり合いながら生きている。人生の先を歩む祖父母世代から学ぶことは父母世代も孫世代も大きい。反面，祖父母が孫から得るものもあるだろう。孫の世話をしている祖母は健康であるという研究結果や（Di Gessa et al., 2016），親の離婚や，家族の不和，転居などで孫との接触を突然失った祖父母は，精神的健康を損ねるという研究もあり（Drew & Silverstein, 2007），孫の存在が祖父母にとっても重要であることを示している。

　しかし，多世代の交流はよい体験ばかりではないだろう。父母世代と祖父母世代との間に葛藤があれば，孫がどこに身を置くか戸惑う場合もある。祖父母－父母－孫の関係がよいバランスであるためには，それなりに努力が必要である。旭化成工業株式会社二世帯住宅研究所（1997）による住まい方と祖父母と孫の交流に関する調査によれば，別居の場合は祖父母と孫の交流頻度が相対的に低く，しかも孫側に交流の主導権があるため，孫との交流を求める祖父母は孫に迎合したり，孫を甘やかしたりする傾向がやや強かった。一方，世帯が一体である，いわゆる同居の場合は，交流頻度は高く，交流のバランスも取れ，別居のように孫に迎合する祖父母も少ないという長所がある反面，孫の祖父母に対するイメージ，祖父母の孫に対するイメージのどちらにも否定的な反応が多いという短所が指摘された。二世帯住宅での同居の場合は，孫と祖父母の交流頻度は高く，お互いに自立的な交流をしており，比較的良好な交流関係にあると言えるものの，こうした関係の背景には，お互いに相手の生活領域に深入りしないという，合理的で距離をおいた交流意識が存在すると指摘された。

　実際，ほどよい距離感というのは現実的に重要であり，家族療法でいう「**境界（バウンダリー）**」がこれに関係する概念である。境界とは，家族成員がどのように相互作用するかによって規定される目に見えない区切りであり，特に世代間を区切る「**世代間境界**」がほどよく引かれているかどうかは重要である。例えば本来父母世代が決めることに祖父母が，行き過ぎた口出し，干渉を行うことは世代間境界を飛び越えた境界侵犯であり，よかれと思ってのことであっ

ても，家族全体がうまく機能しにくくなる要因となる。そうした面で，二世帯住宅という住まい方は，建物の構造，人の動線が，適切な境界の引きやすさを作り出しやすくしていると言えるかもしれない。世代を越えた交流はよいものを生み出しうるものだが，それを適切にマネジメントするには境界をほどよく守る気遣いが必要であり，維持するためには意識的な調整が重要だと言える。

6．多様な家族とその理解―離婚家庭と再婚家庭における忠誠葛藤と継母（父）神話

　家族にはさまざまな形があるのは言うまでもないが，その中で比較的接することが多いのが離婚家庭，再婚家庭であろう。2016年の離婚件数約21万7千組のうち，未成年の子がいる離婚件数は約12万6千組（全体の58.1％）で，親が離婚をした未成年の子の数は約22万人という。未成年の子どもがいる場合，その親権は8割以上母親がとっている。つまり，離婚後母子のひとり親家庭になる割合が多い。

　離婚は子どもにとって大きな喪失体験であるが，その思いはなかなか語られない。小田切（2012）は，離婚を経験した子どもへの調査報告の一部から，子どもの思いを浮き彫りにしている。離婚家庭であることに感じる後ろめたさ，惨めさ，子どもたちが別居親だけでなく，親戚とも疎遠になる寂しさ，また，周囲の離婚や離婚家庭に対する先入観に対する傷つきなどの感情が明らかになっている。複雑な感情を抱え，心身の不調を訴えることも少なくない。

　こうした子どもにこそ，自由に遊べる場が重要である。子どもは遊びの中で，守られ，非日常的な形式で，よい体験，わるい体験を表現し，その中で力を得て主体性を回復していく。心理療法ではプレイセラピー（遊戯療法）と言って，セラピストが見守り手となり，子どもが安心して遊べる場を作るものがある。棚瀬（2004）では，離婚を経験し，心身の問題を訴えた子どもたちの事例を振り返り，親の離婚を経験した子どもの回復にかかわる要因を検討している。そのうちのある事例では，女児がプレイセラピーの中で，継続的に雄牛，雌牛，子牛のおもちゃを使って自分と離婚した両親との関係を表現したことが述べられている。親子のうち，雄牛は「いじめるから」という理由で一緒にいられな

い。でも別の親子は「いじめないから」一緒にいられると，夫婦間の DV（Domestic Violence）によって離別になった際に，本人が見聞きした状況が遊びに展開された。また，本人が語らない別居親（父親）への思いは，子牛が雄牛を柵の中から出してやったり，雄牛にもともにいる子牛をあてがったりするようにして，気遣いや一緒にいたい思いが表現された。このように，別居親に対しても子どもは強い思いを残すものの，同居親への気遣いなどから表現しないことが多い。本来両親どちらにも親密な思い（忠誠心ということばで表現することもある）を抱くのは当然のことであり，離婚ゆえにそれを別居親からのみ撤収するのはなかなか難しい。しかしそれを見せることで同居親を困らせたり，傷つけたりすることを感じ取り，子どもは強い葛藤（**忠誠葛藤**）を抱くのである。こうした細やかな子どもの心情に寄り添いつつ見守ってくれる人が身近にいることは，子どもが両親の離婚という危機から回復していく上で重要であろう。

　再婚という選択も，同様に親子それぞれの気持ちに配慮できる人が周囲にいてくれると助かる状況である。早樫（2016）は，義理の親，実の親，子どもそれぞれの心情と新しい家族となっていく難しさを述べている。すなわち，義理の親は「子どもとよい関係をつくろう」「親になったのだから〜しないといけない」といった意識をもち，さらに「義理の関係だから子どもをいじめている」という「**継母（父）神話**」によってプレッシャーを受ける。一方，実の親もそうした義理の親と子どもとがうまく関係を結べるのかどうかが，夫婦関係の良し悪しにも影響するため敏感になる。実の親もまた「継母（父）神話」を意識するため，義理の親を悪者にしないようにふるまい，わが子に対して，より強く「言うことを聞きなさい」と接してしまう。これが繰り返されることが虐待ケースの悪循環に入るきっかけになりがちである。さらに，親と同様，子どもも新しい関係に馴染むためにエネルギーを注いでおり，義理の親をどう呼ぶのかをはじめ，神経をすり減らしていることも多いのだが，なかなか気づかれないこともある。周囲の大人は，親子双方の心情を慮り，「こうあるべき」という親子としての理想的なふるまいにこだわりすぎず，気長に親子が関係を作っていく様子を見守る姿勢が大切なのではないだろうか。

　以上，家族療法による家族の見方から，保育者としての視点に生かされそう

第 7 章　大人も発達するの?　83

なものを紹介してきた。使えるかもしれないと思うものを積極的に使ってみて
ほしい。やりやすいことから始める，うまくいったことは続ける，うまくいか
なかったことは別の方法を試す，これもまた家族療法の鉄則なのである (Berg,
1994)。
（興津真理子）

コラム 4　家庭，地域とともに

　Ｓちゃん（女児）は，この４月から保育所に入所した。Ｓちゃんはダウン症で，最近
やっと一人歩きができるようになった。３歳児クラスなのだが，運動や移動時に危険が
伴う，また保育の活動面でも個別の援助が必要だということで，加配保育士がついた。
　ここで，Ｓちゃんの保育所入所までの道のりを紹介しておこう。
　母親は20代前半であり，Ｓちゃんは第１子である。初めての子育ての上，知的障害，
心臓疾患があるＳちゃんの子育てに不安がいっぱいであった。しかし，市役所の保健
師が家庭訪問を行い，健康面や子育てのアドバイスを受けたことで，徐々に落ち着きを
取り戻していった。市の発達相談では，早期療育が望ましいと言われ，１歳時から児童
発達支援センターに週２回通所することになった。児童発達支援センターでは，母子分
離をして子どもは療育，親はグループカウンセリングを受ける時間があり，カウンセ
ラーや同じ立場の親同士で悩みや子育ての不安を話すうちに問題を自分ひとりで抱え込
まなくてもよいのだと考えられるようになった。保健師や児童発達支援センターの職員
から保育所入所を勧められ，これを機に母親はパート勤務をすることになった。パート
先の同僚に，ダウン症で特別支援学校の中等部に通う男児の母親がおり，子育ての相談
をしたり実際に特別支援学校の行事を見学に行ったりすることができた。この先どんな
ふうに育っていくのかと心配していたが，これらを通して成長したわが子の姿をイメー
ジすることができ，心が落ち着いた。父親は仕事が忙しく，家事や子育ては母親にまか
せきりであった。しかし児童発達支援センターの父親懇談会で，職員からダウン症の特
徴やＳちゃんの発達の状況，子育ての留意点などを聞いたことで，母親の育児の大変
さに気づいたようである。少しだが家事を担うようになり，休日はＳちゃんと外出し
て母親が身体を休める時間を作ってくれるようになった。
　さて，保育所でのＳちゃんは，みんなの人気者である。小さくて可愛いということも
あるが，いつもにこにこにことしていて機嫌がいい。そして保育所に入所して，Ｓちゃん，
保護者にはさらに保育士という頼りになる支援者が増えた。
（安田志津香）

第8章 「しょうがい」ってなんだろう？
障害のある子もない子も共に生きる保育

　本章では，障害[1]のある子どもたちをどのように理解し，かかわっていくかについて考えていく。障害の有無を含め，人間は一人ひとり違う。生まれもった条件も物事の感じ方も，みんな違っている。それぞれの子どもの気持ちを受け止め，子どもが今求めていることを想像しながらかかわる。障害に関する知識は，そうした想像を働かせるための手がかりになりうるものである。

1．新たな「障害」観

　今日では，多くの保育施設が障害のある子どもを受け入れ，他の子どもたちと一緒に保育を行っている。入園する時点で障害のあることがはっきりしている子どももいれば，保育を行っていくうちに障害がわかるケースもある。前者のように，はじめから障害の存在が明らかな場合には，一般社会から隔離され，自宅で過ごすことを余儀なくされるという時代があった。現在のような形の障害児保育が日本で展開されるようになるまでには，国や自治体による，幾度かの制度の構築と改定を経ている。そのたびに，受け入れ対象となる子どもの条件（年齢・障害種別・障害程度など）が緩和されてきた。これらの動きは，以下に挙げるような，国際的な規模での障害に対するとらえ方の変化によるものである。

1　近年，「障害」を「障がい」「障碍」と表記し，「害」という漢字のもつ負のイメージを和らげようとする試みがある。それぞれの表記の背景にはさまざまな考え方が存在しているため，内閣府（2010）は，現時点では「障害」にかわる表記を新たに決定することは困難だと結論づけている。したがって，法令や制度上の表記としては「障害」の使用が続いている。また，「障害」の表記は，障害のある当事者のアイデンティティと密接な関係があることから，当事者がどのような名称や表記を望んでいるのか，当事者を含めた議論がさらに必要である。こうしたことから，本章では，「障がい」「障碍」ではなく「障害」の表記を使用する。

（1）インクルージョン（Inclusion）

　1980年代から，**インクルージョン**の考え方が世界的な主流になってきた。インクルージョンとは「包みこむこと」という意味をもつ英単語である。すべての子どもを社会の中に一緒に包み込み，必要な援助を保障するという考え方を指す。インクルージョンの観点から見ると，子どもは一人ひとり違うことが当たり前で，どの子どもにもそのときどきでさまざまなニーズがあるため，それに合わせた支援を行うことが大切にされる。インクルージョンは，1994年の「サラマンカ宣言」（スペインのサラマンカで開催された「特別ニーズ教育世界会議：アクセスと質」にて採択された宣言）において国際的に認知された。これにより，各国政府は，普通教育における障害児のインクルージョンを推進するよう求められることとなった。

　このような新たな理念の登場に伴い，障害のある子どものとらえ方も変わってきた。図8-1は知的障害児の例である（堀，2016）。a）とb）は，障害から子どもを見る見方である。c）は障害があってもまず一人の子どもとして見る見方である。d）とe）は，障害＝できないことと理解するのではなく，こちらに要求をしている子どもとして見る見方である。この段階に達すると，保育・教育の実践者は，ニーズをもつ子どもにどう応えるかを問われることにな

---

a）　精神薄弱児（feeble minded），精神的欠陥児（mental deficiency）

↓

b）　知的障害児（intellectually disabled child）

↓

c）　子ども，知的障害はあるが（child with intellectual disabilities）

↓

d）　子ども，特別な教育的ニーズを持つ（child with special educational needs）

↓

e）　子ども，自分なりのニーズを持つ（child with individual needs）

↓

f）　Aさん，Aさんなりのニーズを持つ（A with A's needs）
　　Bさん，Bさんなりのニーズを持つ（B with B's needs）

図8-1　障害のある子どもについての考え方の転回（堀，2016）

る。f) は一人の「この子」としてとらえる見方である。今自分の目の前にいる「この子」を見て，「この子」に即した働きかけを行う。この段階でようやくインクルージョンの理念が達成されると言える。

（2）保育におけるインクルージョン

　日本では1974年から，障害のある子どもを障害のない子どもから隔離しないで，一緒に保育する**統合保育**が，行政上の制度として実施されるようになった。その中で，統合保育には，障害のある子どもの発達を促進する効果がある一方，障害のない子どもにも，思いやりの気持ちや多様な人間理解が育つことがわかってきた。しかし，統合保育がうまく機能しない場合には，「障害児が取り残される」「健常児の保育の流れが妨げられ，集中しにくい」などのマイナス面も指摘され，課題が残されていた。

　その後，2004年の発達障害者支援法の成立，2006年の学校教育法の改正を経て，一人ひとりの教育的ニーズを把握し，そのもてる力を高め，生活や学習上の困難を改善または克服するため，適切な指導および必要な支援を行うことを掲げた，**特別支援教育**がすべての学校に義務づけられた。これらを通して，知的な障害がない人でも適切な支援や教育が受けられるよう，制度が整えられてきた。また，2014年に批准した障害者権利条約に実効性をもたせるため，2016年には障害を理由とする差別の解消の推進に関する法律が制定された。この法律では，すべての国民が障害の有無によって分け隔てられることなく，相互に人格と個性を尊重し合いながら共生する社会の実現がうたわれた。また，行政機関や事業者は可能な限り，障害のある人に対する**合理的配慮**を提供することが求められるようになった。これは，障害のある人が障害のない人と同様に，人権と基本的自由を享受し行使できるよう，一人ひとりの特徴や場面に応じて行われる変更や調整のことを言う。例えば，指示の理解に困難がある子に対して，一つずつすることを伝えるようにしたり，その日の予定を絵カードに表して見通しがもてるようにしたりといった配慮が考えられる。このような個別の配慮ができるよう，保育施設においても，支援方法の修正，保育者の配置の工夫，施設・設備面での改善などが求められている。

2．さまざまな障害と必要な配慮

　特別支援教育の対象となる障害には，学校教育法施行令第22条の3に該当する「視覚障害」「聴覚障害」「知的障害」「肢体不自由」「病弱・身体虚弱」のほか，「情緒障害」「言語障害」「自閉症」「学習障害（LD）」「注意欠陥・多動性障害（ADHD）」がある（図8-2参照）[2]。このうち，「視覚障害」「聴覚障害」「肢体不自由」を身体障害，「知的障害」「自閉症」「学習障害」「注意欠陥・多動性障害」を発達障害として分類し，以下に解説した。

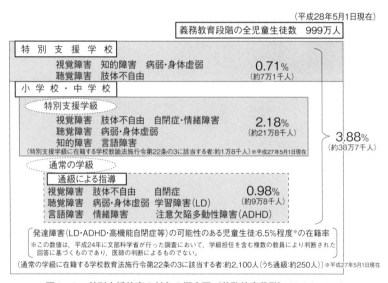

図8-2　特別支援教育の対象の概念図（義務教育段階）（総務省，2016）

---

[2] これらの障害名は学校教育法上のものであり，医学的な診断名とは異なる点がある。特に「情緒障害」というカテゴリは，特別支援教育に特有のものである。文部科学省（2013）の定義によると，情緒障害とは，状況に合わない感情・気分が持続し，不適切な行動が引き起こされ，それらを自分の意思ではコントロールできないことが継続し，学校生活や社会生活に適応できなくなる状態を言う。選択性緘黙，不登校，離席，集団逸脱行動など，さまざまな内向性・外向性の行動問題として現れる。他に，「自閉症」「注意欠陥・多動性障害」は，後出の「自閉症スペクトラム障害」「注意欠如・多動性障害」と同じ障害を意味する。

（1）身体障害

　身体障害とは，先天的あるいは後天的な理由により，身体機能の一部に障害が認められる状態を言う。視覚障害，聴覚障害，肢体不自由の定義を表8-1にまとめた。

　視覚障害のある子どもたちへのかかわりで最も大切なことは，触って調べたい，あるいは確かめたいと思う気持ちを育てることである。園の中では，要所に鈴などの場所を示す目印を設け，探索と音源定位を励ます。子どもや保育者の服，エプロンなどに，正面を表すアップリケを縫いつけるなどの工夫も効果的である（村田，2012）。

　聴覚障害のある子どもたちには，できるだけ早期から適切な対応を行い，音声言語をはじめ，多様なコミュニケーション手段を活用して，その可能性を最大限に伸ばすことが大切である。また，聞くことへの意識を高めることや，人間関係やコミュニケーションの態度の育成，言語指導なども必要となってくる。

　肢体不自由のある子どもに援助を行う上では，障害のない部分の機能を最大限に発揮し，日常生活動作（Activities of Daily Living: ADL）の獲得を促し，**生活の質**（**Quality of Life: QOL**）を高めることが重要である。また，肢体不自由の原因が脳性まひである場合には，知的障害や言語障害などを伴うこともあり，心理学的，言語療法的アプローチも行われる。

表8-1　身体障害の定義

（文部科学省初等中等教育局特別支援教育課，2013をもとに筆者作成）

種類	説明
視覚障害	視機能の永続的な低下により，学習や生活に支障がある状態。学習では，動作の模倣，文字の読み書き，事物の確認の困難等がある。また，生活では，移動の困難，相手の表情等がわからないことからのコミュニケーションの困難等がある。
聴覚障害	身の周りの音や話しことばが聞こえにくかったり，ほとんど聞こえなかったりする状態。
肢体不自由	身体の動きに関する器官が，病気やけがで損なわれ，歩行や筆記などの日常生活動作が困難な状態。

（2）発達障害

発達障害とは，脳機能の発達のかたよりから生じる障害の一群を指す。多くは学童期以前に明らかとなり，日常生活や社会生活にさまざまな困難を引き起こす（APA，2013 高橋・大野監訳 2014）。以降の発達障害の説明においては，すでに日本で定着していると考えられる名称を先に記し，その後に（　）つきで日本精神神経学会の推奨する名称（日本精神神経学会・精神科病名検討連絡会，2014）を示した。

知的障害（知的発達症）　　**知的障害**とは，発達期に気づかれる，概念的，社会的，および実用的な領域における知的機能と適応機能両面の困難を意味する。診断のためには，表8-2に示すA～Cまでの基準をすべて満たす必要がある。医学的には，知能検査の結果から算出されるIQ（知能指数）の数値が70以下の場合に，「認知や言語などにかかわる知的機能」の発達に遅れがあるとされる（富永，2014）。

知的機能に遅れがある場合には，乳幼児期に，同年齢の子どもと比較してことばの発達がゆっくりであったり，着替えや排せつなどの基本的生活習慣の確立が遅れたりする。また，歩き始める時期が遅れるなど，運動発達の遅れも見られることから，保護者が子どもの成長発達に不安を抱く場合が多い。保護者の気持ちに寄り添いながら，子どもが生活に必要な習慣を身につけることができるよう，医療機関や相談機関と連携して，子どもの発達段階に合った対応を

表8-2　知的障害の診断基準

（APA，2013 高橋・大野監訳 2014をもとに筆者作成）

基準	説明
A	臨床的評価および個別化，標準化された知能検査によって確かめられる，論理的思考，問題解決，計画，抽象的思考，判断，学校での学習，および経験からの学習など，知的機能の欠陥。
B	個人の自立や社会的責任において発達的および社会文化的な水準を満たすことができなくなるという適応機能の欠陥。継続的な支援がなければ，適応上の欠陥は，家庭，学校，職場，および地域社会といった多岐にわたる環境において，コミュニケーション，社会参加，および自立した生活といった複数の日常生活活動における機能を限定する。
C	知的および適応の欠陥は，発達期の間に発症する。

早期から行うことが大切である。

自閉症スペクトラム障害（自閉スペクトラム症）　**自閉症スペクトラム障害**のスペクトラムとは，連続体とか範囲といった意味をもつ英単語である。自閉症の特徴をどの程度強くもち合わせているかは人によって差があるが，基本的な特徴が見られる場合は，その強弱によらず，同じ障害としてとらえることを表す。

自閉症スペクトラム障害は，英語のAutism Spectrum Disorderの頭文字をとって**ASD**と呼ばれることが多い（以後，ASDと記す）。ASDの基本的な特徴は，持続する相互的な社会的コミュニケーションや対人的相互反応の障害，および限定された反復的な行動，興味，または活動の様式である。これらの症状は幼児期早期から認められ，日々の活動を制限するか障害する。表8-3にDSM-5の基準（A）（B）に沿って，ASDの具体的な特徴（阿部，2012）を示した。

一口にASDといっても，知的発達に遅れのある人・ない人，ことばを話す人・一言も話さない人など，さまざまなタイプがある。特定の分野で特別な才能を発揮する人もいるが，多くの人は表8-3に示した基本的な特徴をもち，そのために苦しんでいる。子どもにASDのある場合には，人への関心を高める，わかりやすい方法を考える，見通しをもてるようにするなど，人への関心の薄さ，抽象的な事柄を理解することや見通しをもつことの苦手さなどを補うような支援が必要である。また，得意なこと・こだわりを生かすようにし，成功体験を増やして満足感，達成感を味わえるようにする。さらに過敏性への配慮を行い，子どもの嫌がる刺激を減らし，気持ちが安定するよう環境を整えることも重要な点である（阿部，2012）。

注意欠如・多動性障害（注意欠如・多動症）　**注意欠如・多動性障害**は，英語のAttention Deficit/ Hyperactivity Disorderの頭文字をとって**ADHD**と呼ばれる（以後，ADHDと記す）。ADHDとは，不注意と多動性―衝動性が持続し，それが社会的，学業的，職業的機能を損ねたり，質の低下を招いたりしている状態を指す。表8-4にDSM-5の基準（A）に沿って，ADHDの具体的な特徴を示した。こうした行動は，幼児期の子どもにはよく見られるものだが，その程度が強く，日常生活に支障をきたすほどである場合にADHDだ

第8章　「しょうがい」ってなんだろう？　　91

表8-3　自閉症スペクトラム障害の具体的特徴
(APA, 2013 高橋・大野監訳 2014；阿部, 2012をもとに筆者作成)

DSM-5による基準	具体的特徴
A　複数の状況で社会的コミュニケーションおよび対人的相互反応における持続的な欠陥がある。	○相手と情緒的関係が築けない 　呼んでも振り向かない。 　話しことばが遅れる。 　一人で意味のないことばを繰り返したりオウム返しが多い。 　相手の質問に答えず自分の興味を一方的に話してしまう。 　他者の気持ちを想像できず，自分の感情を表現することも苦手。 ○適切なコミュニケーション行動がとれない 　視線が合いにくく，表情が乏しい。 　相手の表情を読み取るのが苦手。 　身振りや手振りを使わない（指さしをしない，クレーン現象など）。 ○年齢相応の仲間関係がつくれない 　他者への関心が薄い。 　集団行動が苦手で，集団遊びに参加できない。
B　行動，興味，または活動の限定された反復的な様式をもつ。	○限定的で反復的な行動パタン，活動，興味 　手をヒラヒラ動かすなど，意味のない動きを繰り返す。 　同じフレーズやセリフを脈絡なく繰り返す。 　人よりも物に対する興味が強い。 　物の位置や日常行動の順序などがいつもと違うと強い抵抗を示す。 ○感覚の異常（過敏，または鈍感） 　いつも手に何かを握っていたがる（特に幼少期）。 　唇や指先などに何かが触れることに嫌悪感をもつ。 　髪や爪を切られたりすると痛みや不快感を感じる。 　ざわざわした音や赤ちゃんの泣き声などに耐えられない。 　偏食が強く，限られたものしか食べない。 　動きが激しく，高い所にも平気で登る（特に幼少期）。 　手先や身体全体が不器用でバランスが悪い。

と診断される。

　ADHD の中には，不注意が優勢なタイプもいれば，多動性―衝動性の方が優勢なタイプもいる。前者は集団の中であまり目立たないが，保育者の話を聞き取れずに何をしたらいいかわからなくなったり，ミスや忘れ物が多くなったりする。その存在が保育者の意識に上りにくいことから，対応が後回しにされがちである。後者はじっとすべき場面で動き回ったり，かっとなって友達に手を出したりすることから，周りの人の目を引く。配慮の必要な子どもだと認識されやすい一方，「ダメな子」というレッテルを貼られたり，何度も叱られた

92   第 2 部　保育の中の発達の姿

表 8 - 4　注意欠如・多動性障害の具体的特徴
(APA, 2013 高橋・大野監訳 2014 をもとに筆者作成)

DSM- 5 による基準	具体的特徴
A　不注意および／または多動性―衝動性の持続的な様式をもつ。	○不注意 　しばしば不注意な間違いをする。 　すぐに気が散ってしまい，集中困難である。 　人の話を聞いていないことが多い。 　順序立てて活動することが苦手。 　必要なものをなくしてしまうことが多い。 　忘れっぽい。 ○多動性 　手足をそわそわと動かしたり，走り回ったりする。 　座っているべき状況で席を離れてしまう。 　しゃべりすぎる。 ○衝動性 　質問が終わる前に答えてしまう。 　順番が待てない。 　感情や思ったことがすぐに行動に出てしまう。

りするうちに自己肯定感が低下し，反社会的な行動に走る場合もある。

　子どもに ADHD のある場合には，刺激に反応しやすい，集中が持続しにくい，忘れっぽいといった特性を補うよう，刺激を整理する，適切な活動量・時間を設定する，事前にルールを確認してわかりやすく示す，などが必要である。また，肯定的なことばかけやほめることを意識し，自尊心の低下を防ぐ。さらに，1 日に 1 回は思いきり体を動かし，大声を出してもいいような場所に連れていき，エネルギーの適切な発散を心がけるなども，重要な支援となる（阿部，2012）。

　学習障害（限局性学習症）　　**学習障害**は英語の Learning Disorder の頭文字をとって，**LD** と呼ばれる（以下，LD と記す）。LD とは，基本となる学業的技能を学習することの持続的な困難さを指す。表 8 - 5 に文部科学省による定義（1999）を示した。

　これらは幼児期においては，ほとんどの子どもが未発達で，就学と共に本格的な学習が始まる内容である。したがって LD は，就学後の小学校の授業などの中で発見されていくことが多い。しかし，幼児期に，自分の靴箱や教室の位置をよく間違える，靴の左右の履きちがえ，筋道を立てて話すのが苦手，聞き

第8章　「しょうがい」ってなんだろう？　　93

表 8-5　学習障害の特徴（文部科学省，1999をもとに筆者作成）

定義		具体例
右に示すような能力の習得と使用に，著しい困難を示す，さまざまな障害群を指す。	○聞く	聞き取ることが苦手で，聞き落とし，聞き間違いが多い。
	○話す	話の内容が飛んでしまい，まとまらない。短い表現しかない。
	○読む	読み間違いが多い。文字だけ追って，意味の理解ができない。
	○書く	鏡文字，字が抜けるなど，正確に文字を書くことができない。
	○計算する	数字の桁をそろえて書けない。暗算ができない。
	○推論する	計算はできるが，文章題ができない。図形が把握できない。

取りが悪い，運動や作業が苦手で不器用などの姿が見られる場合，LD の特徴をもち合わせていると考えられる。このような子どもに対しては，子どもができていることに焦点をあてて励ましながら，苦手なことにも少しずつ挑戦し，スキルの獲得を促していくようにすることが大切である（運動の不器用さに関する支援については第9章を参照）。

3．共に生きる道を歩む

　これまで述べてきた通り，障害のある子どもにはさまざまなタイプが存在する。また，障害名がはっきりしている子どももいれば，曖昧なままになっている子どももいる。障害に対する保護者の考え方・受け止め方も多様である。保育者はこうした複雑な状況を受け止め，インクルージョンを進めていかなければならない。その道のりは決して易しいものではないが，自分とは異なる仲間を受け入れられる子どもが増えれば，社会の風景は変わる。障害のある人もない人も共に生きる社会を実現していく上で，保育者の役割は非常に重要である。

（1）共に生活することの意味
　障害のある子どもを保育するにあたっては，正しい知識に基づいて子どものニーズに応じた個別の配慮を行うことに加え，障害のない子どもたちとの集団生活を意義あるものに作り上げていこうとする姿勢が欠かせない。幼稚園教育要領（文部科学省，2018）では，障害のある子どもが，集団の中で生活することを通して全体的な発達が促されるよう，保育所保育指針（厚生労働省，2017）では，他の子どもとの生活を通して共に成長できるよう配慮することが，

94　第2部　保育の中の発達の姿

それぞれ求められている。さまざまな発達過程にある子どもたちと，一緒に生活したり遊んだりする経験は，個々の子どもに多くの気づきと成長をもたらす。障害のある子どもにとっても，ない子どもにとっても，互いの存在がよい刺激となるよう，保育者が保育の内容をよく考え，両者を結びつけていくことが必要である。

　特別な配慮の必要な子どもがクラスにいる場合には，複数担任制にするとか，加配保育者をつけるなどして，人手を増やす対応がよくとられている。これは，クラス担任が1人で問題を抱え込むことを防ぐ上で有効な手立てだが，その一方で，加配保育者がその子どもの「専属」という状態になると，その子どもと担任，その子どもと他の子どもとの関係性が消失するという問題もはらんでいる（松井ら，2015）。保育室を飛び出す子どもにいつも加配保育者がついていき，別のところで二人で活動する。その間に，担任が他の子どもを保育する。このように担任と加配保育者の役割が固定化すると，心理的距離が開き，その子どもの存在がクラスから切り離されてしまう。そして，その子どもがいることで得られるはずだった，クラスとしての学びも生まれなくなってしまう。クラスの子どもたちは，担任のかかわり方を主なモデルとして，その子どもとかかわっていく。担任とその子どもとの関係が希薄であるなら，クラスの子どもたちとその子どもとの関係も希薄になっていく。こうした状況に陥らないようにするには，担任と加配保育者がその子どもについて語り合い，協力して一つのクラスを作り上げていく姿勢が欠かせない。

（2）子どもを中心に多くの人がつながる

　木曽（2012）は，対応の難しい子どもを担当した経験のある保育者から話を聞き取った。それによれば，クラスに「泣きわめく」「保育室から飛び出す」などの行動をとる子どもがいる場合，保育者はその行動にどう対応するか手探りで保育を行うことになる。多くの場合，根本的な解決方法が見つからないまま試行錯誤の日々が続き，心理的負担感が蓄積されていく。しかし，同僚保育者と意見を交換したり，巡回相談の専門家に助言をもらったり，園内外の研修でヒントを得ることで，立ち止まって考える時間を得ることができれば，子どもの行動の意味が段々と見えてくる。そして少しずつ保育の方を子どもに合わ

せていくことができるようになり，子どもの成長が実感されたり，クラス全体が落ち着いてきたりという変化が起こる。保育者の側にも，個々のニーズを重視することが，保育の要であるという気づきが生まれてくる。

　大切なのは，保育者が一人で抱え込まず，周りの人たちとつながっていくことである。同僚や上司との日々の会話や，**園内研修，保育カンファレンス**などの場で，子どもについてあれこれ語り合うことを通して，保育者自身の子ども理解が深まる。そして，それと同時に，周囲の保育者にも子どものことを理解してもらい，みんなで子どもを育てる関係が作られていく。

　こうした連携は園の中だけに留まらない。例えば幼稚園教育要領では，市町村や，医療・福祉・保健等の業務を行う関係機関との協力体制を構築し，長期的な視点で子どもの教育的支援を行うために，個別の教育支援計画を作成し活用することが求められている（文部科学省，2018）。このように，異なった専門的背景をもつ専門職が，一つの目標に向けて共に働くことを**他職種連携**という。保育者には，他職種連携のコーディネータ（まとめ役）としての役割を果たすことが期待されている。

　最後に保護者支援について述べる。障害のある子どもの保護者は，子どもに障害があるという，受け入れがたい事実に苦しんでいることが多い。医者から子どもの発達障害を告知された母親は，その時の気持ちをこんなふうに述懐している（田中，2014）。「先生に言われたときに私の人生は終わった。私の夢は，この子どもと一緒に買い物に行き，この子どもと一緒に映画を見に行き，この子どもの服を選び，この子どもの学校を考え，という人生でした。それが一瞬にして全部壊れたと思っていました」と。母親が思い描いていた「健康な子どもと歩む人生」が，一瞬のうちに消え去ったのである。その深い喪失感に耐え，我が子と一緒に歩いていく，と保護者が心を決めるまでには，相当長い時間を要する。保育者には，保護者と一緒に子どものことを考え，子どもの成長を共に喜ぶことを通して，保護者の**障害受容**に至る道のりを伴走することが求められる。

　障害のある子どもの保護者はまた，集団保育における子どもの姿に複雑な思いを抱いていることがある。例えば，大勢の保護者の前で，子どもたちが日頃の成果を発表する運動会や生活発表会などでは，子どもがかわいそう，まわり

に迷惑をかけたくないなどの理由から，子どもを参加させることに消極的な保護者もいる。

　ある障害児の母親は，保育園生活最後の運動会の後に，保育者に向けてこんな手紙を書いた（杉田，2010）。「正直，あきら（子どもの名）がリレーになんて出ていいものだろうか？と思いました。（中略）でも先生方がいろいろ考えてくれて，それが子どもたちにちゃんと伝わり，みんなで考えてくれて，無事に走ることができました。その子どもたちの気持ちがお母さんたちにも伝わって，みんながあきらを応援してくれていました！その場面はきっと忘れることはないと思います。」

　この状態に至るまでには，保育者が，クラスの保護者に向けて，あきらくんとクラスの子どもたちとのかかわりを描いた「号外あきらくんニュース」を発行し続けた取り組みがあった。ニュースを通して，クラスの保護者にあきらくんへの理解が浸透し，豊かな関係が広がっていったのである。

　保護者は，子どもの存在が周囲の人々に認められ，つながっていく実感を得ることで，障害があることを不幸だと考える思考から脱していくことができる。障害があるから不幸なのではなく，障害を理由に周囲に受け入れられない現実が不幸なのである（堀，2016）。子どもを中心に周りの人々がどんどんつながっていけるよう，保育者が後押しすることで，子どもと保護者を孤立させず，地域社会の中に包み込むことができる。これも保護者支援の重要な側面である。

（渋谷郁子）

第 3 部
発達の理論と子ども理解

みなさんは発達心理学の理論を学ぶことに対して，どのように感じているだろうか。

保育者を目指す学生に発達心理学の理論を教えようとする時，さまざまな反応に出会う。一つは，心理学と冠しているため「勉強すると子どもの心が読めるようになる」と期待する反応である。心理学に興味をもってくれることは嬉しいのだが，実際にはこれは誤解であって，熟年の心理学者であっても子どもの心を「読める」わけではない。一方で，「むずかしい！」という反応にもよく出会う。理論には抽象的な概念も多いため，単に「知識」として覚えるだけでは実際の子どもの姿と理論がうまく結びつかないし，自分の保育実践にどのようにかかわってくるのかも見えにくい。そのような時に「むずかしい！」という反応が生じやすいように思う。

第 3 部では，子どもを理解するための理論として，身体，脳，赤ちゃん，感情，やる気，認知，学習，ことば，社会性，仲間関係，気持ちの理解，道徳性といったさまざまな切り口を用意した。みなさんにはぜひ，これらの理論を通して子どもや自分，保育という営み，そしてこれらをとりまく環境について新しい発見をしてほしい。第 3 部でも，リョウガ君のエピソードがたくさん盛り込まれている。理論をむずかしいと感じた時には，一度リョウガ君をはじめとする身近な子どもの姿を思い起こしながら読み進めてもらえたらと思う。

また，複数の章にわたって紹介され，異なる切り口から語られているエピソードもあることに注目してほしい。これは実際の保育現場で出会う子どもの言動には複数の要素が複雑にからみあっており，一つの側面（理論）からだけでは説明しきれないこと，正しい「答え」があるわけではないことを表している。多くの理論を学ぶことは，子ども一人ひとりの言動を多角的にとらえる姿勢につながっている。理論を提唱した数多くの研究者たちと共に，子どもをめぐる謎・不思議を考えていこう。

第9章　身体づくりは心も育てる？
活動の基盤となる身体・運動の発達

エピソード9-1　『丸めて剣を作る』（リョウガ君　3歳6か月頃：年少組）
問：紙を上手に丸めるためには，どのように身体を動かさなければならないだろう？

> 　紙を丸めて作った棒を両手に持ち，剣に見立てて遊ぶリョウガ君。もっと欲しくなった。はじめは「もういっこ　つくって」と先生に手伝ってもらっていたが，促されて自分で作り始める。くるくると紙を巻き始めるが，両手を同じペースで動かすことができず，「できない」と泣いて怒る。先生に「ゆっくりやってみたら」と声をかけてもらい，もう一度挑戦する。なんとか最後まで丸めることができたが，セロハンテープをとるために紙から手を離してしまい，丸めた紙が開いてしまう。

出典『3年間の保育記録②　やりたい　でも，できない　3歳児後半』より

エピソード9-2　『ボクにはできない』（リョウガ君　3歳8か月頃：年少組）

> 　リョウガ君はお友達のマコちゃん（マコト君）に折り紙を教わるが，マコちゃんの速いテンポの説明についていけずに段々と辛くなる。結局，マコちゃんが教えてくれたのと同じものは作れなかったのだが，その過程で偶然できた仮面ライダーのお面で，なんとかマコちゃんと心をつなぐことができた。その翌日も張り切ってお面を作るマコちゃんの姿を見て，登園してきたリョウガ君は「（ボクには）できないの」と訴え，お母さんから離れられなくなる。

出典『3年間の保育記録②　やりたい　でも，できない　3歳児後半』より

　リョウガ君にとって，幼稚園での遊びは，魅力的だけれど，自分にできるかどうか不安になってしまうものが多いようだ。特に苦手なのは，細かな手先の運動を必要とする活動だ。「もっと剣が欲しい」「友達についていきたい」と，懸命に挑戦するリョウガ君。しかし，なかなかうまくいかない。意気消沈したリョウガ君を見ると，自分の思うように身体を動かせない，どのように動かしてよいかわからないということが，どれほど子どもから自信を奪ってしまうかがよくわかる。

エピソード9-3 『自分の手でできた！』（リョウガ君　3歳11か月頃：年少組）

> リョウガ君は一生懸命にトイレットペーパーの芯と空き箱をセロテープでくっつけて何やら作っている。どうやら鉄砲のようだ。できあがった作品を両手に持つと，会心の笑みを浮かべる。

出典『3年間の保育記録②　やりたい　でも，できない　3歳児後半』より

　エピソード9-1 『丸めて剣を作る』から，およそ半年が経過した。このエピソード9-3では，4歳の誕生日を間近にしたリョウガ君が，思うように作品を作り終え，とても嬉しそうな，誇らしげな表情を見せる。自分の手で作りたいものを生み出す経験を通して，段々と自信をつけはじめたリョウガ君の姿が認められる。

　外的環境とかかわる人間の諸活動は，身体・運動の機能を基盤として成立し，その延長線上に思考などの精神活動が生じてくる。このため，年齢の小さい子どもほど，身体・運動の機能と精神活動とが密接に結びついている。また，リョウガ君の例からもわかるように，自分のしたいことを自分の身体で実現する体験は，子どもの自己効力感や自己肯定感の形成に大きな影響を与える。したがって，子どもの生活を考える時には，身体・運動の発達を考慮することが非常に重要である。本章では，乳幼児期の子どもの身体・運動の発達を概観した後，それらと関連する基本的生活習慣の獲得や遊びについて述べる。

1．身体の発達

　ヒトは，妊娠約40週で母親の胎内から生まれてくる（第11章参照）。厚生労働省（2010）の『乳幼児身体発育調査』によると，出生時の身長は約49.0cm，体重は約3,000gというのが，新生児全体の真ん中に位置する値である。出生後，子どもの身長や体重は増加していくが，特に乳児期には急激な発育が起こり，生後1年間で身長は約1.5倍，体重は約3倍にまで伸びる（図9-1参照）。

　身体の各器官の発達は，それぞれに異なったタイミングで生じる。スキャモン（Scammon, R. E.）は，身体諸属性を神経型，リンパ型，生殖型，一般型の4パタンに分類し（表9-1参照），それらの発達を年齢ごとにプロットしたモデル曲線を描いた（岡，1992）。図9-2がスキャモンの提唱した**発育曲線**であ

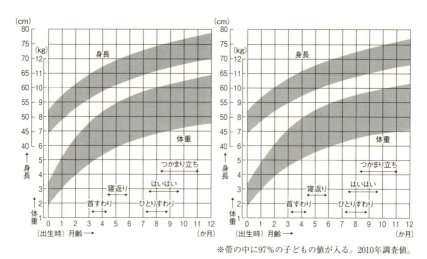

※帯の中に97％の子どもの値が入る。2010年調査値。
図9-1　乳児期の身長・体重の発育曲線／粗大運動の発達（左が男子，右が女子）
（国立医療保健科学院，2012をもとに作成）

表9-1　スキャモンの発育曲線における各型に含まれる器官
（岡，1992をもとに筆者作成）

神経型	脳，脊髄，眼球　等
リンパ型	胸腺，扁桃，リンパ節　等
生殖型	睾丸，前立腺，卵巣，子宮　等
一般型	身長，体表面積，体重，座高，筋肉系，骨格系 胸腹部臓器，動脈，静脈，血液量　等

る。それによれば，神経型は出生直後から急激に発育し，4,5歳までに成人の80％に達するが，それ以降はゆるやかに増加する。リンパ型は，生後から12,13歳までに急激に増大し，思春期に成人のレベルを超え，思春期を過ぎてから成人の値に戻る。生殖型は，男女で異なるが，男子は14歳頃から，女子は12歳頃から急激に発育する。一般型は，乳幼児期までは急激に発育し，その後ゆるやかになるが，12,13歳頃から再び急増する。これらのことから，乳幼児期には特に，神経型と一般型の伸びが著しいと言える。神経型は主に脳の発達を表している。乳幼児期を通して，頭囲（頭の周りの長さ）は，出生時の長さから20cm近くも伸びる。また，脳の重量は5歳までに成人の90％に達する（第10

第9章 身体づくりは心も育てる？　101

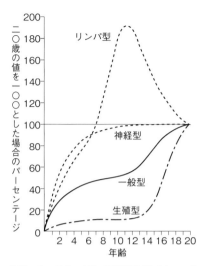

図9-2　スキャモンの発育曲線（岡, 1992）

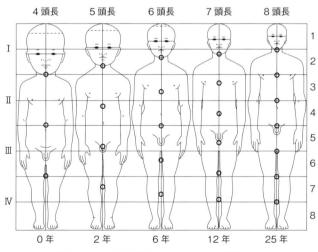

図9-3　身体比率の変化（Stratz, 1922 森訳 1952）

章参照)。

　このように，頭部のサイズは年齢とともに増加するが，一方で，頭部が身体全体に占める比率は大人になるほど小さくなる（図9-3）。新生児では身体の

およそ4分の1が頭部だが，大人になると，頭部の比率は全身のおよそ8分の1になる。このことから，ヒトの胎児では，頭部，すなわち脳の成長が優先されており，それ以外の身体各部は生まれた後に発達していくという経過をたどることがうかがえる。

2．運動の発達

（1）運動発達の原則
　身体の発達に伴い，乳幼児期には運動機能にも顕著な変化が起こる。運動機能の発達は，脳と脊髄からなる中枢神経系の成熟と関連しており，定まった順序と方向性に沿って進む。そこには，以下に述べるような原則が存在する。
　①**頭部から尾部へ**　　運動機能はまず頭の方から発達し，徐々に身体の下の方へ向かうという意味である。首が座り，頭が動かせるようになると，次はお座りやはいはいができるようになり，最終的にはつかまり立ちをするとか，立って歩けるようになる。
　②**中心から周辺へ**　　運動機能の発達が，身体の中心から周辺に向かって進んでいくという意味である。身体の中心部分である体幹（＝胴体）を動かすことができるようになった後，肩や肘の動きがコントロールできるようになり，最後に手・指を自在に動かせるようになる。
　③**粗大運動から微細運動へ**　　まずは身体全体や体幹，四肢といった大きな筋肉を動かせるようになった後，次第に細かな筋肉を使う手や指のコントロールができるようになるという意味である。前者の身体全体を使った運動を**粗大運動**，後者の手指を使った細かな運動を**微細運動**と呼ぶ。

（2）粗大運動の発達
　新生児期の運動は，原始反射と呼ばれる反射行動が優勢で，身体を自由に動かすことはほとんどできない（第11章参照）。しかし，生後2，3か月頃になると，少しずつ自分の意志で身体を動かすことができるようになる。このように，自分の意志によって実行される運動を**随意運動**と呼ぶ。随意運動が可能になってきたということは，中枢神経系が成熟してきたことを意味している。赤ちゃ

んの粗大運動の発達は，「首の座り」「寝返り」「一人座り」「はいはい」「つかまり立ち」「一人歩き」の可否を指標として評価される（図9-1参照）。

　乳児期以降は，運動をコントロールする力に急激な発達が生じ，走る，跳ぶ，ぶら下がる，登る，降りる，くぐるなど，さまざまなパタンの運動ができるようになっていく。大人が行う運動パタンは，すべて6，7歳頃までに習得されることが明らかになっている（杉原，2014）。これらの運動パタンは生涯にわたる運動の基盤となるもので，後にそれぞれの運動種目に必要とされる独自の動きへと特殊化され分化していく。したがって，幼児期には特定の運動を練習することよりも，さまざまな運動を幅広く経験し，より多くの運動パタンを獲得していくことの方が重要であると言える。

（3）微細運動の発達

　前述した運動発達の原則②③の通り，粗大運動の発達に続いて微細運動の発達が生じる。粗大運動と同じく，はじめは反射行動の優勢な状態から，次第に随意的な動きへと変化し，目的に応じた，多様な手の動きができるようになっていく。特に生後1年間における，物に手を伸ばす，物を握る，物をつまむなど，物の操作にかかわる手の動きが，詳しく研究されている。物に手を伸ばす動きはリーチングと呼ばれるが，生後4か月ぐらいまでには，赤ちゃんは物に触れた後にうまくそれをつかむことができるようになる。図9-4[1]に示すよう

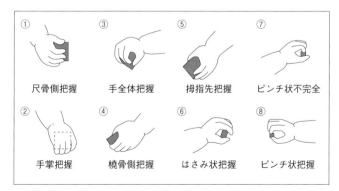

図9-4　生後1年間に見られる把握の発達
（Butterworth & Harris, 1994 村井監訳 1997を一部改変）

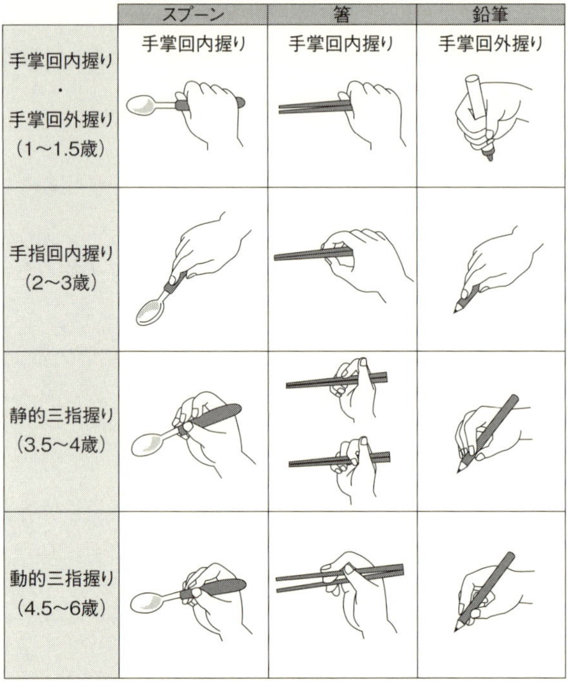

104　第3部　発達の理論と子ども理解

	スプーン	箸	鉛筆
手掌回内握り・手掌回外握り（1〜1.5歳）	手掌回内握り	手掌回内握り	手掌回外握り
手指回内握り（2〜3歳）			
静的三指握り（3.5〜4歳）			
動的三指握り（4.5〜6歳）			

図9-5　道具操作の発達（鴨下，2013）

に，赤ちゃんはまず，手掌の尺骨側で物を包み，すべての指を押しつけて握る。これが次第に，橈骨側の把握，そして指先での把握へと変化し，生後1年目の終わりには，お菓子のボーロなど，かなり小さな物を人差し指の先端と親指の先端とでつまむことができるようになる。このようなつまみ方を**ピンチ状把握**といい，ヒトに特有のものとして知られている。ピンチ状把握ができる前提として，親指とその他の4指が完全に向かい合っている必要があり，これは後に手を使った**道具操作**の基盤となる。

　図9-5に道具操作の発達の様子を示した。1歳頃には，「手掌回内握り」か「手掌回外握り」で物を持つが，2〜3歳頃には，親指と人差し指が伸びてき

1　ヒトの腕の肘から手首までの部分（＝前腕）には2本の骨が平行して並んでいる。小指側にある骨を尺骨（しゃっこつ），親指側にある骨を橈骨（とうこつ）と呼ぶ。発達とともに，手掌（てのひら）の尺骨側から橈骨側で物を把握するようになる。

て「手指回内握り」となってくる。3歳半から4歳にかけて，小指側で箸を固定し，親指と人差し指で操作するというように，指の役割分担が進んでくる。また，親指，人差し指，中指の三指で道具を持ち，腕や肘を動かす「静的三指握り」が可能となる。そして4歳半から6歳頃になると，腕や肘ではなく，三指を直接動かす「動的三指握り」が見られるようになる。これらに伴い，スプーンや箸，鉛筆やハサミなどの使用や，ボタンを留めたり紐を結んだりといった，複雑な動作ができるようになっていく。

（4）協調運動の発達

　ここまで，粗大運動と微細運動について個別に説明してきたが，実際の子どもの動きはそのように単純に分けられるものではない。本章の冒頭に出てきた，リョウガ君が紙を丸めて剣を作る場面を思い出してみよう。紙をくるくる巻く手の動きは微細運動だが，その間，椅子に座って体を安定させているのは粗大運動の働きである。また，できた剣で遊ぶ場面では，剣をつかむ微細運動と，走ったり止まったりする粗大運動が組み合わされている。さらに，身体のどの部分を，どのくらいの力で，どんなタイミングで動かせばよいか，刻々と変わる状況に合わせて，身体各部の動きが調整されている。このように，身体各部が相互に調整を保って行う運動を**協調運動**と言う。協調運動がうまく行われている場合は滑らかで巧みな動作が実現するが，そうでない場合はぎこちなく不器用な動きになってしまう。協調運動には，筋肉などの身体的な発達だけではなく，視知覚・触覚などの感覚情報の処理や，運動方略の発見や解決策の選択などの認知的な力がかかわっている。子どもに不器用さが見られる時には，それが年齢によるものなのか，発達特性によるものなのか，慎重に判断する必要がある。

3．子どもの生活と身体・運動の発達

（1）基本的生活習慣

　一生の出発点である乳幼児期に，子どもに生活の型を教え，健全な社会生活が送れるようにすることは，大人の責務である。こうした教育を通して，自分

106　　第3部　発達の理論と子ども理解

表9-2　基本的生活習慣の自立の標準年齢（谷田貝・高橋，2007をもとに作成）

年齢	食事	睡眠	排泄	着脱衣	清潔
1.0	・自分で食事をしようとする				
1.6	・自分でコップを持って飲む ・自分でスプーンを持って食べる ・食事前後の挨拶			・一人で脱ごうとする	・就寝前の歯磨き
2.0	・こぼさないで飲む	・就寝前後の挨拶		・一人で着ようとする	
2.6	・スプーンと茶碗を両手で使用		・排尿排便の事後通告	・靴をはく ・帽子をかぶる	・うがい ・手を洗う
3.0	・こぼさないで食事をする		・排尿排便の予告 ・付き添えば一人で排尿ができる	・パンツをはく	・顔を拭く ・石鹸の使用
3.6	・箸の使用 ・一人で食事ができる	・寝間着に着替える ・就寝前の排尿	・おむつの使用離脱 ・排尿の自立 ・パンツをとれば排便ができる	・前ボタンをかける ・両袖を通す ・靴下をはく ・脱衣の自立 ・着衣の自立	・食前の手洗い
4.0	・握り箸の終了 ・箸と茶碗を両手で使用		・排便の自立		・顔を洗う ・髪をとかす ・鼻をかむ
4.6			・夢中粗相の消失		
5.0			・排便の完全自立（紙の使用・和式様式の利用）		・朝の歯磨き
5.6					
6.0	・箸を正しく使う	・昼寝の終止 ・就寝前の排尿の自立			
6.6		・添い寝の終止 ・就寝時の付き添いの終止			

で自分を守る自己管理のスキルや，自主性の基礎が育まれる。山下（1951）は，幼児期までに身につけるべき**基本的生活習慣**として，**食事，睡眠，排泄，着脱衣，清潔**の五つを挙げている（表9-2）。これらの生活習慣は，身体・運動機能の発達と深く関連している。例えば，前述した微細運動の発達は，スプーンや箸などの使用，衣服のボタンかけ，歯磨きなど多くの生活にかかわる行為を可能にするし，これらの行為を毎日繰り返す中で微細運動の発達が一層促進される。また，食事，睡眠，排泄などの習慣が整うことで，健康が保たれ，順調に身体の発達が進むことは言うまでもない。

　谷田貝・高橋（2007）は2003年に，山下が1935～1936年に行った基本的生活習慣に関する調査を追試した。それによると，0～7歳のどの年齢においても，山下の調査結果より夜間の睡眠時間が約1時間少なくなっていることが示された。特に2歳児では就寝時刻のピークが2時間も遅くなっており，深夜まで起きている子どもも存在した。現代社会における生活リズムの変化が，子どもの生活にも反映されていると言えよう。就寝時間が遅れると睡眠不足のまま目覚め，朝の食欲がわかず，朝の排便も促せない。保育園に登園しても活動にうまく入れず，昼ご飯を食べながらうつらうつらし，昼寝が長引いた結果，夜に眠くならないというような悪循環が生じる。昼寝を含めた一日の睡眠時間は，0歳児で12～16時間，1～2歳児で11～14時間，3～5歳児で10～13時間が理想とされる（Paruthi et al., 2016）。子どもに適切な生活習慣をつけるには，生活のリズムを子ども中心に変えることが不可欠である。

　谷田貝・高橋（2007）をもとに，現在の子どもが五つの習慣を獲得していく状況と標準年齢を表9-2に示した。基本的生活習慣に関する指導は，従来は家庭で行われることと考えられてきたが，働く母親の増加に伴い，その多くが保育者に委ねられるようになってきている。定められた日課に沿って生活するよう導くのは，根気のいる仕事である。だが，好奇心が強く，周りの人の行為を模倣したがる乳幼児期こそ，生活習慣を定着させる好機と言える。真正面から子どもにぶつかるのではなく，適切な環境を設定して，側面から子どもの意欲を引き出す知恵が，大人側に求められている（山下，1951）。

（2）遊　び

運動遊びの充実　　前述したように，大人が行う運動パタンは，すべて6，7歳頃までに習得されるため（杉原，2014），乳幼児期における遊びの中での運動経験はできうる限り豊かであることが望ましい。しかし，保育施設によって，子どもに提供できる遊び環境には大きな違いがある。今ある環境の中で，どれだけ多様な動きを生み出すことができるかは，保育者の気づきと工夫にかかっている。まずは，園庭や保育室のスペースの使い方，玩具・道具の設置などについて，たえず環境の見直しを行うことが必要である。

　また，保育者が子どもたちの運動にどの程度関心をもっているか，生き生きと遊べるように活動を計画したり声かけをしたりしているかについても考えなければならない。イギリスを中心に開発された「『身体を動かす遊びのための環境の質』評価スケール（MOVERS）」（Archer & Siraj, 2017 秋田監訳 2018）には，運動遊びの中で保育者が子どもにどうかかわるべきかが示されている。評価項目を見ると，運動を通して，ことばや思考，仲間関係など，子どもの全体的な発達が促されるよう，保育を計画することが重要であるとわかる。運動遊びには，単に身体・運動の発達を促すということだけではなく，こうした幅広い意義があることを理解しておく必要がある。

運動の苦手な子への支援　　運動が苦手な子どもに対して，保育の中ではどのように支援すればよいだろうか。実践例を一部紹介する（渋谷ら，2016）。

　5歳男児A君は手先の細かい運動が苦手である。手作り編み機でマフラーを編むのがクラスで流行した際，関心を示したA君に保育者が「作ってみよう」と声をかけた。しかし，編み方を手本で示しても，A君には交互に毛糸を編む作業が理解しにくいようだった。そこで，毛糸をひっかける棒を赤と黄の2色に色分けし，毛糸を交互に編んでいくことがわかりやすいように工夫した。「次は赤，次は黄」と友達に励まされ，自分からマフラーを編む姿が見られるようになった。

　5歳女児Bちゃんは，全身を使った複雑な運動が苦手である。ある日，大縄で遊ぶ友達をじっと見ているBちゃんに気づいた保育者は，大縄跳びにBちゃんを誘った。最初は拒否したBちゃんだったが，楽しそうな友達の様子と保育者の声かけに気持ちが動いた。近くで大縄跳びを見る，保育者と一緒に

大縄をくぐる，一人で大縄をくぐる，保育者と一緒に大縄を跳ぶ，一人で跳ぶ，という段階を経て，最終的には一人用の縄跳びを自分で跳べるまでになった。

2事例に共通する要素は次の4点である。

- 友達の遊びに関心や憧れをもった瞬間を見逃さず，その活動を支援のターゲットにする。
- 取り組みを継続させるのに，友達からの声かけや励ましを活用する。
- 動作の手順やタイミングがわからない時には，視覚的な手がかりを導入したり，保育者が一緒にしたりと，子どもに伝わりやすいサポートを工夫する。
- 苦手な活動を続けるペースを少しずつにし，小さな目標を決めて日々取り組むようにする。

保育現場での支援を成功させるには，これらが重要であると考えられる。前提条件として，子ども同士が支え合えるクラス集団の形成が欠かせない。また，子どものつまずきのポイントを的確に見抜き，具体的な支援の手立てを考えられるよう，保育者が子どもの運動に興味をもち，丁寧に観察することが必要である。

（渋谷郁子）

第10章　子どもの脳はどのように発達するの？
脳の構造と機能の発達

　心の発達の基盤には，脳の構造的・機能的な発達がある。他者の心とは，行動（言語報告も含む）から推定されるものであるため，「心はどのように発達するか？」という問いは，原理的に確定的な答えにはたどり着けない。一方で，心の物質的な基盤である脳は，その構造および機能的変化を担う活動量を，測定することができる。よって，「脳はどのように発達するか？」という問いには，より確実な回答が得られる。1990年代以降の機能的脳画像装置の普及により，ヒトを対象とした脳科学研究が発展した。そうした研究から，ヒトの成人において，どの脳領域がどのような心理機能に関係するかについての理解が深まった。それを土台として，脳の構造と機能がどのように発達するかについての研究も進んだ。このような脳科学研究の知見は，心がどのように発達するかに関して，有用な示唆を提供しうる。

　本章では，脳の構造と機能における発達過程を調べた脳科学研究の知見を紹介する。幼児期から成人期といったスパンでの発達過程における変化について，**磁気共鳴画像**（magnetic resonance imaging: MRI）を用いて脳の構造について調べた研究や，**機能的磁気共鳴画像**（functional magnetic resonance imaging: fMRI）を用いて脳の機能（活動）について調べた研究を取り上げる。研究結果は，必ずしもすべての研究で一致しているとは言いがたいが，比較的多くの研究で共通して報告されている知見を取り上げよう。図10-1に取り上げる脳構造や脳領域を示した。なお，脳や脳科学についてくわしく知りたい方は，脳科学辞典（bsd.neuroinf.jp/）などを参照されたい。

1．脳構造の発達

　脳全体の発達を調べた解剖学的な研究からは，脳構造が発達過程における最

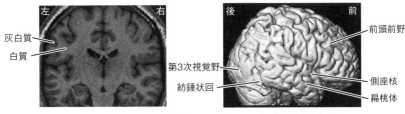

図10-1　灰白質と白質（左）および取り上げる主な脳領域（右）

左は耳の前あたりの脳の冠状断面図で、右は脳を右側面から見て表面をコーティングした図。灰白質は、脳の表面にあり、神経細胞の細胞体を主に含む領域。白質は、灰白質の内側にあり、神経細胞の軸索を主に含む領域。第3次視覚野と紡錘状回は、脳の後方に位置し、特定の感覚処理にかかわる。扁桃体と側座核は、脳の内側にあり、感情にかかわる。前頭前野は、脳の前方に位置し、認知的な活動や感情を抑制する実行機能にかかわる。

初の数年で劇的に成長することが示されていた。例えば、多数例の死後脳を調べた研究から、脳全体の重量は、2歳までに成人の80％、5歳までに成人の90％に達することが報告されていた（Dekaban & Sadowsky, 1978）。

より微細なミリレベルの脳構造を定量的に調べた MRI 研究は、こうした情報を補完して、脳構造の発達がより継続的かつ複雑なものであることを明らかにしている。MRI 研究では、**灰白質**と**白質**の発達過程が調べられている。

（1）灰白質の体積は逆U字曲線を描く

灰白質は、神経細胞の細胞体を主に含む、情報処理の中心となる領域である。いくつかの MRI 研究は、発達過程の各段階での被験者の脳構造を調べ、多くの脳領域の灰白質の体積が10歳あたりにピークのある逆U字曲線を描くことを報告している。例えば、ジードら（Giedd et al., 1999）は、4〜22歳の被験者を対象として、各領域の灰白質体積を測定した。その結果、前頭葉や頭頂葉において、10〜12歳にピークのある逆U字曲線（年齢とともにピークまでは体積が増加しピーク以後は低下）が示された（図10-2）。同様のパタンは、ピークの年齢は多少違うものの、より大量の被験者を調べた研究でも確認されている（Lenroot et al., 2007）。

発達の度合いは脳領域ごとに異なり、認知機能に特にかかわる高次連合野が、運動や感覚にかかわる領域に比べて、ピークを迎える時期が遅いようである。例えば、ゴグティら（Gogtay et al., 2004）は、幅広い年齢層の被験者を何度

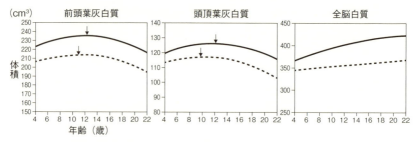

図10-2　Giedd et al.（1999）の結果（Lenroot & Giedd, 2006を一部改変）

前頭葉の灰白質，頭頂葉の灰白質，全脳の白質における体積と年齢の関係。実線が男性，点線が女性。矢印はピークの位置。前頭葉および頭頂葉の灰白質の体積は10代にピークのある逆U字曲線を示し，白質の体積は年齢とともに直線的に増加した。

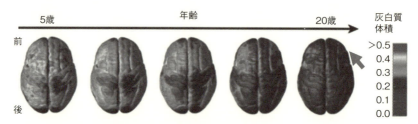

図10-3　Gogtay et al.（2004）の結果（Giedd et al., 2015を一部改変）

4～21歳における灰白質の厚みの変化を色で表現（濃い色が減少）。矢印の位置が前頭前野。全体的に増加の後に減少し，前頭葉においては，運動野（真ん中あたり）が先にピークを迎え前方の前頭前野に行くほど変化が遅いことが示される。

か MRI 撮像することで，4～21歳における灰白質構造の変化を調べた。その結果，前頭葉においては，運動にかかわる中心前回が最も早く成熟し，前方に行くほど発達は遅く，**前頭前野**が最後に発達すると報告している（図10-3）。

（2）白質の体積は増加し続ける

　白質は，神経細胞のうち主に軸索（特に髄鞘で覆われた）を含む，情報の伝達を担う領域である。

　いくつかの MRI 研究から，白質の体積は発達過程を通して直線的に増加し続けることが示されている。例えば上述のジードら（Giedd et al., 1999）では，白質の体積は4～22歳の間は直線的に増え続けることが報告されている（図10-2）。脳領域ごとの違いはほとんどないと報告されている。より広範な年齢

第10章　子どもの脳はどのように発達するの？　　113

を調べた他の研究からは，白質の増加は成人期を越えても続き，ピークが40〜
50歳代にあることが示されている（Jernigan & Gamst, 2005）。

（3）ま　と　め

　こうした知見をまとめると，脳構造のうち情報処理を担う灰白質は，10歳あ
たりまでの発達過程において大きく発達し，その後は減少することが示される。
そうした発達は，高次の認知機能に関係する領域で，感覚や運動に関係する領
域に比べて遅いようだ。脳構造のうち情報伝達にかかわる白質は，幼児期以後，
成人期を通じて発達し続けることが示される。

2．脳機能の発達

　fMRI を用いて，発達過程における脳機能の変化も調べられている。ここで
は，比較的多くの研究が実施されているテーマとして，**感覚野**での感覚処理，
辺縁系での感情処理，前頭前野での認知処理を取り上げよう。

（1）感覚野の活動はより選択的になる

　成人を対象とした機能的脳画像研究から，一次および高次の感覚野が，感覚
刺激の知覚・認知処理に関与することが示されている（Zeki, 1993 河内訳
1995）。こうした研究から，高次の感覚野には，特定の刺激カテゴリを選択的
に処理する領域があることが示される。例えば，顔の知覚では紡錘状回などい
くつかの領域が特に強く活動し（Puce et al., 1995），動く物体の知覚では第3
次視覚野などが特に強く活動する（Cornette et al., 1998）といった知見が報告
されている。

　発達過程における感覚処理での脳活動の変化を調べたいくつかの fMRI 研究
から，発達初期には，成人において特定の刺激カテゴリに反応するとされる領
域の選択性が低く，また成人では特定の刺激カテゴリの処理に関係しない領域
が広く活動することが報告されている。例えば顔の知覚について調べた研究と
してジョセフら（Joseph et al., 2011）では，5〜10歳および10〜12歳の子ど
もおよび成人を対象として，顔，人工物，自然物の写真を見ている間の fMRI

が撮像された。その結果、顔に対する他の刺激よりも強い活動は、成人でしか示されなかった（図10-4）。また子どもでも、多くの領域で顔に対して強く活動する領域が示されたが、こうした領域の多くは、成人において顔に対して強く活動する領域ではなかった。ハイストら（Haist et al., 2013）も同様に、6〜37歳の幅広い年齢層の被験者を対象として、顔や物体の写真を見ている間の脳活動を調べた。その結果、顔に対する紡錘状回の活動が、年齢とともに大きくなることが示された。また紡錘状回以外の、一般に成人において顔知覚に関与しないとされる多くの領域で、年齢とともに顔に対する活動が弱くなることが示された。

同様の発達に伴う選択性の高まりは、動く物体の知覚でも報告されている。例えばクレイヴァーら（Klaver et al., 2008）では、5〜6歳の子どもおよび成人を対象として、多くの点がランダムに動いたり、形を描くように動いたりする画面を見ている間の脳活動が計測された。その結果、子どもでは成人に比べて、ランダムに動く点を見た時の第3次視覚野の活動が弱いことが示され、また形を描く点を見た時に後頭葉の別の領域（成人で動き知覚に関係しないとされる）の活動が強いことが示された。

こうした結果から、脳の感覚処理では発達とともに、専門領域の選択性が強まり、非専門領域の関与が弱まるという、より効率的な処理パタンへの変化が起こることが示唆される。

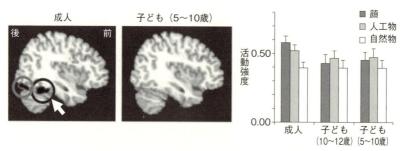

図10-4　Joseph et al.（2011）の結果（一部改変）
成人において顔に対して強く活動した右半球の紡錘状回の領域を示す脳断面（左；矢印の位置）、5〜10歳の子どもでの同じ位置での脳断面（中）、および紡錘状回での活動の様子（右）。成人と異なり、子どもでは紡錘状回において顔に対する物体よりも強い活動は示されなかった。

（2）感情にかかわる辺縁系の活動は弱くなる

成人を対象とした研究から，**扁桃体**を中心とする辺縁系と呼ばれる領域が，感情において重要な役割を果たすことが示されている（LeDoux, 1996 松本訳 2003；佐藤ら，2010）。例えば，fMRI 研究から，感情を表出する表情を見る（Breiter et al., 1996），味覚刺激を摂取する（Small et al., 2003）といったさまざまな方法で快あるいは不快の感情を引き起こすと，扁桃体が強く活動し，その活動は自律神経系（Williams et al., 2001）や主観経験（Sato et al., 2004）における感情反応の強さと対応することが報告されている。扁桃体を損傷した被験者は，危険や困難のある状況においても恐怖や怒りといった感情を感じなくなることも報告されている（Tranel et al., 2006）。また辺縁系において，**側座核**などいくつかの領域は，特に快感情の処理に関与することが示されている。例えば，ゲームにおいて金銭的報酬を獲得すると，側坐核が強く活動する（Breiter et al., 2001）。

感情と関係した脳活動の発達過程における変化を調べたいくつかの fMRI 研究から，感情により引き起こされる扁桃体の活動が発達とともに弱まることが示されている。例えば，スォーツら（Swartz et al., 2014）は，8〜19歳の被験者を対象として，さまざまな感情を表す表情の写真を見た時の脳活動を fMRI で調べた。その結果，年齢が上がるとともに扁桃体の活動が低下するというパタンが示された（図10-5）。デセティーとミチャルスカ（Decety & Michalska, 2010）では，7〜40歳の被験者を対象として，他者が痛みで苦しむといった動画を見ている間の fMRI を撮像し，また感じる苦痛の程度が評定された。その結果，年齢が上がるとともに，苦痛の程度が下がり，扁桃体の活動も低下することが示された。

同様の発達に伴う活動の低下は，快感情での側座核の活動でも示されている。例えばフージェンダムら（Hoogendam et al., 2013）では，10〜25歳の被験者を対象として，刺激が出た時のボタン押しの早さに応じて報酬がもらえるタスクを実施し，fMRI を撮像した。その結果，側座核などいくつかの領域において，報酬が得られた際の活動が年齢とともに低下することが示された。ガルバンら（Galvan et al., 2006）では，7〜11歳の子ども，13〜17歳の青年，および成人を対象として，刺激が出た時のボタン押しの速さと正確さに応じて報酬

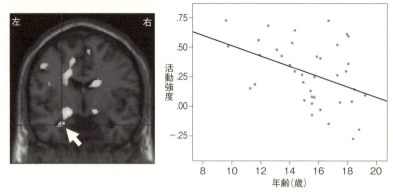

図10-5　Swartz et al.（2014）の結果（一部改変）
さまざまな感情を表す表情の写真を見た時の扁桃体の活動（左：矢印の位置）およびその活動強度と年齢との関係（右）。扁桃体の活動は発達とともに低くなった。

がもらえるタスクを実施して脳活動を調べたところ，報酬に対する側坐核の活動は子どもにおいて青年および成人よりも大きかった。

こうした知見をまとめると，感情に関係する辺縁系の活動は，発達とともに弱まることが示唆される。

（3）実行機能にかかわる前頭前野の活動は強くなる

成人を対象とした研究から，前頭前野（特に外側部）が，実行機能と呼ばれる心の働きを実現する上で重要なことが示されている（Fuster, 2006）。実行機能とは，目的をもった一連の活動を効果的に行うために必要とされ，注意をコントロールする，考え方を変える，目標を設定するなど，複数の下位機能を含むとされる（Anderson, 2002）。認知的な活動だけでなく，感情を抑制するといった働きにも必要となる（Mischel, 2014 柴田訳 2015）。先行の機能的脳画像研究は，成人を対象として，実行機能が必要な認知課題をする（Petrides et al., 1993），感情を抑制する（Beauregard et al., 2001）といった課題で，前頭前野が活動することを報告している。

認知的な実行機能課題と関連した脳活動についての発達過程での変化を調べたいくつかのfMRI研究から，実行機能に関係した前頭前野の活動が発達とともに高まることが示されている。例えば，クロンら（Crone et al., 2006）は，

8～12歳の子ども，13～15歳の青年，および18～25歳の成人を対象として，3つの物品を呈示して，それを順番に記憶保持するあるいは逆の順番に記憶保持する課題を遂行中の脳活動をfMRIで計測した。逆の順番のほうが実行機能への負荷が高い。その結果，前頭前野において，成人および青年では逆の順番のほうが強い活動が示されたが，子どもではそうした条件間の違いが示されなかった（図10-6）。クリンバーグら（Klingberg et al., 2002）では，9～18歳の被験者を対象として，4×4の格子の中に一つひとつ呈示される複数の刺激の位置を憶えるという実行機能課題を遂行中の脳活動を調べた。すると前頭前野において，年齢が上がるとともに活動が強くなる領域が見いだされ，この領域の活動の強さは課題成績のよさとも対応した。

発達に伴う前頭前野の活動の増加は，感情を抑制する実行機能でも示されている。例えばマクレイら（McRae et al., 2012）では，10～13歳の子ども，14～17歳の青年，および18～23歳の成人を対象として，感情を抑制せよと教示されて不快場面を見る，あるいはただ注視せよと教示を受けて不快場面あるいは中性場面（快でも不快でもない場面）を見る間のfMRIが計測された。その結果，感情抑制条件での前頭前野の活動は，年齢が上がるとともに強くなることが示された（図10-7）。ジウリアニとファイファー（Giuliani & Pfeifer, 2015）では，10～23歳の被験者を対象として，さまざまな食物画像を感情制御せよと教示されて見るあるいはただ注視せよと教示されて見る場合の脳活動を調べた。その結果，感情制御条件において注視条件に比べて，食べたい食物に対して前

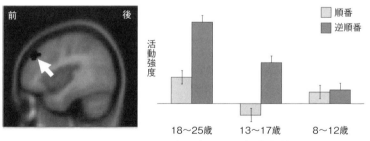

図10-6　Crone et al. (2006) の結果（一部改変）

成人および青年において，逆の順番に記憶保持（実行機能への負荷が高い）した時，順番での記憶保持より強く活動した前頭前野の領域（左；矢印の位置）およびその活動パタン（右）。子どもではこの活動が示されなかった。

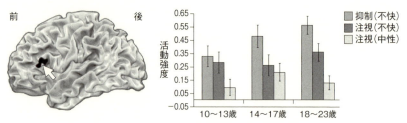

図10-7 McRae et al. (2012) の結果（一部改変）
感情を抑制せよと教示されて不快場面を見る時の活動が，年齢が上がるとともに強くなることが示された前頭前野の領域（左；矢印の位置）およびその活動パタン（右）。

頭前野が強く活動し，この活動は年齢が上がるとともに強くなることが示された。

まとめると，実行機能に関係する前頭前野の活動は，発達とともに強くなることが示唆される。

（4）まとめ

発達過程における脳機能の変化を調べたfMRI研究から，発達とともに脳内各所の機能が変化する様子が解明されつつある。年齢が上がるとともに，感覚野では，専門領域の選択性が強く，非専門領域の関与が弱くなっていく。感情処理にかかわる辺縁系の活動は，低下していく。実行機能にかかわる前頭前野の活動は，強くなっていく。こうした脳全体における多様なパタンでの機能変化が，心の発達の基盤にあることが示唆される。

3．おわりに

本章では，心の発達に関連する，脳の構造的・機能的な発達についての知見を紹介した。発達過程において，脳の構造および機能は，複雑なパタンで発達することが示される。こうした脳科学の知見を手がかりにして，子どもの心の発達をよりよく理解することが期待される。

（佐藤　弥）

第11章　ヒトの胎児・新生児はどのように「有能」か？

　言うまでもないことだが，発達が始まるのは出生後ではなく，受精してからである（第1章参照）。受精から出生までの間に，骨格・筋肉・内臓などの器官が形成され，感覚や運動機能も発達する。胎児は母親の胎内でさまざまな刺激を感じ，運動していることがわかっている。

　出生時には，新生児の嗅覚や聴覚などの感覚は十分に機能している。新生児の運動能力は未熟だが，さまざまなことを感じ，それに応じて行動できるということだ。つまり，ヒトの子どもは，ある種の「有能さ」を備えて生まれてくるのだと言える。

　この章では，ヒトの胎児と新生児の感覚や運動機能がどのように発達し，どのように「有能」なのかを概説する。また，ヒトに最も近い動物であるチンパンジーと比べながら，ヒトの出産と新生児の発達の特徴をまとめ，ヒトの特殊性がどのように進化したのかを考えたい。

1．胎児の発達

（1）胎児の成長過程

　受精から誕生までの胎児の発達は，三つの時期に分けられる（Vauclair, 2004 鈴木訳 2012；新屋・今福，2018）。

　まず，受精から約10日間を「**卵体期**」と呼ぶ。約0.1mm の受精卵が分裂を繰り返しながら子宮に移動し，子宮内膜に着床するまでの時期である。この着床により，妊娠が成立したと見なされる。

　着床してから妊娠10週目までを「**胎芽期**」と呼ぶ[1]。この時期に多くの器官の原形が形成される。体長は3cm ほどになり，頭・胴や手・足などの基本的構造ができる。目や口など，顔の各部位もわかるようになる。

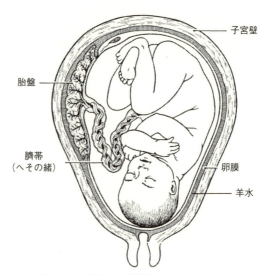

図11-1　子宮の中の胎児　(Buchanan, 1933)

　胎芽期の終わりから出生までを「**胎児期**」と呼ぶ。この時期には中枢神経系（脳・脊髄）の発達が進み，胎児は環境に対するさまざまな反応を見せるようになる。妊娠16週くらいになると胎盤が完成に近づき，いわゆる「安定期」に入る。また，妊娠22週目から生後1週までを「**周産期**」と呼ぶ。周産期前の胎児が娩出されることを「流産」，それ以降の死児の出産を「死産」と呼ぶ。
　妊娠期間は，昔から「十月十日」と言われてきたが，妊娠前の最終月経の開始日から数えて約40週間（280日）になる。受精してから出産までは約9か月である。
　胎児は，臍帯（へその緒）で母親の胎盤とつながっている（図11-1）。この臍帯を通じて，酸素や栄養分，老廃物などが運ばれる。妊娠中には母親が摂取した物が胎児にも運ばれるため，妊娠中の飲酒や喫煙は胎児にさまざまな悪影響をもたらす。妊婦の飲酒は，胎児の脳の異常，知的障害，形態異常など，

1　「妊娠週数（在胎週数）」は，最終月経の開始日からの経過時間である。受精は最終月経の約2週間後にある排卵の後に起こるので，受精卵の発生の経過時間を表す「胎生週数（胎齢）」は妊娠週数より約2週間短くなる。

第11章　ヒトの胎児・新生児はどのように「有能」か？　　121

「胎児性アルコール症候群」の原因となることがある。また，妊婦の飲酒や喫煙は，流産・早産や低出生体重の原因になるとも言われている。

（2）胎児の感覚の発達

　胎児は，母親の子宮を満たす羊水の中にいる。感覚器官の発達は早く，子宮の中の胎児も，さまざまな感覚を感じていることがわかっている。視覚以外の感覚については，出生までに十分な機能を獲得するという（Vauclair, 2004 鈴木訳 2012；新屋・今福，2018）。

　中でも触覚の発達は早く，妊娠10週目には接触刺激への反応が見られるようになる。胎児の口唇部を特殊な方法で軽く刺激すると，それを回避するかのように首や身体を反対方向に曲げるという（明和，2006）。また，子宮壁との接触への反応や，顔に触れた指を吸うことも見られるようになる。

　嗅覚と味覚は，妊娠16週頃には機能し始めていることがわかっている。胎児は，羊水の中でさまざまな味や匂いを感じているということだ。例えば，甘味のある溶液を加えると，胎児が羊水をごくごくと飲む反応が見られる。

　胎児の聴覚は，妊娠27週頃には機能しており，外界の音への反応が見られるようになる。胎児の心拍数の変化を調べた研究により，胎児が母親の声と見知らぬ女性の声を区別できることが示されている。また，胎児が言語音（babiと biba）を聞き分けていることを示した研究もある。

　視覚の発達は，感覚系の中では最も遅い。子宮内は暗く，ほとんど何も見えない空間なのだと考えられる。しかし，出生の少し前には，母親の腹壁を透過する強い光に対して胎児が反応するという報告もある（Vauclair, 2004 鈴木訳 2012）。

（3）胎内での身体運動の発達

　近年，**四次元超音波画像診断装置（4Dエコー）**の技術の進歩により，胎児の様子を観察できるようになった。その結果，母胎内で胎児がさまざまな運動を行っていることが明らかになってきた（明和，2006）。胎児の動きを母親が「胎動」として感じられるようになるのは妊娠20週頃とされているが，妊娠10週頃から，胎児は刺激への反応や自発的な運動を見せるようになることが明ら

122 第3部 発達の理論と子ども理解

かになっている。

妊娠10～11週頃には，全身や手足の動きが見られるようになり，足蹴りなども始まる。また，「しゃっくり」や「あくび」も見られるようになる。その後，手で顔を触るようになり，妊娠17週頃には「指しゃぶり」も見られるようになる。指を口に入れる際には，手が口に到着する前に口を開けることが確認されている（明和，2006）。この観察から，胎児が指しゃぶりをする意図をもって手を動かしていることと，手と口の運動を協調的にうまく調整できるようになっていることがわかる。胎児の表情については，妊娠25週の胎児が「自発的微笑」を見せたという報告がある（川上ら，2012）。

2．新生児期の発達

（1）誕　　生

胎児は，だいたい妊娠40週の頃に誕生する。妊娠37週未満での出生を**早産**，37週から41週での出生を**満期産**，42週を過ぎてからの出生を**過期産**と言う。

後で詳しく述べるが，ヒトの出産は他の霊長類と比べてかなり難産であり，時間がかかる。誕生した新生児は「産声」と呼ばれる泣き声をあげ，肺呼吸が開始される。出生時の体重は約3,000gほど，身長は約49cmほどである（第9章参照）。体重が2,500g未満で誕生した子どもを**低出生体重児**と呼ぶ。

（2）新生児の感覚の発達

新生児期は生後4週間のことを指す。出産によって，新生児は大きな環境の変化を経験する。母親の子宮の中で過ごしていた間には接することのなかったような光や音，空気，重力などの刺激に触れる。新生児の感覚機能の発達は早く，生まれてすぐに母親の声や匂い，顔を区別し，好むようになる。新生児の運動能力は未発達だが，外界を認知する能力は高く，身の回りのモノや人に興味をもってかかわろうとする性質を生まれながらにもっているのである（Vauclair, 2004 鈴木訳 2012）。

視　　覚　　五感の中では，視覚の発達が最も遅れる。まず，新生児の視力は0.02程度と，かなり低いことがわかっている。また，レンズ（水晶体）の厚

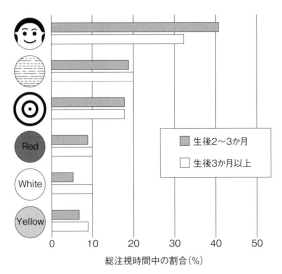

図11-2　乳児が注目して見つめる時間の割合（Fantz, 1961）

さの調節もできないため，対象の距離に応じて焦点を合わせることができない。生後3か月までは約20cmの距離に焦点が合った状態にある。これはちょうど，新生児を抱いている養育者の顔の距離にあたる。動くモノを目で追いかけることはある程度できるが，まだ立体視はできず，奥行きを感じることはできない。色を見分ける能力も，生後1か月までは貧弱だという。

　しかし，人の顔の認識能力は素早く発達することがわかっている。生後数日以内に，母親の顔を他の人の顔と見分けることができるようになる。ただし，最初は目・鼻・口などの形の特徴ではなく，髪形や顔の輪郭で識別するようだ。新生児や乳児は，「人の顔」に興味をもって見つめようとする傾向をもっており，人の顔のような模様や絵にも関心をもつことが知られている（図11-2）。人の顔の認識が素早く発達するのは，このような傾向が生まれつきのものであるためだと考えられる。

　新生児は，単純な模様より複雑な模様に関心をもち，長く見つめる傾向がある。また，動かないモノより動くモノ，直線より曲線，色なしより色ありの方に興味をもって見つめる。このような，「興味のあるものを見つめる」という新生児や乳児の自発的な注視反応を利用して，新生児や乳児が世界をどう見て

いるかを調べることができる。このような実験手法を**選好注視法**と呼ぶ。提示された二つの刺激のうち一方をより長く見つめる反応が観察された場合，二つの刺激を見分けていることと，長く見つめる方をより好んでいる（または関心をもっている）ことがわかる。

　さらに，新生児や乳児は，見慣れたものよりも見慣れない新奇な刺激に興味をもち，より長く見つめる傾向があることも知られている。この傾向を利用した実験手法に**馴化・脱馴化法**がある（第14章図14-2参照）。

　聴　　覚　　聴覚は出生時に既に十分な機能を獲得している。生まれてすぐの新生児も音の鳴る方向がわかり，音源の方に頭の向きを変える。新生児は母親の声を聞き分けることもでき，知らない女性の声よりも母親の声を好む。新生児にはことばの意味はわからないが，生後4日の新生児が言語を区別できることを示した研究もある。母親の話す言語（フランス語）を聞いた時には，未知の外国語（ロシア語）を聞いた時よりも高い頻度でおしゃぶりを吸うことから，生後すぐに母国語により注意を惹かれるようになるのだと考えられている。

　味　　覚　　新生児は，3種類の基本的な味（甘味・酸味・苦味）に反応する。新生児の舌に甘い砂糖水をつけると満足そうな表情をするが，酸っぱいレモン汁や苦いキニーネ液をつけると嫌悪の表情になる。濃度の高い甘い砂糖水をより好んで吸う姿も見られる。

　嗅　　覚　　新生児は，さまざまな匂いを感じることもできる。生後5日で母親の腋の下の匂いがわかるようになり，匂いの方に頭を向ける反応が見られるようになる。また，バナナなどの甘い匂いを嗅ぐと満足そうな表情を見せる。

　触　　覚　　かつては新生児を麻酔なしで手術する時代があったが，新生児にも痛覚があり，痛みを感じると顔をしかめる，泣くなどの反応が見られる。新生児には，温かい，冷たいという感覚（温覚）もある。また，物の表面の触感（ザラザラ，でこぼこ，すべすべ，柔らかいなど）の区別もでき，口で吸ったり手で握ったりする際の反応に違いが見られる。

　他者に触れられている感覚と自分が自分に触れている感覚を，新生児が区別できることを示した研究もある。新生児の指をその口元に触れさせた時よりも，新生児の口元に実験者が指で触れた時の方が，新生児はより頻繁に指に吸いつこうとする反応を見せたという（口唇探索反射：表11-1）。

（3）新生児の身体運動の発達

　新生児の運動能力は未熟である。自力で移動することはできないし，まだ寝返りもできない。しかし，おとなしく仰向けに寝たままでいるわけでもない。さかんに手足を動かしたり，刺激に対して反射的な反応を見せたり，口や目を動かしたり，表情を作るなど，新生児はさまざまな身体運動を行っている。

　ジェネラルムーブメント　新生児はよく，手足を曲げたり伸ばしたり，バタバタと複雑に動かしたりする。何らかの刺激への反応ではなく自発的に行われるこれらの運動は，ジェネラルムーブメントと呼ばれている（竹下，2001；新屋・今福，2018）。新生児の中枢神経系や筋・骨格系の発達に伴って，この自発運動の滑らかさや多様性は変化する。

　原始反射　一方，外部からの刺激に対して生じる新生児期・乳児期に特有の反射を，原始反射と言う（表11-1）（Vauclair, 2004 鈴木訳 2012）。新生児・乳児の意思にかかわらず，特定の刺激に対して決まった反応が見られる現象である。その多くは，生後2か月頃から見られなくなっていく。原始反射は，脳と脊髄をつなぐ位置にある脳幹や脊髄の働きで生じるとされているが，大脳皮質が成熟してくると原始反射は抑制され，自分自身の意思による運動（随意運動）ができるようになってくる（第9章参照）。そのため，原始反射が消失しない場合には，脳の発達の異常が疑われることもある。

表11-1　原始反射（筆者作成）

反射名	内容
口唇探索反射 （ルーティング反射）	口の周囲を触られると，口唇部をその方向に向ける。
吸啜反射	口唇部に触れたものをリズミカルに吸う。
把握反射	手のひらに触れたものをぎゅっと握りしめる。
モロー反射	急な上昇や下降を経験した時に，両腕を広げて，誰かに抱きつこうとするかのように動かす。
バビンスキー反射	足の裏の外側をかかとから指へと刺激すると，足の親指が反り返る。
歩行反射	体を直立に支えて足が床に触れるようにすると，歩くように足を交互に前に踏み出す。
遊泳反射	水中に入れられると，息を止めて腕と足を動かし，泳ぐような動きをする。

新生児模倣　　生まれて間もない新生児にも，大人の表情のまねができることがわかっている（明和，2004）。新生児に「口の開け閉め」や「舌出し」などの表情を見せると，新生児がそれらを模倣するのである。自分の顔のどの部位を動かせばどのような表情になるかを新生児は鏡などを見て確認することができないにもかかわらず，他者の表情の動きを見て，自分の表情筋を使ってそれを再現できるのである。

原始反射と同様に，新生児模倣は生後2か月を過ぎる頃になると消失する。生後8〜12か月頃になると，再び自分の意思で他者の表情を真似するようになる。

笑いの初期の発達　　睡眠中の新生児の口元がニコリとほほ笑むことがある。外からの刺激なしに生じるこの表情を，**自発的微笑**（または生理的微笑）と呼ぶ。急速眼球運動（Rapid Eye Movement）を伴うレム睡眠中や，ウトウトとまどろんでいるような時によく見られる（松阪，2013）。

自発的微笑は「新生児微笑」と呼ばれることもあるが，乳児期になってからも見られる。ただし，頻度は少なくなっていき，生後8か月以降には稀になる。既に触れたように，胎児にも自発的微笑が見られることが確認されている。

自発的微笑は心地よさそうにほほ笑む表情に見えるが，新生児が実際に快の情動を感じているかどうかはわからない。脳神経活動に伴う生理的な反射に過ぎないと言われることもある。しかし，新生児の自発的微笑を見た養育者はこれを笑顔だと認識して，喜びを感じる場合も多いようだ。

生後1週間ほど経つと，レム睡眠中に，接触や聴覚刺激に対する微笑（**外発的微笑**）が時おり起こるようになる。生後2週目には，聴覚刺激に対する覚醒時の微笑が増える。生後4週頃には，他の音よりも人の声への微笑が増える。生後1〜2か月には，視覚刺激（顔）に対する微笑も見られるようになる。このようにして，人の声や顔に対する選択的な反応である**社会的微笑**が見られるようになる。生後2か月頃になると，養育者の目を見つめてほほ笑むようになる。ほほ笑み合いのコミュニケーションも始まり，新生児と養育者の愛着関係（アタッチメント）が笑顔によって強められる。生後4か月頃には，**笑い声を伴う笑い**も見られるようになる（松阪，2013）。

第11章　ヒトの胎児・新生児はどのように「有能」か？　127

3．ヒトの出産と新生児の特徴

　ヒトに最も近い動物であるチンパンジーとの比較によって，ヒトの出産や育児，発達過程の特殊性が見えてくる。本章の最後に，ヒトの出産と新生児の特徴をまとめておこう。

（1）難　　産

　ヒトは，他の動物と比べて難産で，お産に時間がかかる。陣痛が開始してから子が誕生するまでに，初産で平均15時間かかり，他の動物よりも長い。分娩に長い時間がかかるのは，ヒトの胎児が産道をギリギリ通れるくらいの大きさで余裕が少ないことに加え，産道の構造が複雑だからだ（奈良，2012）。

　ヒトの胎児は頭が大きく，出生時の頭まわりはチンパンジーで約23cm，ヒトは約33cm である（中村，2004）。また，ヒトの胎児は，大きい脳の発達に備えて体脂肪を蓄積しており，チンパンジーと比べて重くて大きい。出生時の平均体重は，ヒトは約3,000g，チンパンジーは約1,800g である。しかし，産道は細く，しかも複雑な構造となっている。ヒトの胎児は，産道を通過する際に頭や胴体を回転させて姿勢を変えながら，頭骨を変形させて頭を一時的に小さくして，なんとかすり抜けるのである。このようにヒトの出産には時間がかかり困難が伴うため，チンパンジーのように母親が単独で出産するのではなく，他者による介助が必要となる。

（2）生理的早産と二次的就巣性

　ヒトの新生児は，感覚機能は発達しているが，運動能力がかなり未熟な状態で産まれてくる。自力で移動できないだけでなく，立つことも，しがみつくことも，寝返りをすることもできない。チンパンジーの新生児が，出生後すぐに母親の体毛にしがみつけるのとは大きく異なる。

　このようなヒトの新生児の特徴に注目したポルトマン（Portmann, A.）は，他の動物であればまだ母胎内で成長を続ける時期に，ヒトは未成熟な状態で生まれてくるのだと考え，これを**生理的早産**（つまり，生理的に常態化した早

128 第3部 発達の理論と子ども理解

産）と呼んだ。

　動物の中には，新生児の運動機能の発達が早い種もいれば，遅い種もいる。
ツバメやハトのように雛を巣で育てる鳥の仲間は，雛の運動機能が未熟な状態
で孵化する。このような特徴を**就巣性**と言う。一方，ニワトリやカモのように，
運動機能が十分に発達した状態で雛が孵化し，すぐに巣を離れる鳥もいる。こ
のような特徴を**離巣性**と言う。哺乳類にも，出生直後の新生児には毛がなく，
目も開いていないネズミのような就巣性の種と，生まれて数時間で立ち上がっ
て歩きだすウマなどの離巣性の種がいる。

　ヒト以外の霊長類（猿の仲間）は，出生直後から目が開き，親の体にしがみ
つくことができることから，離巣性の特徴を備えていると言える。人類も同様
に本来は離巣性であったが，進化の過程で運動能力が成熟する前に出産するよ
うに変化し，就巣性の特徴をもつようになったと考えられている。これを**二次
的就巣性**と言う。

（3）進化の背景

　難産，生理的早産，二次的就巣性というヒトの特徴が進化した背景には，**直
立二足歩行の進化**と**大脳の大型化**がある。

　チンパンジーの系統と枝分かれした人類は直立二足歩行をするようになった
ため，骨盤などの形態が大きく変化し，産道が細くて複雑な構造になったと考
えられている。大脳が大型化したことも人類進化における重大な変化だが，細
くなった産道を通るために胎児の頭が大きくなる前に出産するようになり（生
理的早産），これが運動機能の未熟さ（二次的就巣性）をもたらしたと考えら
れる。

（4）ヒトの発達の特徴と養育負担の大きさ

　ヒトの新生児は運動能力が未熟であるため，養育の負担が大きくなっている。
チンパンジーの新生児のように母親の体にしがみつくことはできないため，ヒ
トの新生児を運搬する時には養育者がその体を支えなければいけない。ヒトの
方が新生児の体重が重いことも，運搬の負担を大きくしている。また，チンパ
ンジーの新生児は母親の胸にしがみついて自力で乳首をくわえて吸乳できるが，

ヒトでは養育者が新生児の体を支えて乳首をふくませる必要がある。

　さらに，ヒトはチンパンジーよりも身体発達が遅く，親に依存する期間が長い。また，授乳期間はヒトでは1〜2年と短いが，離乳後にも親に食料を依存する期間が長く続く。一方，チンパンジーの赤ん坊は離乳までに4〜5年かかるが，その頃には食べるものを子どもが自分で採ることができるようになっており，離乳した子どもへの母親の養育負担は小さい。

　ヒトの授乳期間が短いのは，出産間隔を短くして，短期間に子をたくさん産める方向への進化が生じたためだと考えられている。しかし，この変化は，親に依存する複数の子どもを同時に育てる状況を人類にもたらした。チンパンジーのように母親が単独で育児をするやり方では，養育の負担が大きくなりすぎただろう。そこで，ヒトは男女でペアを作り，夫婦や親族集団で協力して育児をするようになったのだと考えられる。

（5）仰向けに寝かせておく育児

　ヒトの新生児の特徴としてもう一つ重要なのが，仰向けの姿勢で安定して寝られることである。チンパンジーの赤ん坊は仰向けで寝かされても落ち着くことができず，何かにしがみつこうとする。母親の体にしがみついて過ごすのが，通常の状態なのである。ヒトの新生児は重い上に養育者の体につかまれないので，養育者が子を抱いて運搬する負担が大きい。そのため，仰向けに寝かせるというやり方が進化したのだろう。

　ヒトの新生児のこの仰向けの姿勢が，対面のコミュニケーションを発達させたと考えられる。チンパンジーの赤ん坊は常に母親の腹にしがみついているため，母子の目線が合う機会は多くない。一方，ヒトの養育者は，仰向けに寝ている子と顔を向き合わせてあやすことが多い。そこで見つめ合いやほほ笑み合いが成立することで，新生児との愛着関係が強められる。

　ヒトの赤ん坊はしばしば大きな声で泣くが，これも仰向けに寝かせる育児によって発達したヒトの特徴である。意外に思われるかもしれないが，チンパンジーの赤ん坊は大きい声で泣くことがほとんどない。常に母親にしがみついている彼らは，乳首にたどりつけなかったり，体のバランスを崩したりした時に「フ，フ，フ…」と小さい泣き声を出すことはあるが，母親に抱きしめられる

とすぐに泣きやむのである。大きな声で泣くというヒトの赤ん坊の特徴は，赤ん坊を寝かせて離れている養育者を呼び寄せるために発達したものである。

　大きい泣き声で養育者を呼び寄せて，かわいらしい笑顔で留まらせる。仰向けに寝るヒトの赤ん坊は，このようにして積極的に養育者とかかわろうとしているのである。また，仰向けの状態で自由に手足を動かし，身の周りのモノを触るなどの探索活動も行う。ヒトの新生児の運動能力は未熟だが，世話を受けるだけの無力で受け身の存在ではない。発達した感覚器官によってさまざまなことを感じながら，身の周りの環境や他者に関心をもち，積極的にかかわろうとする意欲をもつ存在である。赤ん坊のこのような「有能さ」を理解し，その関心や意欲を受け止めて支えることが，家庭での養育においても，保育においても重要だろう。

(松阪崇久)

第12章　感情の発達がなぜ注目されているのか？

社会性や認知発達を支える感情

　ヒトは最も頭がよく，「理性的」な動物だと考えられることが多い。しかし，理性や知識だけではヒトは生きることができない。好奇心や熱意，こだわり，達成感，憤り，恐怖，悲しみ，共感，責任感など，さまざまな感情に突き動かされることによって，私たちは生きている。リョウガ君も泣いたり，笑ったり，ふてくされたり，友達とけんかをして悔しい思いをしたり，時には我慢をしたり，さまざまな体験をして成長をしていた。

　感情は暴力などの不適切な行動を引き起こす場合もあるが，ヒトが社会の中でよりよく生きる上でも欠かせないものである。例えば，第11章でも触れたように，乳児期の泣きや笑いを伴う養育者とのコミュニケーションは，愛着関係（アタッチメント）の形成に重要な役割を果たしている。また，幼児期の好奇心やこだわりは，一つの遊びに集中して取り組み，遊びを通した学びを深めることにつながるだろう。ネガティブにとらえられることの多い感情も，生きる上で欠かせないものである。例えば，恐怖の感情は，危険を回避するために必要である。怒りの感情は，他者からの物理的・心理的な侵害に抵抗し，集団内の公平性や公正を保つための力にもなる。

　この章では，まず，感情の発達過程を整理する。基本的感情からより複雑な感情への発達や，他者の感情理解，感情の制御の発達について概説する。また，近年注目されている社会・情動的発達についてまとめる。これまでは，教育において認知的能力（いわゆる読み書き計算）の向上が重視されてきたが，近年，認知的な学びを支えるものとして，意欲や粘り強さといった社会情動的スキル（非認知的能力）を身につけることの重要性が強調されるようになってきた。本章では，社会情動的スキルを伸ばすために家庭や保育現場でどのような環境が必要かも論じたい。

132　　第3部　発達の理論と子ども理解

1．感情の発達

　嬉しい，楽しい，悲しい，腹立たしい，恥ずかしいなど，日常生活の中で私たちはさまざまな感情（または情動）[1]を感じている（感情の体験）。喜怒哀楽などのこれらの心の動きは，顔面表情や動作，姿勢，発声のトーンや発言内容，さらには赤面・発汗などの生理的反応に表れる（感情の表出）。子どもは，他者のこういった感情表出に接する経験を積み重ねる中で，他者の感情を理解できるようになっていく（感情の理解）。また，他児との欲求のぶつかり合いなどの経験を通して，時には感情を抑えたり，心理的葛藤を解決したりできるようになる（感情の制御）。

（1）感情体験と感情表出の発達

　乳幼児期の感情の発達は，感情の種類が分化していく過程ととらえられている（金子，2009；森口，2018）。誕生時には快・不快や興味という単純な感情があるだけだとされるが，生後6か月頃までに，喜び・悲しみ・嫌悪・怒り・恐れ・驚きという**基本的感情（一次的感情）**が出現する。これらの基本的感情を表す表情は，生後の学習なしに獲得される「生得的」なものだと考えられている。例えば，生まれつき目が見えず，耳も聞こえない子どもたちも，喜びや悲しみ，怒りなどの表情を見せることが確認されており，これらの表情が生まれつきの能力として発達・分化することが示唆されている（Eibl-Eibesfeldt,1984 桃木ら訳 2001）。

　鏡に映った自分が自分だとわかる「鏡映像認知」が発達する2歳頃になると，自己意識とかかわる感情である照れ・羨望（嫉妬）や共感といった，より複雑な感情（**二次的感情**）が発達する（社会的感情とも呼ばれる）（金子，2009；森口，2018；第19章も参照）。他者から注目された時に親の後ろに隠れたり，他児を羨ましく思って保育者のひざを取り合ったり，泣いている子に共感して

1　心理学では「感情」と「情動」を区別することもあるが，両者の区別について研究者の間で見解が一致していない。本章では，定着した訳語のある場合を除いて，両者を特に区別せずに「感情」の語を用いる。

慰めようとしたりするようになる。楽しさや喜びによる笑いに加えて，他者に見られていることを意識した照れ笑いやごまかし笑いが見られるようになるのも，２歳頃からである（友定，1993；松阪，2016）。また，この頃になると「嬉しい」「悲しい」「楽しい」「すごい」「いやだ」「やったー」「〜したい」など，感情を表すことば（感情語）も使うようになる。さらに，２歳半から３歳頃になると，ふるまいが適切かどうかに関する周囲の人の基準を取り入れるようになり，恥・罪悪感や誇りといった自己評価的な感情も発達する。

（２）他者の感情理解の発達

感情の伝染と共有　　生後数週間の新生児はまだ他者の感情を理解できないが，他の子の泣き声につられて泣くことがある。他者の感情に巻き込まれるこのような現象は，**情動伝染**と呼ばれている（平林，2009）。情動伝染は，共感性の芽生えにあたるものだと考えられている（de Waal, 2009 柴田訳 2010）。相手の感情をさまざまな表出や状況から理解するようになるよりも前に，相手との同一化によって感じとる段階があるということだ。

　乳児期には，養育者や保育者が乳児と感情を共有しようとするやりとりが見られるようになる。例えば，乳児が嬉しそうに声をあげている時には，養育者もそれに同調し，体を揺らしながら笑顔で応答するといった働きかけが見られる。このように，養育者・保育者が乳児の感情の状態に調子を合わせて応答的にかかわることを，**情動調律**と言う（平林，2009）。このようなやりとりを通した情緒的な交流は，愛着関係の形成のためにも重要だと考えられている。

　表情などの表出やことばからの感情理解　　赤ん坊は，感情を表す表情をかなり早くから「区別」できることがわかっている。新生児は，生後数日で恐れの表情と笑顔を見分けることができるようになり，笑顔の写真を好んでより長く見つめるという（Farroni et al., 2007）。

　ただし，感情を表す表情を区別しているからといって，他者の感情表出の意味を理解しているとは言えない。養育者の表情を見て，その意味に応じた反応を見せるようになるのは，生後９か月以降である。例えば，目の前に見慣れない玩具がある時に，母親がほほ笑んでいれば玩具に近づき，母親がこわばった表情をしていると玩具に近づかない。このように，他者の感情表出の意味を理

解して，自分がおかれた状況について解釈するための情報源とすることを**社会的参照**と言う（金子，2009；遠藤・小沢，2001も参照）。

前ページで少し触れたように，1歳半から2歳頃になると，泣きに対する**共感的な慰め行動**が見られるようになる。転ぶなどして泣いている子がいると，心配そうに見つめたり，頭をなでる，モノを持っていく，「大丈夫？」と声をかけるなど，さまざまな方法で慰めようとしたりする（平林，2009）。

2歳頃に「嬉しい」「悲しい」といった感情を表すことば（感情語）を使えるようになると，他者の感情もことばによって理解できるようになってくる（金子，2009）。例えば，怒り，悲しみなどの表情を示した図版を見せて，「怒っているのはどれ？」などと尋ねると，3歳児は表情によっては困難を示すが，4，5歳児は正しく反応することができる（森口，2018）。

状況からの感情理解　4歳頃になると，他者がおかれた状況から他者の感情を推測することもできるようになる（平林，2009）。自分がその状況だったらどんな気持ちになるかを考えて，他者の感情を推測するようになる。例えば，笑いの攻撃性を理解し，笑われることによって悲しい気持ちになって子どもが泣く場合があることがわかるようになるのも，4歳頃からである（伊藤，2017）。

しかし，同じ状況におかれたとしてもみなが同じように感じるとは限らない。自分と他者の好みの違いなども考慮して，他者の感情を推測できるようになるのは5歳頃になってからである（平林，2009）。相手の視点に立って相手の状況や要求に気づくことができるようになると（**他者視点の取得**：第19章第4節参照），悲しむ相手に共感して慰めるだけでなく，相手の状況や要求を踏まえた援助もできるようになる（de Waal, 2009 柴田訳 2010；松阪，2017）。

コミュニケーションの中で表出される感情の中には，内的な感情と一致していないものもある。例えば，怒りや不満を感じていながら笑顔を見せたり，悲しくないのに嘘泣きをしたりするような場合である。このような「見かけの感情」と「本当の感情」の違いを明確に理解できるようになるのは，6歳頃からだと言われている（溝川，2011）（p.136「状況に応じた感情表出の制御」の項も参照）。

感情理解の発達における保育者の援助　幼稚園や保育所での集団生活では，

子ども同士の欲求のぶつかり合いがしばしば起こる。園の生活において友達との葛藤の経験を積み重ねることを通して，子どもたちは自分の喜びや楽しさが相手の悲しみや怒りにつながる場合もあることを知るようになる。

　いざこざに対する保育者の対応は，子どもの年齢や発達過程によって変わる。低年齢児のいざこざに対しては保育者が仲介者として間に入ることが多く，双方の感情を代弁するなどして，お互いに相手の感情を理解できるように援助する（エピソード2-1『ボクは仮面ライダー』参照，p.19）。年長児のいざこざに対しては，保育者は，子ども同士で解決することへの援助や見守りを行うことが多くなる（エピソード18-2『黒ひげレストランでのいざこざ』参照，p.198）。いざこざは，子ども同士で話し合うことによってお互いの感情を理解し，ぶつかり合う欲求を調整する方法を考える力を養うための重要な機会になる。

（3）感情の制御の発達

　感情の制御は，①自分が感じる感情（感情体験）の制御と，②状況に応じた感情表出の制御に分けることができる。

　感情体験の制御　　生まれたばかりの新生児は，空腹や痛みなどによる自分の不快な感情に自分で対処することができないため，養育者がかかわることが必要になる。赤ん坊が泣いたりぐずったりすると，赤ん坊を抱っこする，あやす，話しかける，やさしく揺らす，背中をなでる・軽く叩く，子守唄を歌う，授乳するなど，養育者が赤ん坊の不快の原因を取り除き，欲求を充足させ，落ち着かせようとする。生後3か月頃になると，乳児は自分の不快な感情を解消してくれることを期待して，養育者に対して泣き声をあげるようになる（金子，2009）。保育所保育指針では，子どもの「情緒の安定」のために，保育者が子どもの欲求を適切に満たしながら，応答的な触れ合いやことばがけを行うことや，一人ひとりの子どもの気持ちを受容し，共感しながら子どもとの信頼関係を築くことなどが必要だとされている（厚生労働省，2017）。

　1歳頃になると，全身をゆする，指をかむなど，身体への自己刺激によって子どもは自分の感情を制御するようになる（金子，2009）。2～3歳頃になると，情緒的に不安定になった際に，ぬいぐるみやタオルなどの特定のもの（**移**

行対象と呼ぶ）を触ったり口にくわえたりしたり，遊びで気を紛らわせることによって，感情を鎮めることができるようになる。リョウガ君も3歳で入園した当初，母親が作ってくれたと思われる紙飛行機を手に大切に持ち，慣れない場所への不安に対する心の支えにしていたようであった（エピソード5-1『初めての登園日』参照，p.50）。自分のとる行動によってどのような感情が起こるかがわかるようになると，不快なものから離れる・視線をそらす，負けそうな遊びには参加しないようにするなどして，自分自身で不快を低減できるようになる。また，感情を生じさせる原因と結果の関係が理解できるようになると，取られたものを取り返すなど，ストレスの原因を解決することによって不快な感情を鎮静化させることもできるようになる。また，幼児期の後期には，他児と欲求がぶつかり合う葛藤場面において，お互いの気持ちを踏まえて折り合いをつける方法を考えることによって不快な感情を抑えることもできるようになっていく。

　このように，子どもたちは，徐々に自分で自分の感情を制御できるようになっていく（第19章参照）。

状況に応じた感情表出の制御　　3～4歳頃になると，状況に応じて感情表出を調節できるようになる（金子，2009；溝川，2011）。例えば，期待はずれのプレゼントをもらった時に「がっかりした表情」をするのを抑制したり，笑顔で本心を隠したりできるようになる。この年齢になると，「プレゼントをもらった時には笑顔を見せるものだ」という感情表出の慣習（**表示規則**という）を身につけられるためだと考えられている。5～6歳頃になると，自分が「がっかりした表情」をした時の相手の感情を考えて，表出を抑制できるようになる（金子，2009）。

　3歳のリョウガ君は，紙を細く巻いて剣を作ろうとして，うまくできないことにいらだって涙をこぼしていたが（エピソード9-1『丸めて剣を作る』参照，p.98），5歳のリョウガ君は，友達の折り紙のペースについていけなくて涙があふれた時，「ねむいよー」と何度も言って「あくび」の涙だと見せようとしていた（エピソード14-3『四つ葉のクローバーをつくる』参照，p.161）。他者からどう見られるかを意識して感情表出を調整しようとするリョウガ君の変化が感じられる。

既に触れたように，基本的感情の分化・発達は生まれつきの生得的なメカニズムによって進むと考えられているが，感情表出については表示規則の学習が起こる。文化的慣習の影響を受けて，状況に応じて笑顔の表出の促進や，負の感情表出の抑制がなされるようになる。状況によってどの感情表出が抑制または促進されるかは，文化的環境によって異なる。

幼児期の後半には，周囲の状況を考えて，人に受け容れられる形で感情を表出することができるようになる（金子，2009）。怒りの表出では，3歳児は「足をバタバタさせる」「床や地面にひっくりかえる」「泣きわめく」などの特徴があるが，6歳児ではこのような行動は減少し，怒りをこらえることもできるようになる。

感情表出の方法は，ことばの発達の影響も受けると考えられる。例えば，怒り・悲しみなどの感情をことばで伝えることが苦手な幼児の中には，殴るなどの攻撃行動が出やすい子どももいるだろう。保育者や養育者が，その子の感情を理解して受け止めると同時に，それを代弁して言語化するなど，ことばによる感情表現の発達を支援することも重要となる（エピソード2-1『ボクは仮面ライダー』参照，p.19）。

2．社会・情動的発達の重要性

（1）社会・情動的発達とは何か

近年，子どもの**社会・情動的発達（社会情動的スキルまたは非認知的能力の発達）**の重要性が強調されるようになり，注目を集めている（OECD，2015 池迫ら訳 2015；無藤，2016；内田，2017）。これは，幼児期の文字の読み書き能力や数的能力などの知的教育の効果が長続きしないのに対して，社会情動的スキルがその後の人生における社会経済的な幸福（学業成績や学歴，収入など）に影響することが示されたためである。また，認知的能力の発達の土台としても，社会情動的スキルの向上が重要だと考えられるようになった。これまでは学業成績やIQ（知能指数）に現れる認知的能力の向上が教育において重視されてきたが，従来の教育観が転換を迫られている。

社会情動的スキル（非認知的能力）には，以下の内容が含まれる。

138　第3部　発達の理論と子ども理解

①<u>目標を達成する力</u>：意欲，忍耐力，自己制御（自制心），自己効力感など。
　　目標に向かって，粘り強く最後までやり抜こうとする力。
②<u>他者と協働する力</u>：社会的スキル，協調性，信頼，責任感，共感など。他
　　者とうまくコミュニケーションをとって協働する力。
③<u>情動を制御する力</u>：自信，自尊心，負の感情の制御，ストレス耐性など。
　　失敗しても気持ちを切り替えて前向きに取り組む力。

　社会情動的発達が注目されるようになったきっかけの一つとして，ノーベル
経済学賞を受賞したジェームズ・ヘックマンの研究が有名である（Heckman,
2013 古草訳 2015）。ヘックマンは，アメリカの貧困家庭の3～4歳の幼児へ
の教育プログラムの効果に関する追跡調査を行った。その結果，幼児教育プロ
グラムを受けた者の方が，40歳の時点での学歴（高校卒業率）や年収，家を
持っている割合などが高く，犯罪率が低いことが明らかになった。幼児教育プ
ログラムを受けた者は，認知的能力も一時的に高くなったが，8歳頃には差が
見られなくなった。彼らの社会経済的な幸福度が向上したのは，認知的能力の
上昇のためではなく，幼児教育プログラムによって社会情動的スキルが向上し
たためだと考えられている。

（2）認知的能力と非認知的能力（社会情動的スキル）の発達

　日本の保育では，従来から乳幼児の社会情動的スキルの発達が重視されてき
た。文字の読み書きや計算，知識獲得，記憶などの認知的能力よりも，好奇心
や驚き，憧れなどの〈心情〉や「やってみたい，試してみたい」などの〈意
欲〉といった非認知的側面が重視されてきた。
　一方，これまでの日本の保育に足りなかった点もいくつか指摘されている
（無藤，2016）。まず，日本の保育では子どもの意欲や興味・関心は大切にされ
てきたが，「粘り強さ」や「挑戦する気持ち」などの育成はそれほど重視され
てこなかったという。また，認知的能力と社会情動的スキルは絡み合うように
伸びるという認識が弱かった点も指摘されている。意欲や関心をもって粘り強
く遊びに取り組むと，自然に深く考えたり工夫したり創造したりして認知的能
力が高まる。その結果，達成感や充実感が得られて，「次も頑張ろう」という

社会情動的スキルが強化されるのだという。このように，認知的能力と社会情動的スキルは互いに関係し合っている（無藤，2016；内田，2017）。社会情動的スキルは，認知的能力の発達を支える土台としても重要だということだ。

（3）社会情動的スキルの発達を支える環境

　社会情動的スキルは，意欲をもって目標に向かい，問題に直面しても不安を抑制し，すぐに結果が出なくても粘り強く取り組み，他者と協働しながら試行錯誤によってさまざまな方略を考えていく力である。こうした力や姿勢は，個人の気質・性格であって変えることが難しいものと考えられがちであったが，近年，保育・教育によって伸ばすことのできる「スキル」だととらえられるようになってきた。

　子どもの興味や関心は，保育者の環境づくりによって意図的に高めることができる（無藤，2016）。例えば，「こうするとどうなるだろう」という興味や「やってみたい」という意欲が深まるような遊びの環境を整えることにより，子どもが主体的に遊びに熱中できるようになる。そのような遊びの中で達成感を感じる子どもに共感したり，試行錯誤をする子どもの姿を受け止め，励ましたりすることによって，子どもの自己肯定感や粘り強さを伸ばすことができるだろう。また，異年齢児との交流や他児との協同遊びが発展するような環境づくりやことばがけをすることによって，他者と協働する力を伸ばすこともできるだろう。

　このように，保育者による環境づくりとかかわりによって，子どもの社会情動的スキルを伸ばすことができると考えられる。家庭や地域社会においても同様に，大人とのかかわりや遊びの環境が子どもたちの社会情動的スキルの育ちに影響するだろう。

　子どもの社会情動的スキルの発達が注目されるようになったとは言え，認知的能力の発達だけに関心が向けられることもまだ多いようだ。子どもの認知的能力や音楽・運動などの技能を伸ばすことをうたう早期教育プログラムも依然として多く，保護者のニーズに応えてそれらを取り入れる保育現場も少なくない。中には，そのようなさまざまなプログラムを取り入れている反面，自由な遊びの時間がほとんど設けられていない園もある。保護者を満足させるための

運動会や発表会の練習のために，自由な遊びの時間が取れなくなる園もある。社会情動的スキルは，子ども自身が「やってみたい」という思いをもって自由に遊びを展開し，時間をかけていろいろな方略を試したり，比べたりする経験をたくさんすることを通して育つものである。認知的能力の育成に偏った教育観が転換を迫られる今，子どもの養育や保育・教育において何を大事にするべきかを，家庭・園・学校・地域社会のそれぞれの観点から考え直す必要があるだろう。

(松阪崇久)

第13章　やる気ってなんだろう？
動機づけと子どもの遊び

エピソード13-1 『砂場遊びに夢中になるまで』（リョウガ君　5歳1か月頃：年長組）
問：リョウガ君のやる気にスイッチが入ったのはなぜだろうか？

> お友達が3名ほど砂場で山をつくっている。リョウガ君もケイスケ先生（年中児からの担任の先生で信頼を寄せている）の側で見ているが砂場に入ろうとはしない。「ちょっとやってみようかな　やってみようか　高いのつくってみようか　やってみようぜ」というケイスケ先生の誘いに「やだ！　やりたくないのよ！」と体をよじって避けるものの，砂場を離れることなく近くに腰掛け，「どっちがさきに　でっかいのつくれるかなぁ」とニコニコしながら状況を解説している。
> 　先生と子どもチームがどっちが高いお山をつくれるのかを競っている。ケイスケ先生は「あっちは　ふたりいるのに，先生　ひとりで　ちょっと　あれなんだけど　リョウガくん」と声をかけると，リョウガ君は低い少しぶっきらぼうな口調で「わかったわ　やればいいんでしょ」と答える。「そう　だって先生一人だとさぁ　力不足じゃん　力不足なんだよ」というと，「やだ」と手をポケットにいれたまま体を揺らしている。「だって　こうちゃんとゆたか二人いるのに　先生一人じゃさみしくない？」との最後の一押しに，とうとうリョウガ君も「もう！」といいつつ立ち上がる。「力が必要なんだよ二人分（先生）」「やればいいんでしょ　やればいいの？（リョウガ君）」「やってよ！（先生）」と，ようやく気持ちが動き出したリョウガ君は，スコップを持ってきて参加する。その様子は，しぶしぶ手伝ってやるという風情である。いったん参加すると，体は動きだしスコップで砂をどんどんのせていく。さらに，山についても興味がわいて，「エベレストって　どういう　どんなたかいの？」との質問も飛び出す。その質問に，富士山とどっちが高いのか，ぼくたちは東京タワーにしようかなど，みなの会話も弾んでいく。最後には，腕まくりをしてやる気満々のリョウガ君。翌日には，先生がいなくても自分から砂場遊びに参加し，トンネルをほった山に水を流し，「どっからでるかぁ　でた！」など夢中になって遊びこむ。

出典『3年間の保育記録④　育ちあい学びあう生活のなかで　5歳児』より

　エピソード13-1では，リョウガ君は砂場遊びに参加したいという気持ちはあっても，なかなか行動に移すことはできなかった。そのリョウガ君の気持ちをくみ取りつつ，砂場遊びに参加してお友達とのかかわりの楽しさを知ってほしいとの「願い」をもって，ケイスケ先生は丁寧にかかわっていく。無理に誘うのではなく，リョウガ君が参加するきっかけを自ら掴めるように，「やってみたい」という気持ちがあふれる中で自ら行動に移せるようにとかかわっている。そのかかわりが，リョウガ君を後押しし，砂場遊びへの参加へとつながっ

142　第3部　発達の理論と子ども理解

ていく。実際に参加してみると笑顔がこぼれ，すっかり砂場で遊びこむ姿へと結実していくのである。

　子どものやる気をどう育てていくのかは保育の中の重要な課題である。近年は，学びに向かう力として**社会情動的スキル**（目標を達成する力，他者と協働する力，情動を制御する力）が注目されている（OECD，2015 池迫ら訳 2015）（第12章参照）。本章では，社会情動的スキルの中でも「目標を達成する力」と関連の深い，「やる気」に焦点をあてて考えてみたい。

1．やる気って何？

　「やる気にあふれた子だ」「やる気がでない」など，日常にもよく「やる気」ということばを耳にする。心理学では，やる気とは**動機づけ**（motivation）と呼ばれ，理論的な解明が進められてきた。専門的に定義すると，動機づけは「行動を始発させ方向づけ持続的に推進する過程または機能」である（東ら，1978）。単に，「よし　やるぞ！」と行動を引き起こすだけでなく，目標を達成するために行動を維持しコントロールしていくプロセス全体を指している。

　例えば，人はのどが渇くと水が飲みたくなるし，知らない花が咲いていると名前を知りたくなるというように，何らかの欲求が起こると，その欲求を解消しようと行動に移す。このように，欲求を解消しようと行動を起こそうとする心の働きを**動機**と呼ぶ。欲求は，あくまでも漠然とした行動の活性化要因であり，「～がほしい」「～がしたい」という動機の形成によって初めて人は具体的な行動へと導かれるのである。ちなみに，人の欲求には，生命を維持していくための最も基本的な欲求としての**生理的欲求**から，人に認められたい，愛されたいというような**社会的欲求**もある。心理学では，生理的な欲求の場合には「動因」を，社会的な欲求の場合には「動機」ということばを用いて説明をしている（図13-1）。また，のどが渇いた時に飲む「水」のように，動因（動機）を満足させて，その欲求（のどが渇いた水が飲みたい）を低減させるものを**誘因**（目標）と呼ぶ（動機－目標は，社会的欲求の場合の呼び名である）。

　では，人はどのような時に「やる気」を出すのであろうか。波多野・稲垣（1973）によると，伝統的な心理学の理論では，人はそもそも「怠け者」であ

図13-1　動機づけ

り，苦痛や不快な状態（叱られたり，お腹が空いたり）を取り除こうとして行動が引き起こされると考えられてきたという。自分から何かを創り出したくなったり，自分自身の力を試してみたくなったり，興味の赴くままに探求してみたりすることはないと考えられていたのである。このような伝統的な人間観に基づくと，子どもたちに何かを学ばせようと思ったら，「成績が悪かったらおやつ抜き」や「片づけないなら外出禁止」などの脅しや罰を与えて，まずは「不快な状態を取り除きたい」という動因・動機を作り出し，大人の言うことを聞いた時に動因・動機を取り除くという発想が生まれてくる。子どもが主体的に何かを求めて学んでいくということは考えられないのである。

　1950年代に入って，**ハーロウ**（Harlow, H.）はアカゲザルの檻に，掛け金や留め金，蝶番などがついたパズルを置くという実験を行った（Harlow, 1950）。その結果，サルたちはパズルに大きな関心を示し，エサなどの報酬がないにもかかわらず自発的に取り組み熟達していった。この研究が契機となって，人間は本来活動的で，自己実現に向けてチャレンジをしたり，**知的好奇心**から学びを行う主体的な存在であるという現在の私たちがもっているような人間観が心理学的にも実証されていくのである。また近年，学際的な赤ちゃん研究が進み，乳児は何もわからず一方的に世話を受けるのではなく，自ら環境に働きかける有能な存在であることが示されてきた（第11章参照）。その中で，物理的な環境に対しても乳児が興味をもって働きかけ，触ったり叩いたり，なめたり探索的に操作するような動機づけ，**マスタリー・モチベーション**をもつことが示されている（上淵，2008）。

2．内発的動機づけと外発的動機づけ

　上述のハーロウが見出したようなパズルへの取り組みのプロセス，つまり自

144　第3部　発達の理論と子ども理解

発的に好きなことに取り組むような動機づけは，**内発的動機づけ**（intrinsic motivation）と名づけられた。一方で，罰を回避したり，報酬を得るために行動が遂行されるものは，**外発的動機づけ**（extrinsic motivation）と呼ばれている。言い換えれば，外発的動機に基づく行動は「目的を達成するための手段としての行動」（道具的行動）であるのに対して，内発的動機に基づく行動は「行動すること自体が目的になっている行動」（自己目的的行動）であると言える（黒石，2016）。

　内発的動機づけは，積極的な関与を引き出し，質の高い活動を導くことが知られており，教育の中では内発的な動機づけが重視されてきた。だが果たして，内発的動機づけは「善」で，外発的動機づけは「悪」と単純に割り切れるものなのだろうか。近年注目されている**自己決定理論**は，学ぶことや働くことなどの活動において，自己決定すること（自律的であること）が高いパフォーマンスや精神的健康をもたらすとし，外発的動機づけを四つの調整段階（外的調整，取り入れ調整，同一化調整，統合的調整）に分けると同時に，内発的動機づけと外発的動機づけを対立するものとしてではなく，同じ次元に位置づけている（Ryan & Deci, 2000）。自己決定理論は，主として児童期以降の学習場面を想定した研究であるので，以下では児童の学習活動を取り上げた櫻井（2012）の例を用いて外発的動機づけの段階を見てみよう（図13-2）。

　例えば，外発的動機づけの中でも最も動機づけが低い段階は，外的調整であり，「お母さんや先生に言われるから」など，他者に強制されてしているという段階である。取り入れ的調整は，不安や恥の感情に基づいており，「お友達にばかにされたくないから」などの理由で行動している。同一化的調整は「将来のために必要だから」と，その行動をすることは楽しくはないものの自分にとって大切であるという認識があり，自ら行動しようとする段階である。統合的調整は，その行動に価値を見いだしており「学ぶことが自分の価値観と一致していて，自らもやりたいと思うから」と積極的に取り組む段階である。内発的動機づけは望ましいが，人は多くの場合外発的に動機づけられて行動していることも忘れてはならないだろう。

　エピソード13-1のリョウガ君も当初は「砂場遊びに参加したい」という「欲求」はあったが，行動に移す「動機」の形成には至らなかった。しかし，

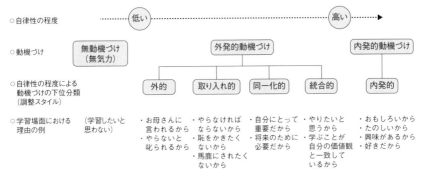

図13-2　自律性の程度による動機づけの分類（櫻井，2012）

　ケイスケ先生のかかわりによって，外発的ではあるが動機が形成されて砂場遊びへ参加していった（外的調整段階）。遊び始めると楽しくなり，翌日には先生の助けなしに自ら遊びだす姿が見られた。それは内発的に動機づけられた行動だと言えるだろう。大切なことは，「仕方なく」でも動機が生まれたことの価値を認めていくことである。幼児期の子どもたちは，大人が指示したり強制したりすれば，時として見事にやってのける力をもっている。しかし，本当に育てたい力は，大人の指示通りに動くことではない。自ら考え，行動する力を育むためには，たとえ時間がかかっても，子どもたち自身が選択し（自己決定），自律的に行動することを根気強く支えていく必要がある。自己決定理論の提唱者デシも，動機づけの源には，自律性への欲求の他に，「自分はできる」という有能さへの欲求や，人との温かなかかわりがあると述べている（Deci & Flaste, 1995 桜井監訳 1999）。

　以上の例を見てみると，動機づけには，他者の視点を理解することや，他者から評価される自分への気づき，他者と自己の能力の比較，欲求の対象となる目標についての認知，誇りや恥・罪悪感といった複雑な社会的感情などが絡み合っていることがわかるだろう。児童期以降，動機づけのシステムはより複雑化していく。ただし，それは児童期に突如として出現するのではなく，乳幼児期の発達を基盤として芽生えてくるものであることは忘れてはならない。

3．動機づけと感情

　先述したように，「やる気（動機づけ）」は，うれしい，悲しい，満足，安心，怒りといった感情とも深いかかわりをもっている。集めた素材で制作に取り組み，思い通りの船ができあがるとうれしいだろうし，うまくいかないと悲しくなる。時には，イメージはあるのにうまくいかないことに怒りを爆発させる子や，途中で飽きて放り投げてしまう子もいるだろう。一般に，やる気というと「楽しい」「おもしろい」というポジティブな感情が注目されがちであるが，中谷（2014）は，ネガティブな感情もまた重要であると指摘する。つまり，うまくいかなかったことに落ち込んだり，腹を立てたりしつつも，「なんでこうなったんだろう」と原因を考え，「次はどうしたらうまくいくのか」と考えることは，動機づけを高めていく要因にもなると言うのである。ただし，子どもたちは自分の気持ちをうまくコントロールする力がまだ十分には育っていない。傍らにいる保育者が，子どもたちの悔しい気持ちやイライラした思いに共感しつつ，その気持ちとのつき合い方を身をもって伝えていくようなかかわりが必要である。

　何よりも幼児期に大切なのは，重要な他者との信頼関係に根差した安心できる環境である。保育の場では，保育者との間に育まれる**アタッチメント**（愛着）（第17章参照）が重要である。幼稚園や保育園は，それまで家庭での養育者との温かい応答的なやりとりのもとに育てられてきた子どもたちが，初めて経験する「社会」でもある。見慣れぬ場所，人，そして同年齢の大勢の子どもたち。自分に配慮してくれる大人と違って，彼らは無配慮で騒々しくて，おもちゃも奪うし，時には叩いてくることもあり，脅威ともなる存在である。このような世界に飛び込み，未知の環境で興味関心をもって探求する力を支えるのは，いつでも戻ってこられる安心できる**居場所（安全基地）**である。保育者と情緒的な絆を結び，園が安全で安心な場所だと感じることができるようになると，子どもたちがもっている好奇心が呼びさまされていく。さらに，好奇心をもとに探求し「できた！」「わかった！」という達成感を積み重ねることから，「自分は何でもできる」という，自分自身への信頼感が育まれていくのである。

エピソード13−1でも，「わかったわ　やればいいんでしょ」とリョウガ君の気持ちを動かしたのは，他ならぬ信頼できる先生の「力が必要なんだよ　二人分」という切実な訴えだった。入園時にお母さんと離れがたかった時，制作がうまくいかずに投げ出したくなった時，お友達と遊びたいけど自分からは言い出せない時，いつも先生という存在が安全基地として機能し，心のエネルギーの補給場所になっていたことが伝わってきたのではないだろうか。

4．動機づけを阻害するもの―失敗経験と物理的な報酬

　子どものやる気（動機づけ）を阻害する代表的なものとして，失敗経験と物理的な報酬を挙げることができる。失敗経験の例を挙げると，リョウガ君は，細かい作業に苦手意識があり，紙を細長くまるめて剣を作る時にも，うまくできずに「もういっこ　つくって」「できない」と保育者を頼る姿があった（エピソード９−１『丸めて剣を作る』参照，p.98）。子どもたちにとって，あまりにも高い目標や課題にチャレンジし，繰り返し失敗経験をすることは，「じぶんにはむりなんだ」「がんばってもだめなんだ」と無力感を感じ，やる気がなくなってしまうこともある。そうならないためにも，まずはできることから取り組んでいき，徐々に目標に達成するように段階を踏むことが必要な時もある。跳び箱の段を一段一段高くしていくように，一つひとつの成功体験を積み重ねながら，高い目標に近づけるようにする細やかな配慮と工夫が求められる。心理学では，スキナー（Skinner, B. F.）がプログラム学習の中で**スモール・ステップの原理**として提唱している（Skinner, 1968 沼野監訳 1969）。スモール・ステップを設定するには，子どもたちの手持ちの力（現在の発達水準）を理解して，それを十分に発揮しながら活動できるよう，適切な難易度の課題（難しすぎず，易しすぎず）を設定する必要がある。それは，子どもと一緒に「発達の最近接領域」（第15章参照）を作り出していく営みとも言える。

　例えば，子ども会で使うオオカミのお面づくりをするリョウガ君と先生のやりとりを見てみよう（エピソード13−2）。

148　　第3部　発達の理論と子ども理解

エピソード13-2　『オオカミのお面づくり』（リョウガ君　4歳8か月頃：年中組）
問：オオカミのお面をつくったのは誰だろう？

> 12月の子ども会に向けて，ケイスケ先生は消防車ごっこや電車ごっこなど，子どもたちの普段の遊びをつなげて劇仕立てにしていこうと考えている。リョウガ君は，相撲が大好き。相撲仲間のユウタ君と「お相撲好きのオオカミのきょうだいのお誕生会にいろんなお友達が訪ねてくる」という劇にオオカミのきょうだい役で登場予定である。
> 　ユウタ君が劇の小道具としてオオカミのお面をケイスケ先生と一緒に作り始める。先生はリョウガ君にも作ってほしいと願っているものの，リョウガ君はワニの工作に夢中になっていて，オオカミのお面にはあまり興味はない様子。
> 　ユウタ君がオオカミのお面を完成させて頭にかぶっているのを見た翌日のことである。リョウガ君の方から先生に「おすもうするなら　おおかみつくったほうが　かっこいいね」と提案する。先生は，やった！とばかりに「材料用意してある」と早速一緒に作り始める。材料の形を整えたり，牛乳パックの紙を頭に合うようにしたり，ホッチキスで留める際にはリョウガ君の手に力を添えて一緒に押したり，先生も多くを手伝いオオカミのお面を完成させる。できあがったお面をかぶったリョウガ君は笑顔になり，口からはつい歌までこぼれる。

出典『3年間の保育記録③　先生とともに　4歳児』より

　お面づくりでは，ケイスケ先生があらかじめ紙を切って準備しておいたり，紙をお面の形に固定するのを手助けしたりしていた。また，ホッチキスも最後の一押しは先生が手を添えて一緒に力を込めて留めていた。先生が多くを手伝ったように見えるものの，できあがったお面は，まぎれもなくリョウガ君のお面である。なぜなら，「お面をつくりたい」と欲したのはリョウガ君であり，あくまでも先生はその思いとイメージを大切にしつつ，実現に向けて共に歩む伴走者なのである。

　また，物理的な**外発的報酬（ごほうび）**は，場合によっては子どもたちのやる気を阻害してしまうことにも注意が必要だろう。例えば，絵を描けばごほうび（金色シールとリボンのついた賞状）を与える約束で絵を描いた幼児は，そうでないグループに比べて，自由時間に絵を描く量が減ってしまった（Lepper, et al., 1973）。それは，本来楽しみでしていたこと（内発的動機づけ）に報酬を与えられると，報酬をもらうためにする（外発的動機づけ）ことになり，意欲が低下してしまうと考えられ，**アンダーマイニング効果**と呼ばれている。ただし，その後の研究で，期待されていない報酬（不定期に与えられるごほうび）や，褒めことばについては子どもたちのやる気を低下させることはないと言われている（櫻井，2012）。

5．内発的動機づけと遊び

　幼児期の子どもたちの姿を思い浮かべた時，真っ先に目に浮かぶのは，ままごとにいそしんでいたり，ダンゴムシを夢中で集めていたり，花々を摘んで潰して色水を作ったりと，嬉々として遊ぶ楽しそうな笑顔と声ではないだろうか。自発的に好きなことに取り組むような動機づけを，「内発的動機づけ」と言うと先に紹介したが，子どもたちの遊びはまさに内発的に動機づけられた活動なのである。先述の自己決定理論を提唱したデシ（Deci, E. L.）も，驚くべき好奇心で遊び学ぶ子どもたちの姿を紹介した上で，この自然にもっていた学ぶ意欲がなぜ学校に入学すると消え失せてしまうのかということが動機づけ研究の問題意識の出発点にあったと述べている（Deci & Flaste, 1995 桜井監訳 1999）。翻って考えると，幼児期の子どもの学びは遊ぶことで特徴づけられており，遊ぶことは人間の本質的な存在様式であると言えるだろう。「遊びは，人間のもっているさまざまな可能性を一番無理なく引き出して，人生が生きるに値するものでおもしろいものだという根源的な感覚を子どもに育ててくれる活動」（汐見，2001）なのである。だからこそ，幼稚園教育要領等には，「幼児の自発的な活動としての遊びは，心身の調和のとれた発達の基礎を培う重要な学習である」と明記され，遊びを通しての指導を中心とすることが示されているのである。

　近年，幼児期の教育の意義について世界的にも注目が集まり，特に遊びを通して，子どもたちが主体となって取り組む活動を行う保育への関心が高まっている（秋田，2016）。同時に，子どもたちの遊びの「質」とは何か，どのようにそれを測定するのかについても問われはじめている。ラーヴァース（Laevers, F.）は，保育の質を子どもの安心感や居場所感という**安心度**（well-being）と，活動への集中や没頭という**夢中度**（involvement）の観点から探る指標（SICS:A prosess-oriented Self-evaluation Instrument for Care Settings）を提案している（Laevers, 2005）。特に「やる気」と関係の深い夢中度に注目してみると，夢中度が非常に高い状態とは，「完全に集中している，中断することなく焦点を定めている」「高いモチベーション，その活動に強い興味を持っている，辛

抱強い」「何か邪魔が入っても，気を散らすことがない状態」「敏感である，細部にも注意を払っている，几帳面に活動している」「知的精神的活動であり，経験が豊かである」「子どもは，絶えず全力を尽くしている」「明らかにその活動に夢中になることを楽しんでいる」であるという（秋田ら，2010）。この指標はもちろん子どもの遊びにも適応できると同時に，大人の仕事でも同様に当てはまる。決して，遊びの対義語は仕事ではないのである。

　遊びとは何かという問題は奥深く，とてもここでは扱えないが，興味深い議論として，遊びの対義語を「退屈と狂気」であるとした加用（1990）の論を紹介したい。彼は，遊びとは「自我の変容を楽しむ活動」であるとし，いないないばあや隠れん坊，ごっこ遊びや探検遊びを通じて，どきどきしたり，わくわくしたり，けたけた笑ったりしながら，子どもたちは大人に比べてまだまだうつろいやすい自我の揺れを楽しんでいるという。歩きはじめの子にとっては，立ち上がることすら自我の高揚を感じられるほどの変化であり，大人にとってはとるに足らない繰り返しの中にも子どもたちはおもしろみを見いだしているのである。

　他者とかかわること，環境とかかわることは，他者に影響を与え，環境を作り替えて変容させていくことでもある。声をかけると人は振り向き，息を吹きかけると砂は舞い上がる。その一方で，自らもまた人や環境とのかかわりの中で変容していくことを実感し楽しむ感覚が遊びには大切なのかもしれない。佐伯（1995）は，学びの理論の中で，自分が外界の変化の原因になっているという「自己原因性感覚」（de Charms, 1976 佐伯訳 1980）と同時に，対象が原因となって私が変えられるという「双原因性感覚」が生じることの必要性を指摘している。双原因性感覚が生じるような深い学びを可能とするためには，それを支える保育者のかかわりが重要になってくる。加用（1990）も，子どもの自我は柔軟であるがゆえに遊びの状態に入りやすい反面，子どもの遊びはメリハリを欠くので，遊び心豊かな大人による指導的かかわりが意義をもつと述べている。

　そこで最後に，保育者を目指すみなさんに問うてみたい。みなさんは主体的に取り組む力や，やる気に溢れて夢中になるものをもっているだろうか。子どもたちに負けないぐらいの探求心や遊び心をもっているだろうか。そのような

経験を久しくしていないと感じる人たちはぜひ，保育の場で子どもたちと遊びつつ，夢中になる楽しさを思い出してほしい。そして，子どもたちと一緒になって虫を追いかけ，泥団子をつくり，どんぐり集めをし，園庭を駆け回る保育者になってほしい。

（藤崎亜由子）

コラム 5　スウェーデンの保育から行事を考える

　スウェーデンの就学前学校 förskola は教育庁に管轄が一元化される以前は一般的にダーグヘム（昼間の家庭）と呼ばれていたが、現在もその名の通り家庭的な環境がベースになっている。伝統的なエデュケア（education+care）の理念にレッジョ・エミリアの影響も加わり、子どもたちの主体性ある遊びが展開される日本と同様の生活基盤型保育である。

　一方、日本の多くの園で行われる運動会や生活発表会など保護者の参加（参観）する行事はほとんど見られない。スウェーデンの多くの förskola で実施され、保護者が参加する数少ない行事としては冬至に行われるルシア祭がある。ルシア祭は旧暦の冬至にあたる12月13日に行われ聖女ルシアを祝う日である。冬の日照時間の短いスウェーデンでは Lux（ラテン語で「光」）の名のとおり光が復活するこの祭りを盛大に祝う。キリスト教国であるが、ルシア祭は宗教的な意味合いよりも季節の節目の行事として教会のみならず、学校や施設、ショッピングモールなどでも行われる。

　förskola で行われるルシア祭はアドベント（クリスマスまでの約4週間）の流れの一つとして準備が始まる。クリスマスツリーやろうそくを出したり、子どもたちが作ったランタンやランプを並べたりという環境は作られるが作品を華美に飾り付けるものではなく、一般的な家庭での飾りつけと同じようなものである。ルシア祭当日、子どもたちは持参した衣装（ルシア・サンタ・光の精・ジンジャークッキーなど）を身につけ、日没の15時頃保護者の前でサンタルチアなど伝統的なルシアの歌やクリスマスにちなんだものを歌う。その後はジンジャークッキーや飲み物などが用意された FIKA（お茶の時間）を保護者と自由に楽しみ、そのまま降園となるのが一般的である。このように保護者の前で子どもたちは歌も歌うが、成長の披露という意味ではない。それは förskola では子どもたちの育ちや学びの過程はドキュメンテーションで日々丁寧に可視化されており、成長を促す・成長を披露するというねらいや保育的価値を行事に求めてはいないからである。そのため歌の練習や発表の準備に追われることなく、四季の伝統行事や文化を子どもたちの生活リズムに合った形で取り入れられる。そして日々の子どもたちの生活を彩り豊かにしていくのである。

（吉次豊見）

第14章　子どもたちはどのように世界を理解していくのだろう？

自分をとりまく人やモノへの認知の発達

　モノや人との出会いは，私たちに新たな理解をもたらしている。第15章のエピソード15-1『プール遊びへのきっかけづくり』(p.164) を例に挙げてみよう。リョウガ君は，園庭の机の上に広がっている赤色の液体を「なんだろう？」と言いながら手で触った後，赤色の液体と黄色の液体を混ぜて合わせる。自ら対象にかかわりながら，対象の特徴を理解しようとしている姿である。

　私たちが，外界の対象物を知覚し，それが何かを判断し，記憶することの総称を**認知**と言う。認知の発達とは，何がどのように変化することなのだろう。本章では，ピアジェ（Piaget, J., 1896-1980）の認知発達の考え方，ピアジェ以後の考え方，ヴィゴツキー（Vygotsky, L. S., 1896-1934）の認知発達の考え方を紹介する。

1．ピアジェの認知発達理論

　ピアジェは，ヒトが外界を理解する仕組みとして，ヒトは物事を認識するための思考の枠組み（**シェマ**）をもっていると想定し，私たちは新しい刺激に出会うと，現在の「シェマ」をもとに認識し（**同化**），これまでに得た「シェマ」では対処できない場合はシェマを修正（**調節**）しながら，外界を理解していくと考えた。さらに，ピアジェは，年齢によって外界を理解していく方法が異なると考え，0～2歳を感覚運動期，2～7歳を前操作期，7～12歳を具体的操作期，12歳以降を形式的操作期と呼んだ。以下に各段階についての説明を記載するが，本書ではリョウガ君の歩みと関連づけるため，感覚運動期，前操作期の説明に焦点をあてる。

154　第3部　発達の理論と子ども理解

（1）感覚運動期（0〜2歳）

　感覚運動期は，自分自身の感覚と運動を通じて対象にかかわり，外界を認識する（シェマを構築する）時期である。この時期の子どもは，自分の身体を直接客体に結びつけ，見たり，触ったり，なめたり，叩いたりした結果生じる感覚を通じながら，自分自身，または，自分以外の人やモノを認識していく。感覚運動期は6段階ある。第1段階（0〜1か月）は，原始反射などの反射で環境にかかわる段階である（第11章参照）。第2段階（1〜4か月）は，生得的な原始反射である指吸いなど，赤ちゃんにとって快を伴う行動を何度も繰り返しながら（第1次循環反応），単純な習慣が成立する段階である。第3段階（4〜8か月）では，ガラガラをつかんで振る遊びを繰り返すなど，モノを介した循環反応が見られるようになる（第2次循環反応）。目と手の協応により，モノを目で見て，つかむ，口元へ運ぶといった動作が見られ，行為そのものから，行為の結果に関心をもつようになる。第4段階（8〜12か月）では，一時の，ある一つの行為に対する結果に囚われなくなり，「布でかくされたモノをとるため（目的），布を取り除く（手段）」ことが可能となり（対象の永続性），目的達成のために手段を使うようになる。第5段階になると，試行錯誤的に因果関係を調べながら，事象の性質を探索するようになる（第3次循環反応）。最後の第6段階では，積み木を自動車に見立てる象徴遊びなど，以前に見た行動が内面化され，それを心の中で保持する表象（イメージ）による思考ができるようになる。

　リョウガ君と友達の活動（3年間の保育記録①3歳児前半）の中で，自分の身体を使いながら人やモノの存在を認識していく場面はとても多い。プラレールや電話を使った遊び，靴の着脱，自分の持ち物の整理，砂遊び，園庭の乗り物遊具遊び，山の斜面を駆け降りること，手遊び，遊具の放り投げや蹴飛ばし，布団の上での寝転び遊び，おいかけっこ，リズム体操，水遊びが挙げられる。挙げればきりはないが，リョウガ君の3歳の頃の映像（3年間の保育記録②3歳児後半）では，葉っぱのプール，紙を使った遊び，セロテープやハサミなどの道具を使った活動も自分の身体を使って，人やモノの存在を認識していく活動と言えるだろう。

第14章　子どもたちはどのように世界を理解していくのだろう？　　155

（2）前操作期（2〜7歳）

　前操作期は，外界を認識する時に，自分で触ったり動いたりするだけでなく，頭の中に表象（イメージ）を浮かべて，対象を理解したり，推測したりできるようになる時期である（このことを，ピアジェは「（心的）操作」と呼んでいる）。論理的な推論などはまだ難しく，視覚に頼る判断や推理を行うことが多い。

　前操作期の第一の特徴は，あるもので別のものを表す象徴機能を使えるようになることである。『3年間の保育記録①3歳児前半』で言えば，砂をお皿や型抜きに入れ，できあがったものをケーキやカレーライスに見立てる姿や，紙を丸めて作った棒を剣に見立てたり，ロケットに見立てたりして遊ぶ姿が該当する。モノを何かに見立てるだけでなく，周りの人の動作を模倣したり，経験したことの動作を再現したり（延滞模倣），紙にぐるぐるの丸，縦線，横線を描いて何かに見立てたり，ごっこ遊びをするといった行動もある。目の前にない事物について思考することができるようになると，物事に共通している特徴をとらえたり（概念形成），ことばを使って表現することができるようになる。

　次のエピソードは，年中組の子どもたちが，表象（イメージ）を使って外界を認識し，表現することを楽しんでいることがよくわかるエピソードである。

エピソード14-1 『みんなで劇ごっこ』（リョウガ君　4歳8か月頃：年中組）
問：みんなが楽しいクラス会をするためには？

> 　リョウガ君は，友達と一緒にお相撲をして遊ぶことが多い。クラスでは消防隊員や電車の乗務員になりきって遊ぶ友達がいる。リョウガ君はそんな友達の様子を近くで興味深そうに見ている。
> 　ある日先生は，リョウガ君に相撲の軍配を作ろうと提案した。先生は「こんな感じかなあ？」とリョウガ君の意見を聞きながら段ボールに軍配の型を描き，リョウガ君が自分で軍配の形を切っていくことができるように援助した。自分で作った軍配を見て，リョウガ君はとても満足げな表情を見せる。
> 　今年のクラス会の出し物は，「オオカミさんの兄弟の誕生会にいろんなお友達が訪ねてくる」という劇である。子どもたちは各々なりたいものになりきって登場する。リョウガ君は，いつもお相撲をして遊んでいるオオカミの兄弟になりきり，みんなの前でとても楽しそうにお相撲をした。

出典『3年間の保育記録③　先生とともに　4歳児』より

　このクラス会は，子どもたちのイメージする力をふんだんに取り入れた活動

156 第3部 発達の理論と子ども理解

である。子どもたちが自分なりのイメージを表現できて楽しめる活動であるとともに，「オオカミさんの兄弟の誕生会にいろんなお友達が訪ねてくる」というイメージを共有することで，一体感を感じる活動になったと言える。

　前操作期の第二の特徴は，「直感的思考」「自己中心性」である。「直感的思考」は，外界を認識する時に，目の前にある具体物の一番目立つ特徴に依拠しやすいことである。「自己中心性」は，主観的な視点からしか物事をとらえることができず，他者の視点から物事をとらえることが難しいことである。この時期の子どもたちは，物事を直感的に理解するため，基準に従って分類したり並べるなどの論理的操作が不得意である。言語面でも「自己中心性」は顕著である。

　年長児のごっこ遊びのエピソードをもとに，「直感的思考」と「自己中心性」という点から，子どもたちの育ちや発達課題を考えてみよう。

エピソード14-2 『黒ひげレストランごっこ』（リョウガ君　5歳3か月頃：年長組）
問：直感的な思考から見える子どもの数理認識の発達とは？

> 　リョウガ君は友達と始めたレストランごっこが楽しくて仕方がない。先生と看板を作ったり，折り紙でピザを作ったりしている。友達が小銭の絵を描いているのを見ると，思いついたように，「アイスは1円，メロンパンは…」と言いながら，値段を決めながらメニュー表に書き込んでいく。しばらくすると，お菓子の空き箱に，丸いシールをいくつも貼った。メニュー表示が掲載されている端末機を作成したのである。リョウガ君は，できあがった端末機を手にとり，メニューを見ながら，シールとメニューの数を照合している。

出典『3年間の保育記録④　育ちあい学びあう生活のなかで　5歳児』より

　エピソード14-2とエピソード18-2（『黒ひげレストランでのいざこざ』参照，p.198）は，友達とイメージを共有しながらごっこ遊びを楽しむ5歳ならではの遊びの姿である。レストランに対して各々がもっているイメージが目に見える形で表現されていったことで，子どもたち同士のやりとりも多くなり，遊びの範囲も広がっている。エピソード14-2は，「直感的思考」がよく表れているエピソードである。リョウガ君はメニューを見ながら端末機のボタンを押して，メニューの数とボタンを対応させようとしていた。リョウガ君は，指したボタンとメニューのみを対応させているので，算数的には正確ではないが，数の認識や一対一対応の理解が進んでいることがうかがえるエピソードである。

エピソード18-2は，「自己中心性」がよく表れているエピソードである。友達とイメージを共有しながら楽しく遊ぶことができることもあるが，他の子どもの意見を取り入れにくく，それぞれの遊びに対するイメージが異なってしまうと，それを調整することはできず，いざこざが起こってしまう。この時期は子どもたちだけでイメージを共有することはまだまだ難しい。そんな子どもたちに対して，保育者は，いざこざを他者や自分を理解する機会ととらえており，話し合いの場を設けることで一人ひとり考えが違うこともあることを伝えている。

（3）具体的操作期（7〜12歳）

　具体的操作期は，目の前に実在していなくても，見たり触ったりできるような具体的な対象については，論理的な思考ができるようになる時期である。「自己中心性」から脱却し，自分と異なる他者の視点も少しずつ考慮できるようになる。物の形や状態を変形させても数や長さ，重さや体積は変化しないという概念である「保存性」の概念や，あるモノや概念が変化した後に，変化と逆の方向の変化が起こると元の状態に戻ることを推理できる「可逆性」も理解できるようになる。前操作期では難しかった保存課題も解決できるようになる（図14-1参照）。ただし，抽象的な概念を扱うことは難しく，例えば，言語面で言えば，「主体」「客体」といった抽象的な概念の理解には，具体的な例を挙げながらの説明が必要である。

（4）形式的操作期（13歳〜）

　形式的操作期は，言語や記号の形式上で可能性のある組み合わせを考え，仮説的・抽象的な状況においても論理的な思考が可能になる時期である。この時期には，「内容」と「形式」を分離することもできるようになる。形式に従って抽象的に思考できるようになるので，現実に観察された実験結果とは別に，「もし〜なら，○○だろうか」といった推論や，「A＞B」かつ「B＞C」ならば「A＞C」という結論を導くことができる（仮説演繹的思考）。また，ある結果を導く要因を系統的に調べていくことができるようになり（組み合わせ思考），天秤のつり合いの調節など，ある事象が変化すると他にも影響を及ぼす

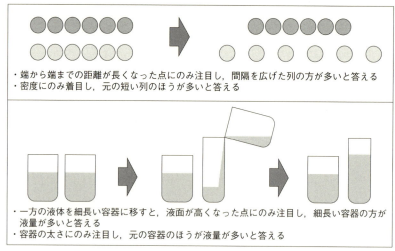

図14-1 保存課題の例（上：数の保存，下：液量の保存）と前操作期における典型的な誤答例（林，2007）

ことが理解できるようになる（計量的比例概念）。

2．ピアジェ以後の認知発達の考え方

　ピアジェは，認知の発達はヒトに生得的なものであり，領域（科学的推論，言語認識，数理認識など）にかかわらず，認知発達の段階は年齢に従って進み，一つの段階が次の段階の基礎となると考えていた。ピアジェ理論のインパクトは大きく，子どもの認知発達を考える際に欠かせない考え方であるが，ピアジェ理論への批判もある（中垣，2011）。理由は，ピアジェが，ヒトは思考のための一般的なメカニズムをもっており，認知機能が発達する順序は不変であると考えていたからである。人は興味のある内容やよく経験する内容，そして，適性のある分野であれば通常以上の能力を示すこともある。前操作期や具体的操作期の子どもであっても，得意な領域であれば，目の前の結果とは別に，「もし～なら，○○だろう」といった形式的操作段階の推論ができることもある。一方，大人が，どの領域においても形式的操作期の推論ができるわけではない（具体物を操作することによって，初めて理解できることもある）。

A. あり得る事象

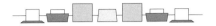

B. あり得ない事象

図14-2　物理的現象への理解を調べる実験（Baillargeon et al., 1985）

手続き：まず，赤ちゃん（4-5か月児）は衝立（スクリーン）が手前から奥に180度倒れ，またこちらに戻ってくるという動きを見て馴化（慣れる）する。その後に2種類の動きを見る。より赤ちゃんが注目したほうが，赤ちゃんにとっては新奇な事象だと見なせる。結果，赤ちゃんはBの「物理的にあり得ない事象」をより長く見た。つまり，後ろに「箱があるのに衝立が倒れることは起こり得ないことを赤ちゃんは知っている」と考えられる。
A. あり得る事象：衝立（スクリーン）が後ろの箱にひっかかって止まる。
B. あり得ない事象：衝立（スクリーン）が箱があるのに完全に倒れる。

　近年では，ヒトは思考のための一般的なメカニズムをもつという考え方よりも，認知の発達は特定領域ごとに進み，ヒトは領域に応じた認知を行い，それらを関連させたり統合させたりしていると考えられている。例えば，ピアジェは感覚運動期を通して能動的に世界を探索し活動する乳児の姿を描き出したが，1980年頃から，乳児はピアジェが想定した以上に早い時期からさまざまなことがらを理解することが明らかになってきた。例えば，見えなくなってもモノが存在し続けるという対象の永続性については生後4～5か月で理解する可能性が示されている（図14-2参照　Baillargion et al., 1985）。5か月頃までに乳児は生命体と非生命体を区別し，10か月頃には人間の動作の中には意図を知覚するが，非生命体には知覚しないなどの区別をするようになることや（Legerstee, 2005 大藪訳 2014），2～3個の数に対して，5か月でも初歩的な計数能力を発揮することが示されている（図14-3参照　Wynn, 1992）。

3. ヴィゴツキーの社会文化的発達理論—内言と外言

　ピアジェは，個々の学習者の認知発達のメカニズムに着目したが（**構成主義**），ヴィゴツキーは，社会や文化的文脈の中で自己と他者がかかわり合うことによって認知機能が発達すると考えた（**社会構成主義**）。加えて，ヴィゴツ

A.「1+1グループ」
①1匹のネズミ ②衝立があがる ③1匹追加 ④手が引っ込む 2匹 or 1匹

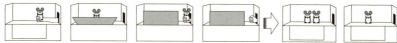

B.「2-1グループ」
①2匹のネズミ ②衝立があがる ③手が出てきて ④1匹退場 1匹 or 2匹

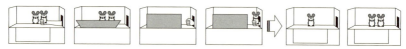

図14-3 足し算・引き算の実験手続き（Wynn, 1992より作図）

手続き：赤ちゃん（5か月児）は、「1+1グループ」「2-1グループ」に分けられた。それぞれに、計算上あり得ない事象とあり得る事象が設定されているが、赤ちゃんはいずれにおいても、あり得ない事象の場合により長く注視した。つまり、「1に1が加わると2になるはずだ」というような直感的な計数能力があると考えられる。
A.「1+1グループ」 ネズミ人形が1匹いて、衝立があがったのち、さらに1匹が追加される。再び衝立がなくなった時、そこに人形が1匹の場合と2匹の場合がある。
B.「2-1グループ」 ネズミ人形が2匹いて、衝立があがったのち、1匹が取り除かれる。再び衝立がなくなった時、そこに人形が1匹の場合と2匹の場合がある。

キーは、人の思考と社会の二つをつなぐ「媒介物」として言語に着目し、人間は人と人との関係で展開されている媒介物（道具、記号、言語）を自分の中に**内化**させていくと考える。ピアジェも社会的な要因について言及はしているが、あくまでも主体となる人物がどう知識を構成していくかに焦点をあてており、ヴィゴツキーの理論は社会文化的な要因を強調したものである。

　ピアジェとヴィゴツキーの考え方の違いを言語発達面で説明すると、ピアジェは、言語発達は「内言」から「外言」へ、ヴィゴツキーは「外言」から「内言」へ移行することを想定している。**内言**とは、発声を伴わずに自分自身のために用いる内的言語であり、**外言**とは他者に向かって発せられる音声言語である。ピアジェは、子どもがひとりで話しながらおもちゃで遊んでいる場面を観察して、子どもの発するひとり言（内言）は、子どもが自己中心的な思考段階で出現する言語であり、脱中心化へと進む過程で外言を使うようになると内言は消失していくと主張した。この見解に対して、ヴィゴツキーは、幼児はまわりに知らない人がいる状況で課題に取り組むとひとり言は少ないが、周り

第14章　子どもたちはどのように世界を理解していくのだろう？　　161

に知り合いがいる状況でひとり言が多くなることを見いだした。加えて，ヴィゴツキーは，言語にはコミュニケーション機能と思考機能があること，そして，言語発達的にはコミュニケーションとしての外言がまず発達するが，次第に，子どもたちは言語をコミュニケーション機能だけでなく，言語を物事の認知や思考のために使うようになり，この移行時期に自己中心的な言語が出現しやすいと主張している。

　年長児の工作活動のエピソードをもとに，言語の「コミュニケーション機能」と「思考機能」を考えてみよう。

エピソード14-3 『四つ葉のクローバーをつくる』（リョウガ君　5歳9か月頃：年長組）
問：子どもが発したことばの意味は？

> 　リョウガ君は，劇で使う四つ葉のクローバーを作る友達の様子を見て，自分も作り始める。友達に教えてもらうが，友達のペースについていけず，折り紙をどのように折ってよいかわからない。折り紙を見えないようにしたり，後ろに隠したりする。リョウガ君は，「ねむいよー」と何度も言いながら，こぼれそうになる涙を隠そうとしている。リョウガ君の様子に気づいた担任のケイスケ先生は，リョウガ君の隣に座り，一緒に折り紙を折り始めた。担任のケイスケ先生は，教えてくれる友達に「ちょっと待って待って待って待って，早い早い」と言って友達のペースをゆっくりにしたり，「横？横を折るんだね　横を折るんだね　真ん中まで」と折り方を具体的に口にだしながら，一緒に折り紙を折る。

出典『3年間の保育記録④　育ちあい学びあう生活のなかで　5歳児』より

　リョウガ君が，「ねむいよー」ということばを自発的に何度も使う場面は，自分は眠いだけで泣いているわけではないということをまわりの友達に知らせたいという伝達意図と，リョウガ君の困った思考状態の両方が見え隠れするエピソードである。また，ケイスケ先生は，折り紙の完成を目的とするのではなく，友達や保育者とのかかわりを通じて，リョウガ君自身が自分のペースで折り紙を折り，達成感を感じることができるようにかかわっている。友達や保育者とのかかわりを通して生じたリョウガ君の迷いや気づきがあるからこそ，外界の事物や人への理解（認知発達）が促されるのである。　　　（倉盛美穂子）

第15章　子どもの学びを支える保育とは？
学び（学習）のプロセスと理論学習

「どうしてかな？」「わかんないな」「そうなんだ！」「もう一回！」

このようなことばを聞くと，保育者（大人）はうれしくなる。それは，子どもたちが，自分の思いが動かされたことを表現したり，思考を巡らせていることを感じるからである。

新しい保育所保育指針，幼稚園教育要領，幼保連携型認定こども園教育・保育要領は，幼児教育において育みたい資質・能力として，1）豊かな体験を通じて，感じたり，気づいたり，わかったり，できるようになったりする「**知識及び技能の基礎**」，2）気づいたことや，できるようになったことなどを使い，考えたり，試したり，工夫したり，表現したりする「**思考力，判断力，表現力等の基礎**」，3）心情，意欲，態度が育つ中で，よりよい生活を営もうとする「**学びに向かう力，人間性等**」の三つを挙げ，旧教育要領よりも，生活や遊びを通して，新たな物事に出会い，気づき，学ぶことを強調している。

心理学では，学習（学び）とは，「人間や動物が経験をかさねることによって，態度や行動様式に永続的な変化が生じ，環境に対する適応の範囲を広げていく過程」と定義されることが多い。本章では，個人の学習が成立する機構に焦点をおいた行動主義，そして，他者とのかかわりの中での学びに焦点をおいた社会構成主義と言われる考え方を取り上げ，『3年間の保育記録』に収録されているエピソードを通じて，子どもたちはどのように「学ぶ」存在なのかについて考える。

1．行動主義的学習観

私たちは，特定の人やものに対して，意識しないうちに特定の感情を抱いてしまうことがある。『3年間の保育記録①3歳児前半』には，リョウガ君をは

じめ，プール遊びを遠巻きに見ている子どもたちの姿が映し出されている。人間は誰しも好きな感覚と苦手な感覚があり，好きな感覚を感じると落ち着く一方，苦手な感覚へは不安や緊張を感じる。行動主義の考え方では，水への不安や緊張反応を問題行動（困っている行動や程度が和らぐとよいと思っている行動）ととらえ，問題となる行動は誤った学習によるもの，または，適切な行動をまだ学習していないものと考え，学びなおすことで問題行動頻度の低下や適応的な行動の習得を目指す。

　行動主義では，主体の「行動」に着目し，主体が「どう考えたか」「どう感じたか」は，わからないこと（ブラックボックス）であると考え，学習の成立を，刺激に対して，「反応したか，反応しなかったか」，「行動したか，行動しなかったか」，「行動が増加したのか，減少したのか」の基準とする。学習（行動変容）が成立するプロセスには，「古典的条件づけ」と「道具的条件づけ」と呼ばれる二つのパタンがある。以下に各々について説明する。

（1）古典的条件づけによる学習

　古典的条件づけは，人間や動物に見られるさまざまな行動のうち，自律神経系の活動などに基盤をもつ行動（生理的な反応を伴う行動）に関する学習理論である。ロシアの生理学者パブロフ（Pavlov, I. P.）は，条件反射研究に携わる中で，生まれつき備わっている生理的な反応（例：空腹な犬に餌を与えると，唾液がでる）に着目し，生得的に強い反応を誘発する刺激と，中性的な刺激が同時に呈示される経験が何度も繰り返されると，新しい行動が身につくという学習プロセスを犬の実験によって明らかにした（図15-1）。例えば，エサという刺激は，唾液（よだれ）を流すという生得的な反応（無条件反応）を強く誘発する刺激（無条件刺激）であり，ベルの音は，特定の行動を誘発しない中性的な刺激である（中性刺激）。無条件刺激と中性刺激を一緒に呈示される経験を何回もすると（対呈示），本来結びつかない刺激（ベルの音）を呈示されるだけで，反応する（唾液がでる）という関係ができあがる。条件づけ成立後は，ベルの音を条件刺激，唾液分泌を条件反応と呼ぶ。

　特定の人や物への古典的条件づけが成立すると，私たちは快い感情と関係のある人やモノへの接近行動は増え，不快な感情と関係のある人やモノへの接近

164　第3部　発達の理論と子ども理解

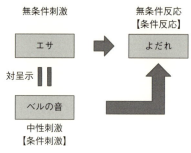

図15-1　古典的条件づけのプロセス

は少なくなる。高所恐怖症や対人恐怖症など，○○恐怖症と言われる症状は，古典的条件づけが成立した状態であり，その後の行動に影響が生じている状態と言える。エピソード15-1『プール遊びへのきっかけづくり』では，リョウガ君をはじめ何人かの子どもたちがプール遊びを遠巻きに見ている。

エピソード15-1『プール遊びへのきっかけづくり』（リョウガ君　3歳4か月頃：年少組）
問：プール遊びへの不安や緊張を低下させる援助とは？

> 　7月上旬，園庭に毎日出されているプールでたくさんの子どもたちが楽しそうに遊んでいる。しかしリョウガ君はプールには入らず，少し離れた砂場でお友達（アオイちゃん）と砂遊びをしていた。砂遊びをしながらも，プール遊びが気になっている様子のリョウガ君。
> 　「プール　はいらなくちゃ！」「プール　はいらないの？」というアオイちゃんの問いに，「ちがうの」「はいらないの。きょうはだめなの」とリョウガ君は小さな声で答える。そして，プール遊びに興味はあるものの，自らがプールで遊ぶことはなく，プール遊びをしているお友達や先生の様子を遠くから眺めている。
> 　3日後，いつものように砂場で遊んでいたリョウガ君は，プールのそばにあるテーブルの上に広げられた絵の具を見つけた。先生が用意したフィンガーペインティングである。「どうしたの？」とテーブルに近づいていったリョウガ君は，赤い絵の具を両手にたくさんつけてニコニコと楽しそうに笑う。その手を水できれいに洗うと，今度は黄色い絵の具の感触を楽しむ。「せんせい，きいろとろーりとしてるよ！」「さわってみて」と，絵の具をつけた手を先生に見せると，先生も「ほんとだ」と一緒に黄色の絵の具を触る。すると今度は「あかとまぜると！」と黄色と赤の絵の具が混ざる様子を楽しんでいた。しばらくするとリョウガ君は濡れた服を気にしていた。「お着替えする？リョウガ君」という先生の声に自分から着替えに向かっていく姿が見られた。水着に着替えて戻ってきたリョウガ君。先生や友達と夢中になってプール遊びを楽しんでいた。

出典『3年間の保育記録①　よりどころを求めて　3歳児前半』より

　プールの近くに用意されたフィンガーペイント遊びをするうちに，次第に絵

第15章　子どもの学びを支える保育とは？　　165

の具を手で触る感覚が楽しくなり，水（液体）への不安が下がり，隣接していたプール遊びに参加できるようになる姿がある。プールを遠巻きに見ていた子どもたちすべてが，水に関する嫌な経験をしたわけではないだろうが，水への不安や緊張反応が和らいだ場面と言えるだろう。

（2）道具的条件づけによる学習

　『3年間の保育記録』では，子どもたちが砂場で見立て遊びを楽しむ場面が複数回ある。リョウガ君をはじめ何人かの子どもたちは，砂をお皿や型抜きにいれ，できあがったものをケーキやカレーライスに見立てる遊びをしている。彼らは保育者や友達にできあがったものを見せる。保育者が「おいしそうだね」「きれいだね」と声をかけると，子どもたちはとてもうれしそうな表情をして，また作ろうとする。

　上記場面は，本人が行動した結果，保育者から承認され，そのことが子どもはうれしくて，もう一度行動する場面である。心理学者ソーンダイク（Thorndike, E. L.）やスキナー（Skinner, B. F.）は，ある個体（人）が自発的に何からの行動をしたことによって，そこにその個体（人）にとっての報酬（強化子）が生じると，その行動を繰り返すようになることを，道具的条件づけと呼び，学習の成立ととらえている。

　道具的条件づけは，ある個体（人）が自発的に行動することによって新しい行動を学習するプロセスを説明するものである。ソーンダイクは，レバーを押すと餌が得られる装置の中に空腹状態の猫を入れ，猫の動きを観察することを通して，猫が特定のペダルを押す行動を学ぶプロセスを明らかにした。当初猫の動きに規則性は見られないが，猫は装置の中で動きまわるうちに，偶然に体がレバーに触れて餌が出てくる状況に遭遇する。最初は偶然にレバーに体があたったわけだが，猫は箱内の特定のペダルを押すと餌がもらえる経験を複数回すると，ペダルを押す行動（正反応）とペダルを押す行動以外の行動（誤反応）を繰り返しながら，次第に正反応が増加するようになる（試行錯誤学習）。

　その後，スキナーは，ソーンダイクの考えを発展させ，ラットの実験を通じて，①【先行刺激（先行事象）】として，行動を誘発するような環境や刺激があり（スキナー箱の場合，動き回れる箱やラットが空腹の状態）→②個体（人）

が自発的に何らかの【反応】をした結果（ラットがレバーを偶然に押す）→③
【反応結果】として，その個体（人）にとっての報酬が生じる（ラットにとっ
てはエサがでてきたこと）というような，【先行刺激（先行事象）】－【反応】
－【反応結果】の連鎖が繰り返されることによって，自発的にその行動を繰り
返す行動が増える（ラットがレバーを自発的に押す）と説明した。本人にとっ
て好ましい報酬が得られた場合は行動が増加し，本人にとって好ましくない報
酬の場合は行動が減少するという原理は，経験則とも一致する。【先行刺激
（先行事象）】－【反応】－【反応結果】のつながりを重視した実践法である行
動分析は，認知や思考が実際の行動に影響するような事態が，どのような環境
条件によって成立しているのかを明らかにしようとする方法である（図15-2）。
行動分析は，「不適切な行動」を減らすのではなく，「適切な行動」を増やすこ
とを重視しており，「不適切な行動」は結果的に減っていくと考えるのが特徴
であり，保育教現場，カウンセリング，コンサルテーションなどでよく使わ
れている。問題行動の原因を本人に求めるのではなく，個人と環境の相互作用
の中に求め，周囲の環境に変更を加えていくという発想である。

　『3年間の保育記録①3歳児前半』に，お集まりの時間に，子どもたちが円
になって座り，歌をうたったり，体をうごかしたり，保育者の話を聞く場面が
ある。リョウガ君は円の中に入ることを拒んでいる。リョウガ君は担任の先生
と1対1の関係を強く求めており，集団の輪に入ることに不安を感じているよ
うである。『やりたい放題』（エピソード20-1，p.214）の場面や，『お弁当食
べない宣言！』（エピソード5-5，p.54）の場面も，上記のお集まり場面と同
様，リョウガ君は，園の活動の流れにのらない。そんなリョウガ君に保育者は，
リョウガ君のクラスでの流れにのらない行動を強化しないようにかかわり，
リョウガ君がとったらいいなと思われる行動を，保育者がモデルとなって示し
ている。モデルとなるのは保育者だけではなく，周りの友達もモデルとなる。
リョウガ君自身が，まわりの子どもたちや保育者を観察することによって，新
たな気づきを得る様子もうかがえる（観察学習）。

　行動主義的な学習観に基づいた考え方は，教える人と学ぶ人という二者関係
が前提にあり，個人がいかに学ぶのかというプロセスに着目しているが，学習
は個人の頭の中でだけで成立するわけではなく，自分自身が属する集団や文化，

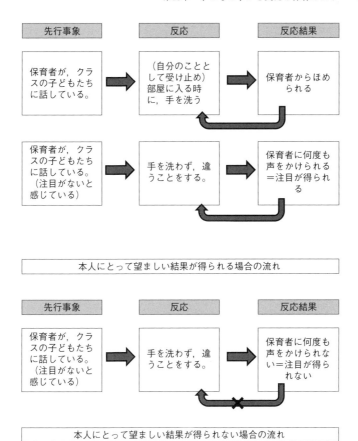

図15-2　応用行動分析のプロセス（筆者作成）

実際にかかわり合う他者とかかわりながら成立すると考える立場もあり，社会構成主義と言う。

2．社会構成主義的学習観

　社会構成主義的学習観は，子どもたちが他者との相互作用を通じていかに学ぶのかを考える拠り所となる。

　第1節では，エピソード15-1『プール遊びへのきっかけづくり』(p.164) を，

168　第3部　発達の理論と子ども理解

水への不安や緊張という点に着目しながら，「古典的条件づけ」の枠組みで考察したが，今回は社会構成主義の枠組みからエピソードを考察する。

リョウガ君はプール遊びに参加したいという気持ちがありながらも，慣れない水に対しての戸惑いや新しい出来事に一歩踏み出せないでいる。自我が拡大していく乳児期から幼児期にかけては，人やモノとの新しい出会いを始めから楽しめる子どももいる一方，そうでない子どもたちもいる。水遊び，泥んこ遊び，感触遊び場面などで，「触るのがいやだ」「手や服が汚れたらすぐに着替えたい」など，不安や緊張を感じる子どもたちに，保育者は，「水に親しむ体験をさせたい」という思いがあるが，それとともに，子どもたちをプール遊びに無理に誘わず自分からプールに入りたいと思えるようになってほしいと願っている。

保育者は，目の前の子どもたちの発達水準や課題，個人差を推測し，子どもたちが自分で考えたり，行動できたりしそうなことは何かを考え，そして，子どもたちが実際どのように考え，活動したかを見ていきながら，次の展開を考えている。こういった保育者の考え方は，「子どもの発達の最近接領域を知る」「各子どもの発達の最近接領域に働きかけ，足場をかける」と表現されることがある。では，「発達の最近接領域」や「足場かけ」とはどのような考え方だろうか。次に見てみよう。

（1）発達の最近接領域

「発達の最近接領域（Zone of Proximal Development：ZPD）」は，ヴィゴツキー（Vygotsky, 1934 柴田訳 1962）が提唱した概念である。ヴィゴツキーは，人間は人と人との関係で展開されているものを他者とのコミュニケーションを通じて，子ども自身が自分の中に取り込み自己の中に「内化」させていくことによって，学びが成立すると考える。学習をとらえる枠組みとして，内化理論を具体化した概念が「発達の最近接領域」である。ヴィゴツキーによれば，子どもの発達水準には「自分一人で問題を解決できる，現時点での発達水準」と，「一人では解決することが難しいが，大人や友達の援助のもとであれば問題を解決できる，明日の発達水準」がある。自分一人でできる発達水準に達している能力は既に習得している能力と言える。自分一人ではできないが大人や友達

から支援があれば可能な領域は，知識や能力が向上しつつある水準と言える。『発達の最近接領域』とは，上記二つ，すなわち現在の発達水準と明日の発達水準とのあいだの距離を指し，まだ成熟してはいないが今まさに成熟しつつある機能を規定する。教育・保育とは，自分一人でできることと，これからできそうなことをいかにつなげていくかを実践する営みであり，発達の最近接領域に働きかける教授のあり方を考えるのが大人（保育者や教師）である。

　「発達の最近接領域」理論では，大人と子どものかかわりだけでなく，年齢が異なる子ども同士のかかわりや，課題の習熟度が異なる子ども同士のかかわり，障害をもった子どもと健常児とのかかわり（インクルーシブ教育）も想定している。他者とのダイナミックな相互作用の中で学習が展開されることによって，子ども自身が言語，道具の使用，抽象的思考，論理的思考，意図的行為のような高次の精神機能を，自分の中に取り込む機会となると考えられている。

（2）足場かけ

　ブルーナー（Bruner, 1986）は，ヴィゴツキーの理論をもとに，大人が，子ども（学習者）の現在の課題理解レベルを把握し，発達の最近接領域がどの範囲なのかを見極めて行う援助のことを「足場かけ（scaffolding）」と定義した。教師や保育者等は，学習者が必要な支援を見極め，学習者に足場を設けた後，一人でできるようになれば，その支援（足場）を少しずつ減らしていく。足場かけの例としては，参加の促しや励ましの声かけ，着目すべきポイントの指示，課題の難易度の変更，モデルとなる大人や友達とともに活動することが挙げられる。

　エピソード15-1『プール遊びへのきっかけづくり』において，保育者は自身がイメージする「育てたい子どもの姿」に囚われず（第2章参照），子どもたちが自ら興味のあるものに取り掛かり，活動を展開していくことを大事にしている。フィンガーペインティングは，子どもの今の発達水準に合わせた場として機能しており，子どもたちが感触を楽しんだり，汚れを気にせず形にこだわらないで楽しむきっかけとなりうる遊び場であり，子どもが一人で無理なく参加できる遊び場である。さらに，プールに隣接してフィンガーペインティン

グの場所を用意したことは，たまたまではなく，そこには保育者の意図がある。おそらく，一人で無理なく参加できる遊び環境と，少し大人の援助が必要な遊び環境を横においたのは，足場かけ的な意味があると思われる。

　保育者は，子どもたちが多様な活動が展開できるような環境を用意するとともに，子どもが自ずと興味をもち，取り掛かれるような，援助や支援をする。多様な展開を認め，そして，可能となるような環境を用意できるのは，集団保育ならではであろう。平成30（2018）年度から適用された新しい保育所保育指針，幼稚園教育要領等では，集団保育を通じて生じる学習プロセスは子どもによってさまざまであり，多様な学びのプロセスを経た結果，「幼児期の終わりまでに育ってほしい姿」が立ち現れてくると提言している。社会構成主義的学習観は，他者との相互作用を通じた子どもたちの多様な学びのプロセスを考える拠り所となる考え方であると言えよう。

　生活や遊びを通じた子どもの学びの姿をとらえていくことは，保育者が保育を展開する際に重要であるが，それ以上に，保育者（大人）の保育への探究心をくすぐることにつながると言えるだろう。

（倉盛美穂子）

コラム6　子どもを理解するさまざまな方法（1）知能検査と発達検査

　子どもへの保育内容や個別の援助を考える上で，その子どもの発達の様子を確認，理解しておくことは重要なことである。子どもを理解するための一つの道具（ツール）として，知能検査や発達検査がある。

　現在，子ども向けに使われている知能検査や発達検査には田中ビネー知能検査，WPPSI（ウィプシー）知能診断検査，新版K式発達検査など専用の検査道具を使い個別に検査を行うものやKIDS（キッズ）乳幼児発達スケールなど保育者や親（養育者）が質問項目に答えるという質問紙形式のものがある。知能検査は知能の発達水準を「IQ＝95」のような数値または換算した年齢で表し，発達検査では全体的な発達水準を「4歳6か月水準」のような発達年齢で表す。

　これらの数値は検査を受けた時の実年齢（生活年齢と言う）に対する子どもの発達状態を示すものである。知能検査はIQ（知能指数）＝100を基準としおおよそIQが85～115の間が生活年齢相当となるように作られてある。発達検査でも同様である。なお，実年齢が小さいほど，知能検査ではなく発達検査を実施することが多い。

　知能検査や発達検査といった個別検査は発達相談員，心理判定員などの有資格者によって実施される。検査の結果は前述のような数値や発達年齢だけでなく，検査者が検査時の子どもの様子や設問への答え方からその子どもの思考や行動の特徴をとらえ，子どもの発達全体の状態についての所見（検査結果報告）として保育者や保護者に示される。

　検査結果は固定的なものではない。その時の体調や気分にも左右されることもあるし，成長によって変化することもある。また，検査場面では検査者と子どもとが1対1の状態で実施するため，子どもは日頃の保育場面とは違う姿を見せるかもしれない。しかしそのこともまた子どもの理解につながるのである。

　これらを考慮しつつ，保育者は検査の結果や所見と保育場面での子どもの姿とを照らし合わせることが大事である。そのことによって，保育者はその子どもの成長ぶりや課題となることの背景について検査者と一緒になって検討することができる。その結果，保育者はその子どもの発達の様子を多面的に理解し，より適切な保育内容や個別の援助を考えたり実際の保育に活かしたりすることができるのである。　　　　　（少徳　仁）

第16章 子どもは人とのつながりの中で，どのようにことばを獲得するのだろう？

　第3章で紹介したエピソード3-1『乗り物遊具でユラユラ』(p.26)について，「リョウガ君を呼びに来た先生も，遊具に乗り込んだのはなぜだろう？」という視点から考えてみよう。まず，エピソード3-1のリョウガ君とユキナガ君のことばのやりとりを見てみよう。特に前半は，意味が通じているようで通じていない。リョウガ君の「チューリップ」にユキナガ君は「サクランボ」で返している。しかし，2人は声を出して笑い合い，同じ場所にいることを喜び，楽しんでいる。ことばのやりとりはかみ合っていなくても，心は通い合っている様子が伝わってくる。入園式から3日後の降園前である。2人は，晴れた日，気持ちのよい外気の中で緊張や不安から解き放たれ，気の合う友達同士でくつろいでいる。心地よさを共有する友達がいる。そうした出会いが，園生活を支える基盤となる。

　また，2人を呼びに来た村石先生もリョウガ君たちの様子をとらえ，「もっとここで一緒に遊んでいたい」という2人の思いを受け止め，遊具に乗り込んでいる。遊具から降りて部屋に戻ることを求めるのではなく，2人の心地よさを保育者自身も共有しているのである。ことばの育ちの基盤には，「伝えたい人」と「伝えたくなる経験」が不可欠である。子どもは，自分のことを理解し，受け止め，思いや願いに応えてくれる人に信頼を寄せる。また，そうした人に向けて，ことばを発するようになる。子どもの思いや気持ちに寄り添い，分かちもち，信頼関係を築いていくことから，子どものことばは生まれるのである。

　本章では，子どもがことばを獲得していく過程を，人とのつながりに焦点をあてて考えてみよう。

第16章　子どもは人とのつながりの中で，どのようにことばを獲得するのだろう？　　173

1．ことばを話すための準備—ことばを生む声の獲得

　赤ちゃんは母親の胎内にいる時から，ことばを話すための準備を始めている。聴覚器官は受精後7か月頃には完成し，母親の体内音や声はもとより，外界の音なども羊水を通して聞いている（第11章参照）。生まれたばかりの新生児が，母親の声を他の女性の声と聞き分けるといった研究結果（DeCasper & Fifer, 1980）もある。赤ちゃんは，胎内で母親の声や外界で話される母語を聞き，そのリズムとイントネーションのパタンを学んでいるのである。

　一方で，生後間もない赤ちゃんは，発声器官が十分に発達していない。そのため，泣くこと（叫喚音）はできても，ことばを話すために必要な声（言語音）を出すことはできない。声が出せるようになるのは生後2か月頃からである。機嫌のよい時に「クークー」という鳩の鳴き声に似た柔らかい声（クーイング）を喉の奥から出すようになる。4か月頃には，咽頭部が広がり多様な音声を出せるようになり，うなり声や金切り声などいろいろな声を出して，音遊びを楽しむようになる。

　こうした**音遊び期**を経て6か月頃になると，話しことばの基礎となる「マ・マ・マ」など子音と母音を組み合わせた喃語（**基準喃語**）を発するようになる。さらに，11か月頃になると「バブバブ」など，異なる子音と母音を組み合わせた発声ができるようになる。

2．ことばになる前のことば—ことばが生まれる前のコミュニケーション

　このように，赤ちゃんは，誕生後すぐにはことばを話すことができない。では，赤ちゃんは，どのように周囲の人とコミュニケーションをとるのだろう（第11章参照）。

　赤ちゃんは，特に「人」に注意を向けやすい認知的な仕組みと周囲の人からの働きかけを引き出す力をもって生まれてくる。新生児が母親の声を聞き分けることは先に述べた。その他，他の図形よりも人の顔を好んで見る（Fantz,

174 第3部 発達の理論と子ども理解

1961) など，赤ちゃんがとりわけ「人」に注意を向けることがわかっている。

　生後間もない赤ちゃんに，大人が舌を出したり，口を開け閉めして見せると，赤ちゃんもその動きをまねる（**新生児模倣**）（Meltzoff & Moore, 1977）ことも知られている。これは，赤ちゃんが意図的に行っているのではなく，生得的に備わっている共鳴動作だと考えられている。また，赤ちゃんがうとうとと心地よく眠っている時に，にっこり微笑む（**自発的微笑または生理的微笑**）様子もよく見られる。この微笑も意識的な行動ではなく，生理的な反応である。

　赤ちゃんのこうした無意識の行動に，周囲の大人は「かわいい！」と思わず声をかけたり，笑顔で応えるなど，敏感に反応し，赤ちゃんとの間に情緒的なやりとりが交わされたと感じる。このことがまた大人の赤ちゃんへのかかわりを生む。積極的に応答したり，世話をするなど，情緒的なやりとりを促すことにつながる。このようにして赤ちゃんは，周囲の人とコミュニケーションをとっているのである。

3．ことばを生む認知的な基盤—三項関係の成立と象徴機能の発達

　9か月を過ぎる頃，赤ちゃんと人とのかかわり方が大きく変化する（佐久間，2011）。大人が見ているものを一緒に見たり（共同注意），興味をもったものを指さしたりするようになる。それまでは，赤ちゃんと大人，赤ちゃんとモノという二者関係（二項関係）であったのが，「赤ちゃん－モノ－大人」の三者の関係（三項関係）が成立するのである（第19章参照）。

　こうした三項関係の成立は，ことばの発達においても重要な意味をもつ。三項関係は，子どもと大人が一つのものを「並び見る」関係であり（遠藤，2017），子どもと大人が共通の対象に注意を向け，気持ちを共有し，心を通い合わせてコミュニケーションをとる関係とも言える。共に見る経験と気持ちの共有は，人と人とのつながりを深め，ことばを生む基盤となる。

　さらに三項関係の成立によって，子どもはことばが「何かを表すもの」（象徴，シンボル）であること，すなわちことばの記号的な意味を理解するようになる。例えば，子どもが「アーアー」と，塀の上にいるネコを指さしたとしよう。すると，母親もネコを見ながら「ニャンニャンいるね」などと言うだろう。

第16章　子どもは人とのつながりの中で，どのようにことばを獲得するのだろう？　　175

この時，目の前のネコと母親の「ニャンニャン」ということばが結びつき，子どもは「ニャンニャン」ということばが「ネコ」を表すことを知る。このように，子どもが注目したものに大人が「○○ね」と名前を言い，伝えることが，子どもがことばを獲得することにつながるのである。

　認知発達においても，生後9か月頃は大きな転換期となる。目の前にないものや事柄を頭の中に思い浮かべたり，関連づけたりする象徴機能が著しく発達する（第14章参照）。「ニャンニャン（シンボル：意味するもの）」ということばを聞いて，目の前に「ネコ（指示対象：意味されるもの）」がいなくても，頭の中に「ネコ（表象）」をイメージできるようになる。こうした象徴機能の発達を基盤に，子どもはことばを獲得していくのである。

4．話しことばの獲得―ことばで人とつながり，世界を広げる

　1歳になる頃，子どもは初めて意味のあることば，すなわち**初語**を話し始める。初語は「ママ」「マンマ（ごはん）」など，喃語から生じる発音しやすいことばで，身近な人やものにかかわる名詞であることが多い。

　初語を話し始めてからしばらくは，単語の獲得は月に3〜5語程度とゆっくり進む。人がもっている単語の総体を語彙というが，およそ半年ほどかけて獲得語彙数が50語程度に達する頃，1日あたり4〜10語という驚異的なスピードで一気に語彙が増加する。これを**語彙爆発**と呼ぶ。

　この時期，子どもはものには名前があることを理解するようになる。そして，さかんに指さしをして「これは？」「これなあに？」と大人に尋ねるようになる。**質問期（命名期）**の到来である。大人は問われると名称を答え，それを子どもが覚える。こうして語彙がどんどん増えていくのである。

　初語以外にいくつか単語が言えるようになっても，単語をつないで話すことは難しい。そのため，子どもは「ママ（だっこ）」「ママ（どこ？）」「ママ（大好き！）」など，一語でいろいろな意味を表現する。これを**一語文**と言う。また四足動物すべてを「ワンワン」と呼んだり（過剰拡張），逆に自宅で飼っている犬だけを「ワンワン」と呼ぶ（過剰縮小）こともある。子どもは，獲得した自分のことばで，思いや要求など，さまざまなことを表現しようとするので

176　第3部　発達の理論と子ども理解

ある。

　語彙が増えるにつれ，「ワンワン」と「ニャンニャン」が区別されるなど，過剰拡張的な使用も見られなくなる。「ママ，ダッコ」「ワンワン，バイバイ」など，2つの単語をつないだ二語文も話すようになる。

　2歳から3歳頃にかけて，子どもは「ママ，ジュース，ちょうだい」のように3つ以上の単語を連ねた多語文を話し始める。最初は助詞や助動詞は入らないことが多いが，3歳を過ぎる頃には「マナカも，スーパーに，いく」など文法的にも整った文章が話せるようになる。そのため，3歳から4歳頃は，話しことばの一応の完成期といわれる。

　またこの時期は，さかんに話すおしゃべりの時期でもある。「どうして，空は青いの？」など，「なんで？」「どうして？」と物事の仕組みや因果関係にかかわる質問をするようになる。「第二質問期」である。子どもは，ことばで世界をとらえ，考え，広げていくようになるのである。

5．伝え合うことばの獲得—話し合いを支える保育者の援助

　話しことばをほぼ獲得し，仲間意識が高まる4歳を過ぎる頃から，仲のよい少人数の友達同士であれば話し合いができるようになる。グループの名前や活動の内容を決めるなど，思いや考えを伝え合う必要性の中で話し合いが始まる。

エピソード16-1 『どうやってボールを回せばいい？』（リョウガ君　5歳6か月頃：年長組）
問：話し合いにおける保育者の役割とは，なんだろう？

> 　子どもたちが8人ほどで運動会の種目の相談をしている。オリンピックの新体操を見て，ボールを使った種目を取り入れることになったのである。グループの仲間とどんなふうにボールを回すのか相談しているが，なかなか話が進まない。ケイスケ先生がやってきて「なんか決まった？」と尋ねる。「きまってなーい」と子どもたち。「え，何も決まってないの，まだ？」と，ケイスケ先生は両手を挙げて，驚いてみせる。「リョウガ君は，どういうのがいいと思う？」とボールを渡しながら，ケイスケ先生が尋ねる。リョウガ君はボールを受け取るが，頭をかしげながら笑っている。「まぁ，今までやったのとかでもいいんだけど，他にもどんなのがいいと思う？」とケイスケ先生。「あたまなげは？」と意見が出る。「あたまなげ」と笑う声。「上でもいいし，下でもいい」と身振りを交えてケイスケ先生が言う。「こう，こう？」とボールを頭の上で動かし，エヘへと笑うリョウガ君。「後ろの人にどうやって渡す？」とケイスケ先生が問う。頭の上に手を上げ，「こうやって，こうやって」とやっ

第16章　子どもは人とのつながりの中で，どのようにことばを獲得するのだろう？　　177

てみる男児。「できなかったら，たいへんだ…」の声。「どうかんがえよう」と女児が言う。
「よく考えてやってみよう」とケイスケ先生。
　ケイスケ先生がいなくなった後，子どもたちで話し合いが始まる。「え，でも，うえだっ
たら，こうなっちゃう」など，ボールを持って実際にやってみながら話している。ボールを
持った女児が「ちょっとやってみよう」，「はい，まっすぐならえ」と提案するが，男児に
ボールを取られそうになり「だめ」と言って素早くすり抜ける。逃げた女児の後を追って，
もう一人がついて行くと自然と一列に子どもたちが並んでいく。「わたし，せんとう」と
ボールをもった女児がうれしそうに言い，笑いながら「はい」とボールを両手で持ち，身体
を後ろにのけぞらせて列の後ろに渡していく。後ろの子どもたちも同じように，「はい」と
ボールを渡していく。列の最後の子どもまでボールが届くと，今度は後ろから前へボールが
送られてくる。ボールが先頭の女児に戻ってくると，女児はボールを持って列の真ん中に移
動し，「みんな，これでもいい？」と他の子どもたちに問いかける。「それでいい，それでい
い」，「それでいいよ，いいよ」，「だいじょうぶだ」と他の子どもも賛同する。

出典『3年間の保育記録④　育ちあい学びあう生活のなかで　5歳児』より

　エピソード16-1は，5歳児半ばの子どもたちの姿である。グループ8人で
運動会の種目について相談しているが，子どもたちだけで意見を出し合い，話
し合いを進めていくことは容易ではない。保育者の援助が必要となる。エピ
ソード16-1でも，ケイスケ先生が子どもたちの中に入り，リョウガ君に「ど
ういうのがいいと思う？」と意見を求め，返事がなければ「今までやったので
もいいんだけど」とことばを足して問いかけている。「あたまなげ」という意
見が出れば，「上でもいいし，下でもいい」とことばを言い換え，他の可能性
も挙げながら，最後は「後ろの人にどうやって渡す？」と問題の核心をズバリ
尋ねている。リョウガ君の考えを引き出そうとしながら，他の子どものことば
をつなぎ，広げて論点を示し，話し合いを進めようとしている。
　岩田（2011）は，伝え合うことばを育てる保育者の援助として，「中継者」
「交通整理者」「司会者」の三つを挙げている。子ども同士のことばをつなぐ
「中継者」，一人ひとりの子どもの思いや考えを引き出し，みんなで考えるため
の「交通整理者」，そして，子ども同士の話し合いを方向づけ，見守る「司会
者」としての役割である。
　ケイスケ先生がいなくなると，子どもたちは自分たちだけで相談を始める。
ここでは，ことばとともに，実際にボールを使い，体を動かしながら考えてい
る。幼児期の子どもは，体を使って試行錯誤しながら考える。体で納得したこ
とを「これでもいい？」とことばで問い，「それでいいよ」とことばで合意し，

納得する。幼児期の子どもは、体とことばを使って考えるのである。

また、このように子どもたちは、人とやりとりすることば（外言）を交わす体験を重ねながら、頭の中で自分と対話する思考の手段としてのことば（内言）を獲得していくのである（第14章参照）。

6．書きことばの獲得―音から文字へ

私たちの生活の中には文字があふれ、大半の人が文字を読んだり書いたりすることができる。こうした社会においては、子どもたちは早い時期から文字の存在に気づき、読み書きの芽生えとなる行動を見せる（髙橋, 2015）。文字の読み書きができない子どもが、お話をすっかり覚えた絵本を「読んで」くれたり、文字らしきものを「書いて」見せてくれたりする（図16-1参照）。

就学前の子どものひらがなの読み書き能力を調べた調査では、50年以上前の1967年の調査（国立国語研究所, 1972）でも、4, 5歳児のほとんどがひらがなを読んだり（図16-2参照）、自分の名前を書くことができていた。近年は、より早期から文字を習得していると推察されるが、組織的な文字指導は小学校から始められる。それゆえ、子どもたちは日常生活の中で、周囲の大人たちが

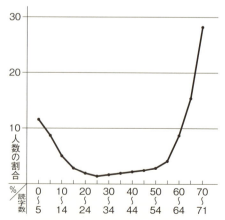

図16-1　71文字の範囲で幼児の読字数の分布（4, 5歳児）
（国立国語研究所, 1972をもとに作成）

図16-2　文字らしきものを書く（4歳9か月）

文字を読んだり書いたりする活動を見たり参加する中で，自然と文字を習得していくと考えられる。

　文字を習得するためには，音に対する意識の発達も重要である。私たちが使う文字は，基本的には音と対応している。そのため文字を習得するためには，話しことばが音の連なりでできていることを理解し，音に注意を向ける**音韻意識**が不可欠である（天野，1986）。例えば「キリン」ということばを聞いて，キ・リ・ンの3つの音に区切り（音韻分解），2番目の音が「リ」であることを理解する（音韻抽出）必要がある。

　子どもの遊びを見ると，音韻意識の発達を促すような遊びが多くある。そのよい例がしりとりである。しりとりは，ことばを音に分け，語尾の音を取り出し，その音を語頭にもつことばを探す遊びである。しかし，音韻意識が十分に育っていない子どもも，答えにつながるヒント（例：クリの後に「赤い果物」＝リンゴ）を出してもらって遊びに参加することができる。子どもたちは遊びの中で援助を受けながら，読み書きの基礎となる音韻意識を育んでいくのである（高橋，1997）。

180　　第3部　発達の理論と子ども理解

7．小学校教育につなぐことばの獲得――一次的ことばと二次的ことば

　ここまで，乳幼児期のことばの獲得過程について見てきた。近年，**小1プロブレム**など，幼児期の教育と小学校教育の接続が問題となっている。岡本(1985) は，人は誕生後，二度，ことばを獲得するとし，乳幼児期に獲得することばを「一次的ことば」，児童期のことばを「二次的ことば」と呼んで区別した（表16-1参照）。

　幼児期に獲得される「一次的ことば」は，生活を共にし，経験の共有を積み重ねてきた特定の親しい人との間で，具体的な現実場面についてやりとりすることばである。アタッチメント（愛着）を築いた親しい人と，生活の中で共に育んでいくことばでもある。

　一方「二次的ことば」は，小学校以降の学校場面で求められることばである。小学校に入ると，多くの人の前で発表したり，「いま，ここ」の現実から離れて抽象的な話をしたり，知らない人にもことばだけでわかるように話すことが必要となる。書きことばの習得が目指され，自分一人で話の展開を組み立て，文章を書くことも求められる。

　二次的ことばは一次的ことばと重なり合いながら発達していく。しかし，両者は質的に大きく異なる。そのため，二次的ことばの獲得は，子どもたちにとって大きな困難となる。二つのことばをつなぐことが重要となる。

　では，どのように二つのことばをつなげればよいのだろう。一次的ことばと二次的ことばをつなぐ活動の一つに，絵本の読み聞かせがある。絵本は，子ど

表16-1　一次的ことばと二次的ことばの特徴（岡本，1985）

コミュニケーションの形態	一次的ことば	二次的ことば
状　況	具体的現実的場面	現実を離れた場面
成立の文脈	ことばプラス状況文脈	ことばの文脈
対　象	少数の親しい特定者	不特定の一般者
展　開	会話式の相互交渉	一方的自己設計
媒　体	話しことば	話しことば・書きことば

もたちの「いま，ここ」の世界から離れた，不特定多数の読者に向けて書かれた二次的ことばの世界である。一方，絵本の読み聞かせは，一次的ことばの特徴ももつ。保育者と子どもが1対1で，あるいは仲のよい友達やクラスのみんなと一緒に絵本を見る。保育者は「みんなも遠足で水族館に行ったよね」など，絵本世界を子どもたちの現実世界に結びつけながら読んでいく。子どもたちは友達と一緒に，保育者の読みや語りに導かれながら，絵本世界を「わたし」の世界として体験するのである。

　また絵本の読み聞かせは，文字体験の基盤にもなる。子どもたちは，保育者の読みを通して文字が表す世界と出会う。保育者や友達とやりとりしながら絵本世界を理解し，書きことばならではの表現や語彙も増やしていく。

　保育の場での二次的ことばは，保育者と子どもたちのつながりの中に芽生える。小学校教育につなぐことばも，遊びや生活，人とのつながりの中に生まれるのである。

8．遊びや生活をつくることばの獲得—未来をつくることば

　5歳児も後半になると，子どもたちは，友達と話し合いながら，遊びや生活を自分たちでつくっていくようになる。リョウガ君の成長した姿を見てみよう。

エピソード16-2 『星組探検隊だけのマークをつくろう』（リョウガ君　5歳9か月頃：年長組）
問：自分たちだけのマークをつくることは，子どもたちにとってどんな意味があるのだろう？

> 　保育室で男の子たちが，5人ほど輪になって座り相談している。1人の男児が「じゃあさ，みんなでさ，そうだんしてさ，ほしぐみたんけんたいだけのさ，マークをつくろうよ」と提案する。それに応えて「そんならね，ほしぐみたんけんたいだけの…」，「しかくにきってさ…」などと子どもたちが話し始める。はさみで切るまねをしながら「ちっちゃくするのね，かたちね…」，「そのまま　きるかね…」，「かいちゅうでんとうか　むしメガネとかはるの」，「こうつけて　むしメガネ　でかいの」など，具体的な案も出てくる。そこで1人の男児が「そういうところにね，じぶんがはれるのに　はるの。いい？」とみんなを見回し，「さんせい？」と尋ねる。「さんせーい」と他の子どもたちが答える。その声を聞いて，尋ねた男児も「さんせーい」と両手を挙げる。相談がまとまると，それぞれ星形のマークをつくり始める。「さいごに　きいろいいろのも　ぬっといたほうがいいね」など，提案しながらつくっている。

出典『3年間の保育記録④　育ちあい学びあう生活のなかで　5歳児』より

エピソード16-2では，子ども会に向けて遊びが盛り上がる中，子どもたち同士の関係も深まり，自分たちで話し合いながら遊びをつくっていく姿が見られる。星組探検隊だけのマークをつくることで，チームの一員という思いも高まり，一体感をもって遊びを進めている。リョウガ君も，チームの1人としての自覚をもち，自信をもってマークづくりに取り組んでいる。

この話し合いの場には，ケイスケ先生はいない。子どもたちの自立的な話し合いの場となっている。自分たちの遊びを，自分たちで考えて決める。ことばで考え，ことばで伝え合いながら，自分たちの未来を自分たちでつくっていくのである。

ことばは，コミュニケーションの手段であり，思考の手段である。そして，自らの未来をつくる手段でもある。こうしたことばを，子どもたちは，人とのつながりの中で獲得する。保育の場は，子どものことばを育み，子どもが自ら未来をつくる力を培う場なのである。　　　　　　　　　　（横山真貴子）

第17章　子どもが社会への一歩を踏み出す時とは？

社会性の発達

エピソード17-1　『森を描こう』（リョウガ君　4歳6か月頃：年中組）
問：人が生き生きとしてゆく姿が現れる時とは？

大きな模造紙を教室の床に広げて，ケイスケ先生が勢いよく大きな木を描きはじめた。子どもたちも何人か，同じ模造紙に絵を描いている。他児の「クリ」ということばをうけて，ケイスケ先生は「クリクリクリクリ・・・」とリズミカルに言いながら木にクリの絵を描いていく。リョウガ君は，絵の周りを移動しながら様子を見たり，イガグリの絵に触れて「いたっ」と言ったりしている。しかし，描こうという先生の誘いにはリョウガ君は応じない。

それでもリョウガ君は絵から離れず，先生のそばに立って絵を見ていた。先生が「これはなんでしょうか」と絵についてクイズを出すと，「クワガタかカブトムシかわからない」とリョウガ君は応じ，女の子と一緒にしゃがんで絵を見るようになった。先生が川を描こうとすると，女の子の「あっち」という声に合わせてリョウガ君は「あっちのほうが　ながいから」と言う。その声を聞いて，先生は青色のクレヨンで地面から天に向かって川を描いていく。腕をめいっぱい伸ばして描けるところまで描くと，先生は「遠い　ちょっとリョウガ，あちらにまわってください」と，絵の天の方へ移動を促す。リョウガ君は立ち上がって急ぎ足で移動する。移動したリョウガ君に先生はクレヨンを渡しながら「そっちにもっていってください」と川を延ばすように頼む。リョウガ君がクレヨンを受け取って先生が「先生は水色（のクレヨン）も使います。もっとそっちに使ってってください　ガーッて（描いて）いっていいですよ」と言うと，リョウガ君が描き出した。先生の描きかたを見て，まねて，描いていく。先生は「さあ，どんどん川が長くなります」と言う。リョウガ君は描き続けながら，先生や友達も描いている川を見て「わぁ〜」と声を出す。先生の「どんどん延びてきた」という声。木の幹や枝の周りに川を描いていたリョウガ君が，木の枝や幹の上に川を描いていく。描きながら「ゔわぁ〜」と発するリョウガ君の声に，先生も「ゔわぁ〜　どんどんつながってきました」と応じ，リョウガ君の描いた川が，先生の描いた川からの支流を描いていた友達の川につながった。リョウガ君は「つながったぁ　つながっちゃった」と笑って，描く手を止めて絵を眺める。他の子どもからも「つながった」という声が聞こえる。先生の描いた大きな木の周りに，子どもたちが虫やクリ，ドングリ，花，川を描いた森の絵が生まれた。

出典『3年間の保育記録③　先生とともに　4歳児』より

　森の絵に川を描き，「つながった！」と言うリョウガ君のように，人が生き生きとしていくのはどういう時なのだろうか。本章では，人が生き生きとする時は，人々が織りなす社会関係を基盤としたプロセスの中で生み出されるとと

森を描こう（『3年間の保育記録③　先生とともに　4歳児』より）

らえたエリクソン（Erikson, E. H., 1902-1994）の理論から考えてみよう。

1．エリクソンの発達理論

　エリクソンは1902年にドイツで生まれ，渡米後の1950年に『幼児期と社会』で乳児期から老年期に至るまでの人間の生涯の発達を八つの段階に分け，各時期の発達の**心理社会的危機**を示し，その後，そこから現れる**徳**（晩年には「心理社会的強さ」と呼ぶ）を示した（図17-1）。この徳が積み重ねられていく過程で，人は，「対（vs.）」で結ばれた一組の心理社会的危機に出会うという。冒頭のリョウガ君の姿（エピソード17-1）は，どのような発達の危機に直面し，乗り越えようとして生まれたのだろうか。まずは八つの段階の危機と徳を見ていこう。

　乳児期の子ども（赤ちゃん）は，食べること，服の着脱，排泄など，生きるために世話を必要とする。赤ちゃんは，世話をしてくれる母親（養育者）との初めての身体的交流を通して「**基本的信頼の感覚**」を体験する。これは，母親（他者）を，そして母親を通して世界を信頼できるという感覚と，赤ちゃんが自分自身を信頼するに値すると見なす感覚である。

　「基本的信頼の感覚」は**アイデンティティの感覚**の基礎ともなる。アイデン

		1	2	3	4	5	6	7	8
老 年 期	VIII								統合 対 絶望,嫌悪 [英知]
成 人 期	VII							生殖性 対 停 滞 [世話]	
前 成 人 期	VI						親 密 対 孤 立 [愛]		
青 年 期	V					同一性 対 同一性混乱 [忠誠]			
学 童 期	IV				勤勉性 対 劣等感 [適格]				
遊 戯 期	III			自主性 対 罪悪感 [目的]					
幼児期初期	II		自律性 対 恥,疑惑 [意志]						
乳 児 期	I	基本的信頼 対 基本的不信 [希望]							

図17-1　エピジェネティック図表 (Erikson, 1982 村瀬・近藤訳 1989)

ティティを概念的に定義づけようとすると，心理を社会や歴史と結びつけてとらえたエリクソンらしく，「変転きわまりない歴史的状況によって変化し続ける」と言う。だが，個人に生まれる内的な感覚ととらえる時，「はつらつとした同一性と連続性の主観的感覚」だとも言う（Erikson, 1968 中島訳 2017, p.6）。それは，成長と発達を通じて同じ自分自身であるという感覚（同一性）と同時に，歴史と未来をもった社会との一体感の感覚（連続性）である。

　「基本的信頼の感覚」が生まれる過程で赤ちゃんは，「基本的信頼」のみならず「基本的不信」も体験する。「信頼」しすぎるのも「不信」に陥りすぎるのもアイデンティティを危機にさらす。その危機にあたって「基本的信頼」の方へ母親が手を差し伸べることで，赤ちゃんは危機を乗り越え，「基本的信頼の感覚」を抱き，それによって「希望」の徳が出現する。「基本的信頼の感覚」は，赤ちゃんが最初に経験する，自分や他者，世界との基本的な一体感であり，最も初期の，最も未分化なアイデンティティの感覚と言えよう。

　幼児期初期には子どもは歩くようになり話すようになる。この時「自律性

186 第3部 発達の理論と子ども理解

対 恥, 疑惑」の危機に立つ。この危機を乗り越えて「意志」の徳を学ぶ。遊戯期には, 高いところにのぼり, ごっこ遊びに夢中になり, お話を聞くことを楽しむ。特に遊びの中で「自主性 対 罪悪感」の危機を体験し,「目的」意識の徳が育つ。

　学童期および青年期には, 仲間との生活の中でアイデンティティが養われる（第6章参照）。社会が提供する学校教育を受けるようになる学童期には, 遊びや空想ではなく, 職業に関心をもって観察し, まねをするようになる。そうして知識や技能を身につけ, 仲間と協力して何かを作り上げることができるという「勤勉性」の感覚が生まれる。勤勉性の感覚をもつことができない時,「劣等感」の増大という危機を経験する。この危機を子どもの中で統合して,「適格（コンピテント）」な活動ができるという徳を学ぶ。青年期には, 仲間に対する「忠誠」の徳を学ぶ。「同一性（アイデンティティ）対 同一性混乱」が危機である。

　前成人期には,「親密 対 孤立」の危機がくる。「親密」は, 仕事や性愛や友情といった具体的な提携関係に自分を投入することである。対をなす概念は「孤立」である。その人にとって危険と感じられる力や人物から離れることや, 誰からも目を向けられぬ状態にあることへの恐怖である。「親密 対 孤立」の危機を越えて, 特定の人との間の「愛」の徳を学ぶ。相手への「愛」ゆえに自分を犠牲にすることがあるという, アイデンティティの質的転換が生まれる。続く成人期には**「育てられる者」**から相手の人間を**「育てる者」**への転換の中で,「生殖性 対 停滞」の危機を経験しながら相手を「世話（care）」する徳を学ぶ。

　人生の最終期である老年期には「英知」の徳を学ぶ。エリクソン（Erikson, 1982）は,『ライフサイクル―その完結』で, 老人に求められるのは, あらゆる関係の中で視覚（vision）と触覚（tact）を働かせながら生きてゆく生き生きとした感性と創造性を維持する強さだと述べる。「統合」の語源が触覚であるように, 世界, モノ, 他者との触れ合いを通して, 図式の上段の右隅にある「絶望」と図式の下段の左隅にある「希望」が架橋され, 幼な子のように嬉々として生き, 愛し, 素直に学ぼうとすることができるという。「希望」なしに, 人生を始めることも, 意味をもって終えることもあり得ない。「希望」によっ

第17章　子どもが社会への一歩を踏み出す時とは？　187

て，人生（ライフ）は**サイクル**になるのである。

　エリクソンは，図17-1を**エピジェネティック**（漸成）図表と呼ぶ。エピジェネティックということばは，適切な環境が与えられれば，成長は，ある範囲において，予定されたある一定のプログラムに基づいて進む，というエリクソンの発達の考え方を表している（Erikson, 1968 中島訳 2017, p.105）。しかし，その過程は**生成**的である。人の成長において，信頼と不信など，それぞれの段階で特に成長させるべき部分が，矛盾をはらむ危機として現れ，その危機を最初は養育者に支えられて，究極的には社会・歴史とのかかわりの中で，本人の自我の力によって乗り越え，ひとつながりにつなぐことで徳が現れるという。また，ある発達段階に特徴的な危機は，その成長が最優先される時期以前にも何らかの形で存在しているし，危機が解決されたとしても，ライフサイクルの中で繰り返し解決し，さらなる発達を遂げていくとされる。冒頭の場面は，幼稚園や保育所に通う子どもの多くが体験する日常の一場面に見えるかもしれないが，リョウガ君も危機を抱えていた。次に詳しく見ていこう。

2．社会性の発達―リョウガ君の歩みから

　リョウガ君が年中組（4歳）に進級して2か月が経過した5月下旬に遡ってみよう。

エピソード17-2 『ころんじゃった』（リョウガ君　4歳2か月頃：年中組）
問：リョウガ君はなぜすぐに立ち上がれなかったのだろう？

> 　登園して荷物を教室のロッカーに片付けたリョウガ君は，勢いよく教室を飛び出していく。リョウガ君はユウタ君と一緒に靴を履き替えて，ユウタ君と二人で遊びにいこうとしていた。そのとき，他の友達がユウタ君を虫探しに誘うのだが，リョウガ君はその輪に入りきれずにいた。遊びにいこうとしたユウタ君たちについていこうとしたリョウガ君は，ころんでしまい，そばにいたお母さんに抱きついて泣いていた。そこへケイスケ先生が「リョウガ君，おはよう」と声をかけながら近づいて来た。ころんで泣いていることを理解したケイスケ先生は，「ころんじゃったんだ。いたい，いたい，いたい，いたい。くじけてんだ」と語り，リョウガ君の背中に手を当てて「リョウガ君，君の手と足は自分で立ち上がるためにあるんだぞ」と言って立ち去った。その後，ケイスケ先生は遠くから様子を見守っていた。

　　　　　　　　　　　　出典『3年間の保育記録③　先生とともに　4歳児』より

188 第3部 発達の理論と子ども理解

リョウガ君は，この時二つの**三人関係**に直面した。一つは，三人以上の友人関係である。もう一つは，母親とケイスケ先生と自分との三人関係である。後者の三人関係について補足しよう。リョウガ君にとって，3歳児の年少時の担任は母の代わりに抱っこをして受け止めてくれる存在で，母と子の**二人関係**の延長であった。ところが年中になって担任になったケイスケ先生は，ころんだ時に自立するように導いたように，母とは別の導き手となる父性的な存在として現れた。三人以上からなる対人関係の世界（三人関係の世界）へと目が開かれていくと，子どもは本格的に社会化の道を歩み始める。三人関係に入れずにいたリョウガ君は，**社会性**を育てる課題を抱えた時期だった。

社会性という課題（ゴール）が示されても，人はゴールに向かって生きるのではないと，エリクソンは言う。発達は，いったん得た徳も解体されつつ，不安定に揺らぎながら何か新しいものへと変化していく生成の過程としてとらえるのである。リョウガ君は，ころんだ時，三人関係に入るという未来に向けた課題と同時に，「立つ」という，いったん乗り越えたように見える過去の課題に再び出会う。幼児が自分の足で立つこと，歩くこと。それは，人が直立的であることに伴う不安定さと引き換えに「自律性」を獲得していく課題でもある。

リョウガ君は，「私は私である」ことと「私は私たちである」ことの折り合いをつけるという課題に直面していたとも言える（第2章参照）。この時大人は，リョウガ君の母のように「今」を受け止めることと，ケイスケ先生のように「未来の姿」へ導くことという両義的な二面の対応が必要になる。しかし，受け止める面が弱いままの導きの声は対立関係を生むことがある。9月，ケイスケ先生は，複数の友達との遊びに入るきっかけを先生に作ってもらうリョウガ君に対して，自分から友達の輪に入ってほしいと距離をおくようになった。それに対してリョウガ君は，『お弁当食べない宣言！』（エピソード5-5，p.54）や「運動会の玉入れやらない宣言」をして，「私」と「私たちの中の私」の間で葛藤しつつ，仲間の一員になること（「私は私たちであること」）へ導くケイスケ先生に抵抗を示していた。

しかし，徳が解体されて生じる不安定な状態は発達の阻害要因ではないし，不安定さの中での緊張こそが人を成長させる。それは，**遊び**というフィクションの世界が契機となることがある（Erikson, 1963 仁科訳 1977）。それが冒頭

の場面（エピソード17-1）である。だが，ここに至るまでも，一筋縄ではいかない。リョウガ君は，大きな紙に描かれる森の世界と，勢いよく絵を描く先生の姿に惹かれるが，絵をみんなと描くことへの参加への促しや導き（例えば「クリの絵の担当を交代しよう」という働きかけ）には応じない。自分も参加したいと願っていても，その一方で「恥」と呼ぶ，あまりにも未熟なまま愚かに自身をさらしてしまうという感覚と，自分自身と自分を導く人への「疑惑」が参加を躊躇させる。「自律性」が育つには，周囲は参加を応援しつつ，「恥，疑惑」から保護することが大切である。そして，それより前の「基本的信頼の感覚」が確立されている必要がある。そのためには，今の〈ある〉が受け止められることが必要である。遊びは，それも可能にする。エピソード17-1でリョウガ君が，先生が描いたイガグリに触れるふりをして「いたっ」と言う場面がある。リョウガ君は，先生の導きには応じないが，自ら**見立て遊び**をして参加しようとするのである。この時先生は「いたっ，気をつけて」と返す。絵のイガグリは痛くないのだが，先生はあたかもそうであるかのように受け取り，その仮構の世界に専心して生きる見立て遊びの世界を共有する。先生がリョウガ君を受け止めて適切に応える**呼応関係**が生まれている（岡田，1993）。この後，クイズも繰り返され，「これは何を描いているでしょう」というケイスケ先生の問いかけに，リョウガ君は慎重に「クワガタかな？」と答え，「正解！」と受け止めてもらう。このような遊びの世界の共有は**共同行為**を生起させる。この後，リョウガ君は，女の子と先生との三人関係の中で，先生の誘いに応じて，「立って」移動して川を描き始めるのである。そうして描いた川が「つながった！」。それはリョウガ君にとって森の中で仲間とつながるという「希望」が叶った瞬間であり，一緒に喜ぶ先生や友達の姿に，自分が「希望」を与えることもできると感じた瞬間であり，自分の「意志」で参加する「自律性」を感じた瞬間だったのではないだろうか。「私は私である」ことと「私は私たちでもある」こと，すなわち自立と社会性をめぐる危機は，遊びの中で同時に解消され，その時子どもは生き生きとする。

　見立て遊びはごっこ**遊び**に至る。5歳になったリョウガ君は，レストランごっこや探検隊ごっこなど，たくさんの友達と遊ぶ遊戯期を体験していく。

190　　第3部　発達の理論と子ども理解

3．育てる者の発達

　発達の危機を人は自分で越えると言う時，それは個人による孤独な離脱の試みではない。リョウガ君のように，最初は，養育者である大人に支えられて人は危機を越える。この時大人は支える立場であるだけではない。大人は子どもによって動かされつつ，子どもを育てることによって育てられ，子どもは大人に育てられることを通して，大人を成長させつつ，自ら育ってゆく。それをエリクソンは**ジェネラティヴィティ**（世代継承性；generativity）という造語で表現した。エリクソンの「**ライフサイクル**」は，誕生から死までの個人の生涯のサイクルを意味すると同時に，前の世代によって育てられ次の世代を育てていく「育て−育てられる」関係が継承されていくサイクルも含んでいるのだ。

　このように見ると，リョウガ君の危機と発達はケイスケ先生の危機と発達でもあった。大人が子どもを育てることには，相手が前進する喜び（「生殖性」）があるが，同時に「停滞」がある。先生がリョウガ君に対して距離をおいたり，リョウガ君が「お弁当食べない宣言！」をしたり，二人の間の戸惑いや対立，緊張関係は，ケイスケ先生にとっての危機でもあった。二人の関係が織り直されるきっかけとなったのは森の絵だった。その過程で「見立て遊び」へ誘ったのはリョウガ君だった。リョウガ君がイガグリに触れて「いたっ」と言う。それにケイスケ先生が「いたっ，気をつけて」と返す。遊びは共有する世界を生み，子どもと教師という非対称な関係ではなく，人間同士の対称性の関係を生み，相互行為を生み出す。この相互行為を促す**メディア**（媒介）が森の絵であり，それを生き生きと描き始めたのはケイスケ先生だった。先生が生き生きとすることが子どもを惹きつけ，遊ぼうとする子どもに動かされて誘導から遊びへと先生のかかわり方が変わることで子どもが生き生きとする。〈育て−育てられる〉関係性の中で子どもも大人も生き生きとするのだ。

　この時ケイスケ先生が最初に描き始めたのは堂々と立つ「木」であったことは，偶然だろうか。「立つ」ことは，アイデンティティ感覚の見事な現れである。立つことによってはじめて体験する身体的な不安定性が，心理的には「恥，疑惑」を生む基盤となるとエリクソンは描いたと前述した。それにとどまらず，

エリクソンは，立つことの身体感覚を心理的意味とつなげ，さらには社会的倫理的意味合いへとつないでいく。立つことが社会的には「自分より下位に位置する」人々を必要とし，差別や排他性を生じさせるようになると言うのである。立ち上がることには，そうした否定的意味合いが含まれることを認めつつ，人は，エピソード17-2でケイスケ先生がリョウガ君に言ったように，自分の足で立たねばならない。しかし，エリクソンはそこで終わらない。「自立できないから共に立つのでもなく，逆に自立できたからもはや共に立たないのでもなく，自立できるからこそ共に皆で立つ」（西平，1993，p.220）。リョウガ君，子どもたち，そしてケイスケ先生によって生まれた森の絵は，「共に皆で立つ」ことの芽生えにも見える。リョウガ君の自立は，ケイスケ先生が「基本的信頼」や「自律性」を学び直し，育てる者として自立する過程でもあったし，それぞれが一人で立つために共に立つ過程だったと言えるのではないだろうか。

4．社会に支えられて開かれる発達

　エリクソンは，直接的な他者だけでなく社会との関係で人生を考えようとした。では，その社会が個人の発達にとって望ましくない場合どうなるか。

　家族から食事や身の回りの世話がほとんどなされず，ほぼ放置されるという甚だしい剥奪を受けながらかろうじて生きていた姉弟に，1972年の発見時から15年以上にわたる発達援助と追跡研究を行った藤永ら（1987）の記録がある。発見時，姉は6歳，弟は5歳だったが，身体発育は1歳半程度で，ことばはなく歩行もほとんどできなかったため，乳児院に収容された。入所後，適切な食事や世話によって身体の発達は回復を見せた。しかし，姉と弟で社会性，情動，言語等の心理面の回復に違いが見られた。保育士と**アタッチメント**（attachment；愛着）を形成できた姉は順調に回復した。一方，最初の保育士とアタッチメントが形成できなかった弟は回復せず，保育士を交代させると急速に回復した。

　二人の回復のきっかけはアタッチメントであった。アタッチメントとは，動物行動学から生まれたことばで，「危機を感じて不安や恐れなどネガティブな感情を経験した個体が，特定の個体にくっつきたいと強く願う欲求，そして現

192　第3部　発達の理論と子ども理解

にくっつこうとする行動の傾向」を指す。それはヒトにも見られる。英国の児童精神科医**ボウルビィ**（Bowlby, 1969, 1971, 1973）は，養育者との間でアタッチメントを安定して経験できないと，心身の健康な発達は保障されないと強く訴えた。極度の恐れや不安がある時に，特定の誰かが確実に保護してくれる経験は，自分や他者に対する「基本的信頼の感覚」に通じ，生涯発達を支える。

　カルガモなどの動物は，自力で身を守れない時期にひなから親鳥へ接近することで安全を得るという一方向的な仕組みであるのに対して，双方向的な仕組みをなすところがヒトのアタッチメントの特徴である。ヒトは，赤ちゃんの時期は，接近したくても自分からはくっついていけない。抱っこしてやるなど，養育者の方から接近して，アタッチメントが成立する。しかし，次第にヒトの赤ちゃんも自分からも接近できるようになる。双方向的な仕組みでアタッチメントが成立するヒトの赤ちゃんは，どのような養育者であれ，その養育者との間で，なんとか安全感，安心感が維持できるよう，自分のくっつき方を調整する必要に迫られ，結果的にそこにアタッチメントの個人差が生じてくる。

　その個人差をとらえる方法として，**エインズワース**（Ainsworth et al., 1978）による**ストレンジ・シチュエーション法**がよく知られている。この方法では，子どもにとって新奇な場面となる実験室で，子どもを養育者から引き離して一人にさせたり，見知らぬ人と二人きりで交流させたりし，その後，養育者と再会させる。この流れの中で，特に，養育者との分離場面，再会場面での乳幼児の行動に着目して，子どものアタッチメントのタイプを分類した。今日，一般的に，アタッチメントの個人差は，四つのタイプがあるとされている。また，それぞれのタイプで，アタッチメント対象としての養育者の接し方に違いがあると言われている。ただし，養育者の子への接し方も子の気質や育児環境に影響されるものであり，一方的に養育者の接し方で子のアタッチメントのタイプが決まるわけではない。

　①**安定型**：養育者が離れるなど，怖い時や不安な時には泣き声をあげてくっつこうとし，再会場面でも多少泣くものの，養育者とくっつくことができれば容易に落ち着く。このような子どもは，通常，子どもの心の状態やシグナルに柔軟かつ円滑に応答できる養育者のもとで育っているとされる。

　②**回避型**：養育者との分離場面では怖くて不安なはずなのに，泣いたり自分

から近づいたりといった苦痛や混乱を示さず，再会場面でも養育者にくっつこうとしないタイプの子どもである。こうした子どもの養育者は，子どものネガティブな情動やシグナルに比較的拒絶的な傾向があり，子どもが助けを求めて近接するのを避ける傾向があると言われている。

③**アンビヴァレント型**：養育者と分離する際，怖くて不安になると，くっつくのだが，ぐずり続けるなど強い苦痛や混乱を示し，再会場面でも養育者に接触を求めつつ，叩くなどの怒りをぶつけてしまうタイプの子どもである。こうした子どもの養育者は，子どもがネガティブな情動を示した際にある時は受容し，ある時は受け流すなど，やや気まぐれな対応をする傾向にある。

④**無秩序・無方向型**：1990年代に入って見出されたタイプで，分離場面や再会場面で，くっつきたいのか離れたいのかよくわからず，時に呆然とした表情で不自然に固まってしまったりする子どもである（Main & Solomon, 1990）。このタイプの子どもの養育者は，虐待のような不適切なかかわりを向けてくるケースが高確率で認められると言われる。

　生後間もなくから自分からくっついていける動物にくらべて，双方向的な仕組みでアタッチメントを成立させることは正負両面をもつ。藤永ら（1987）の事例に示されるように，ヒトは，赤ちゃんの時は，養育者から接近がなされなければアタッチメントを発達させられないし，養育者との関係によって順調に回復する場合と問題が残る場合がある。だが，ヒトは養育者の方からも接近がなされるため，子ども側に少々の力不足があっても養育者にカバーされてアタッチメントは成立し，関係の力を伸ばせる。ヒトの発達の危機は「最初は養育者に支えられて，究極的には社会・歴史とのかかわりの中で，本人の自我の力によって越えられる」と前述したように（第1節），ヒトの発達には，自我の強さに加えて社会的環境も大きく影響するのである。

　発達に及ぼす社会の影響を考えるために**ブロンフェンブレンナー**（Bronfenbrenner, 1979）のモデルを紹介しよう。彼は，図17-2のように，人の発達過程には，マイクロシステム，メゾシステム，エクソシステム，およびマクロシステムといった環境が相互に影響しているとした。藤永ら（1987）の姉弟の回復を支えたのも，この同心円の環境システムであった。このような環境を意識することは，多様な子どもの発達の支援を適切なものにするだろう。

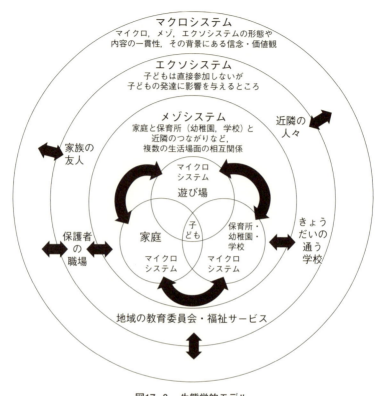

図17-2 生態学的モデル
(Bronfenbrenner, 1979 磯貝・福富訳 1996をもとに筆者作成)

5．おわりに―社会性をめぐって

　第一次産業（農林水産業），第二次産業（工業・製造業）から第三次産業（商業・サービス業）へという社会構造の変化に伴い，現代では，労働場面に限らず，あらゆるところで，そして子どもの世界でも「社会性」が求められる。その時の「社会性」は，子ども同士，親，教師，地域住民など，直接かかわる人をおもんぱかり，迷惑をかけたり不快な思いをさせずともに活動できる対人協調性というニュアンスが強い。社会性を狭い範囲でとらえると，このような

コミュニケーションを苦手とする人（例えば自閉症者）にとっては生きづらい社会となるし，人は発達上の課題（危機）を越えられない。エリクソンやブロンフェンブレンナーは，具体的な他者の外に存在する他者や，その他者で構成される社会や歴史との関係までを視野に入れて人の発達をとらえようとした。エリクソンの理論が**心理社会的発達理論**，ブロンフェンブレンナーの理論が**生態学的発達理論**と呼ばれる所以の一つである。既存の社会への適応としての発達だけではなく，自分が誕生する前から続く生命の営みに思いをはせることのできる森の絵のように，自然史や人類史の観点を含んだ時に見えてくる生成としての発達の中でこそ人は生き生きとするのだということをエリクソンやブロンフェンブレンナーの理論は，私たちに発している。 　　　　（羽野ゆつ子）

第18章　仲間関係を通して育つことってなんだろう？

　日本の子どもの多くが仲間との関係を構築する最初の場所は，幼稚園や保育所，こども園である。幼稚園や保育所，こども園の特徴は，子どもが入園・入所後にクラスに在籍し，そのクラスの仲間と1年あるいはそれ以上の期間を継続してかかわりをもつことである。つまり，幼稚園や保育所，こども園における集団は，子どもにとって既成の集団であり，成員を自由に選択することができない（住田，1995）。そのようなクラス集団の中で，入園当初，見知らぬ者同士の集まりが，一緒に生活しながら相手とのかかわりを何度か繰り返す中で，仲間関係を構築する。

エピソード18-1　『3歳クラスの遊び相手』（リョウガ君　3歳児前半・後半：年少組）
問：リョウガ君はどのような相手と遊んでいるか？

> 　3歳児クラスに入園してきたリョウガ君。最初は，母親に寄り添い遊んでいた。やがて，保育者が園での母親にかわる心のよりどころとなってきた。そして，2クラス合同クラスになってから，マコちゃん（マコト君）と一緒にじっくりと遊ぶようになってきた。マコちゃんは，家が近所で入園前から遊んでいた。リョウガ君とマコちゃんは，お好み焼きを作ったり，秋には落ち葉を集めて屋根の上に落ち葉をのせたりして遊んでいた。

出典『3年間の保育記録①　よりどころを求めて　3歳児前半』
『3年間の保育記録②　やりたいでも，できない　3歳児後半』より

　3歳児前半の映像資料でも，リョウガ君はさまざまな相手とかかわりをもっている。しかし，3歳児後半のエピソード18-1では，家が近所のマコちゃんとより密接に遊んでいる。その後，リョウガ君は4歳児，5歳児へと進級し，どのような相手と遊んでいるのだろうか？

1．幼児は遊び相手をどのようにして選ぶのか

　幼児期における仲間とのかかわりは主に遊びという形で生じ，それぞれの子

どもの社会的発達は相手からさまざまな影響を受ける（Hartup, 1983）。幼児の遊び相手については，一定の同じ相手，すなわち安定した遊び相手が見られるという報告がある（謝，1999; Ladd et al., 1996）。しかし，一般的に児童期以降の子どもと比較して，幼児期は特定の安定した遊び相手をもたず，遊び相手の選択は流動的であると言われている（住田，1995）。

　それでは，子どもはどのような理由で相手を選んでいるのであろうか。遊び相手の選択には，近接性，同年齢性，および類似性の3要因がある（Epstein, 1989）。近接性とは，自分の近くにいる子どもを遊び相手として選択することであり，同年齢性とは同年齢の子どもを遊び相手として求めるようになることであり，類似性とは子どもの興味・関心が分化し，興味・関心のもとに集まり遊ぶようになることである。幼児期では近接性が重要であり，偶発的なかかわりにより遊び相手が選択されるため，遊び相手の選択において流動性があると考えられる。そして，次第に同年齢性や類似性が遊び相手の選択要因となり，児童期に達する頃には安定したかかわりをもつ相手が生じると考えられる。つまり，3歳児の時のリョウガ君は，家が近いという近接性による要因でマコちゃんを遊び相手として選んでいたと考えられる。そして，4歳児の時は手裏剣遊びの時に隣にいたユウタ君と遊ぶようになり，近接的な要因から興味・関心のよく似た相手を選んだと考えられる。ゆえに，保育室の座席が近い，好きな遊びを行っている時にいつも近くに同じ相手がいるなども，幼児期の子どもが遊び相手を選ぶ重要な要因となる。

　幼児期の遊び相手が流動的であるという特徴は，社会的発達において重要であると考えられる。この時期の子どもは，さまざまなタイプの子どもとのかかわりを通して，他者のさまざまな信念，欲求，意図といった心的状態があることを経験し，ひいてはそれが他者と自分の考えが異なることを理解する「心の理論」の発達につながると思われる。なお，「心の理論」については，後ほど詳しく述べる。

　一方で，幼児期には繰り返しかかわることが多い相手，一般的に**友達**と呼ばれる存在も徐々に生じる。友達の定義を「肯定的な感情を伴う相互作用を繰り返し行う人々」とすると，日常のかかわりの繰り返しが友達を生む。友達とのかかわりは，友達でない者とのかかわりと比較して**相互作用**が多く，**葛藤**も多

198 　第 3 部　発達の理論と子ども理解

いが解決に至ることが多い（Hartup, 1996）。また，友達同士の相互作用は，
友達同士でない者との間の相互作用より複雑であると言われている。

エピソード18-2　『黒ひげレストランでのいざこざ』（リョウガ君　5歳3か月頃：年長組）
問：ごっこ遊びで生じたいざこざは，子どもたちにとってどのような学びにつながるだろう
か？

　　昨日から続いている "くろひげレストラン" ごっこが始まる。リョウガ君は，一番乗りで
　登園する。部屋の中では狭いというケイスケ先生の提案で，友達と相談しながらテラスに
　テーブルやイスを準備している。そこへ，女の子も集まってくる。マコト君（マコちゃん）
　やリョウガ君などの男の子たちが協力しながらテーブルを斜めにセットし，お椀が流れてく
　るしくみを作る。その奥で，ケント君がテーブルをつくり，女の子とレストランの準備をし
　ている。男の子たちが，お椀が流れている様子を楽しんでいる時に，それを見たケント君は
　怒ってテーブルを持っていってしまう。ケント君は，自分が置いたテーブルを勝手に斜めに
　されたのが気に入らないようである。そして，ケント君は泣きながら準備したテーブルなど
　を次々と壊している。リョウガ君がケント君に何かを言い，それが気に障り，ケント君と殴
　り合いのけんかになる。お互いに泣きながら自己主張をしている。その後，ケイスケ先生が
　介入し，子どもたちの意見を聞いて意見の整理をする。マコちゃんがまず「こっちはイス
　で，こっちはゴザでしいて，やったほうがいいなぁ」と自分の考えを説明する。すると先生
　は「それをマコちゃんが勝手にやっちゃうと周りのみんなは何をしているのかわからないん
　だよ。だからケント君は怒ったの。そうだよな」とケント君に語りかけ，ケント君が頷く。
　さらに先生は，「みんなで，あそこをイスで食べるようにしないかぁとか，こっちをゴザで
　食べることにしようぜって，相談すればいいんじゃないか？　そうすればいいんだよ
　じゃ，どうする？」と提案する。子どもたちは，意見を出し合いながら，テーブルを準備す
　る。

出典『3年間の保育記録④　育ちあい学びあう生活のなかで　5歳児』より

　エピソード18-2では，昨日盛り上がったレストランのごっこ遊びを継続し，
その中で生じたいざこざである。昨日は，看板やメニュー，料理などのもの作
りが中心であったが，今日は作ったものや，積み木などを用いてテーブルやイ
スを準備している。女児も仲間入りし，多くの仲間で遊んでいる。仲間が増え
ると，さまざまな考えや遊び方の違いが生じる。そこで，それぞれの考えの相
違に遭遇することになる。しかし，子どもは相手が思っていることを理解する
ことが難しく，相談もしなかったために生じたいざこざである。ケイスケ先生
は，子どもたちの意見を聞き，相談することの大切さを伝えている。
　いざこざは，子どもたちにとって遊びが楽しく，そして仲間同士が密接であ
るからこそ生じる。いざこざというネガティブな行為であるが，子どもにとっ
て多くの学びがあり，保育者はそれをうまく使いながら保育を行う。それでは，

いざこざを含めた仲間との関係を通して育つことについて考えてみたい。

2．仲間とのかかわりと関係の違い

　仲間との「**かかわり**」と「**関係**」はよく似た表現であるが，実は異なる。仲間関係とは長期にわたって二者間で生じる相互作用のことであり，さまざまな他者との関係は繰り返しのかかわりの歴史を反映している（Bjorklund & Pellegrini, 2002 無藤監訳 2008）。

　ここで重要なことは，仲間関係が一度きりのかかわりではなく，繰り返しのあるかかわりであるということである。例えば公園の砂場で，ある子どもが同年代の相手と初めて遭遇したとする。その相手が自分の遊んでいたおもちゃを取った場合，子どもはどのような行動を選択するであろうか。きっと，力ずくで取り返すといった行動を選択することが多いと思われる。しかし，これが過去に何度かかかわりのある，よく知っている相手の場合はどうであろうか。もし，その相手が自分とのかかわりの中で非常に協力的であった場合，相手がおもちゃを取るという行動に至った経緯を理解し，相手の気持ちを推察し，相手に対して何かしら述べながらもおもちゃを貸すといった行動を選択する場合が多く見られると思われる。つまり，一度きりのかかわりと繰り返しのあるかかわりとでは，選択される行動もそこからの学びも異なるのである。

　上述したように，幼稚園や保育所，こども園は，クラス集団の中で，見知らぬ者同士の集まりが，一緒に生活しながら特定の相手とのかかわりを何度か繰り返す中で仲間関係を構築する。その仲間関係を通して，子どもは多くのことを学ぶのである。

3．社会的な遊び

　幼児期の**社会的遊び**を通した仲間とのかかわりについて，多くの研究がなされている。パーテン（Parten, 1932）は，遊びにおける仲間へのかかわりの発達段階について，1）何もしていない行動，2）1人遊び，3）傍観的行動，4）平行遊び，5）連合遊び，そして6）協同遊びの6つのカテゴリに分類し

200　第3部　発達の理論と子ども理解

た。そして，彼女は，6つのカテゴリが加齢とともに順次生起することを示した。つまり，2.0〜2.5歳児は1人遊びを行い，2.5〜3.5歳児は平行遊びを行い，そして3.5〜4.5歳児は連合遊びを多く行った。しかし，彼女が各段階の遊びは各年齢において見られる特徴であるとした点に関して，1人遊びは幼児期のどの年齢においても認められ，集団と1人との自由選択肢になっているという批判がなされた（Rubin, 1982; Smith, 1978）。さらに，平行遊びについても，遊びが移行する時や集団遊びに至る媒介形態として5歳児にも認められていることが報告されている（Bakeman & Brownlee, 1980; Robinson et al., 2003）。

　また，すでに遊び集団が存在し幼児がその中に入りたい場合は，何かしらの方略を用いて**仲間入り**する必要がある。この仲間入り方略に着目した研究において，幼児は相手の活動へ仲間入りするだけでなく，自分の活動へ相手を引き込んだり，新しい活動を一緒に開始していることや，「入れて」といった明示的な方略により仲間との相互交渉を求めるだけでなく，さまざまな暗黙的な方略により仲間との相互交渉のきっかけをつかんでいることがわかっている（松井ら，2001）。

　3歳児や4歳児の時のリョウガ君は，仲間が行っている遊びに興味を示すが，なかなか仲間入りすることができずにいた。そこで，保育者がリョウガ君にさまざまな提案をしたり，一緒に遊んだりするなど社会的な遊びに引き込もうとしていた。このように，なかなか仲間に入れないでいる子どもに対して，保育者の役割は重要である。

　以上のように，幼児期の子どもは仲間とかかわりをもち，仲間の気持ちを察し，仲間の行動の意味を理解し的確に反応するなど，より高次なかかわり方略を学び，それらを駆使しながら社会的な遊びを行っていることがわかる。

4．仲間関係を通して育つこと

　人の社会的環境は多種多様なので，よくかかわる相手とつき合っていくための方法を柔軟に身につけなければならない。そのためには，**社会的認知**と呼ばれる，社会的関係や社会的現象に関して理解し，協力あるいは競争するためのよりよい方略を選択する能力が必要である（Bjorklund & Pellegrini, 2002 無

藤監訳 2008)。

　幼児期は，社会的認知の基礎となる能力が発達する時期であり，仲間との社会的な遊びを通してそれを学んでいくと考えられている。幼児期の仲間関係を通して育つことについて具体的に述べると，他者理解・共感，社会的カテゴリの理解，社会的規則の理解，コミュニケーション能力，ごっこ遊びなどを通した多様な役割の理解，などが挙げられる（藤崎，1993; 斎藤，1986）。さらには，ハリス（Harris, 1995, 1998 石田訳 2000）は集団社会化説を提唱し，これまでの母－子間のかかわりや関係（アタッチメント）が子どもの性格を決定するのではなく，仲間との関係が性格を決定する上で最重要であると述べている。その後，子どもの性格を決定する要因について，現在も議論されているが，その要因の一つとして仲間との関係が重要なことは明白である。

　それでは，幼児期に発達する社会的認知の基礎となる能力についていくつか紹介する。

　まず，幼児期は**心の理論**の獲得によって，仲間とのかかわりがめざましく発達する時期だと言われている（子安，2005）。「心の理論」とは，目的・意図・知識・信念・思考・ふりなどの内容から，他者の行動を理解したり推測したりすることができる能力のことであり（Premack & Woodruff, 1978），「誤った信念」課題によって調べることができる（子安，2005）。例えば，3歳児では，他者の心の状態を想定することが難しいため，行動を予測することができない。そのため，いざこざが生じやすい。エピソード18-2は，5歳児の時のいざこざである。他者の心の状態を想定することが可能と思われるが，多くの子どもが社会的な遊びを行っていたために，それらを理解することができなくなったと考えられる。さらに，リョウガ君とケント君が殴り合いのけんかをしている際，お互いに泣きながら自己主張をしている。5歳児であれば，子どもたちだけで解決する経験も大切であるが，ケイスケ先生は，人数が多く殴り合いのけんかに発展したこともあり，子どもたちの意見を聞き相談することの大切さを伝えたと考えられる。

　「心の理論」の発達に影響する要因として，年上のきょうだいや仲間の存在が挙げられ，そのような他者とのかかわりの中で信念，欲求，意図といった心の状態について話したり，エピソード18-2のような**社会的葛藤**（いざこざな

ど）を処理したり，ごっこ遊びをする機会が多くあることなどが考えられる（Bjorklund & Pellegrini, 2002 無藤監訳 2008）。そして，「心の理論」は幼児期に発達し，仲間とのかかわりにおいて非常に重要な役割を果たす。幼児は，他者の心を推察することがまだまだ難しいが，今，持ち合わせている能力を最大限に活用して他者とのかかわりをもっていることが非常に興味深い（「心の理論」は第19章参照）。

　また，幼児期において，社会的学習の一つである**共同学習**の萌芽が見られるようになる。共同学習とは，模倣学習などのように，到達度の低い者が到達度の高い者から学ぶというものではなく，お互いに共通の問題を解決しようとすることから生じる学習である（Rogoff, 1998）。実際にできるようになるのは，6〜7歳の児童期初期であると言われている（Tomasello et al., 1993）。そして，子どもは単独で作業するよりも，共同で作業する方がより到達度が高いことが示されている（Teasley, 1995）。

　児童期以降において共同学習が生じると述べたが，幼児期において共同学習に関する興味深い発見がある。それは，他者の行動を自身の行動として記憶するソースモニタリング・エラーを幼児がおかしやすいということである（Bjorklund & Pellegrini, 2002 無藤監訳 2008）。ソースモニタリング・エラーとは，他者が行った行動をあたかも自分が行ったように感じる間違いのことである。前述したように，単独での学びと比較して共同することによって多くの学びがあるが，その中で，幼児の未成熟な認知が多くのソースモニタリング・エラーを引き起こし，実はそのことが学習を促進しているというのである。つまり，仲間との共同場面において，あたかも自分が行ったように感じることにより，そのことが学習を促しているというのである。これは，幼児は大人と比較すると未成熟な存在であるが，その未成熟な部分が実は幼児期の子どもにとって適応的であり，かえって発達を促進しているよい例である。

　また，**向社会的行動**も社会的認知にとって重要である。向社会的行動とは，行動の受け手にとって何らかの利益になる行動を指す（Eisenberg & Fabes, 1998）。例えば，相手におもちゃをあげたり，相手を助けたりといった行動がそれにあたる。親切な幼児は周りから好ましく思われ，自分も親切にされ（Kato-Shimizu et al., 2013），このような向社会的行動をお互いに交換する経

験は，子どもの社会性の発達にとって重要な役割を果たすと考えられている（藤澤，2008）。

以上のように，仲間との関係によって，他者理解，社会的カテゴリや規則の理解，コミュニケーションの発達がうながされるのである。

5．保育において心がけること

仲間との繰り返しのかかわりである仲間関係を通して，子どもは多くのことを学ぶ。しかし，社会的な遊びや仲間とのかかわりが少ない子どもがいた場合，保育者は焦ってはならない。幼稚園教育要領（文部科学省，2017）の第2章「人間関係の1　ねらい」において，

（1）幼稚園生活を楽しみ，自分の力で行動することの充実感を味わう。

（2）身近な人と親しみ，関わりを深め，工夫したり，協力したりして一緒に活動する楽しさを味わい，愛情や信頼感をもつ。

（3）社会生活における望ましい習慣や態度を身に付ける。

とある。そして，幼稚園教育要領解説（文部科学省，2018）において，「幼稚園生活においては，何よりも教師との信頼関係を築くことが必要であり，それを基盤としながら様々なことを自分の力で行う充実感や満足感を味わうようにすることが大切である」と記述されている。ここで，人間関係のねらいとして（2）や（3）に示されている他者や社会との関係の前に，（1）が示すように子ども自身が園生活を楽しみ，充実感を味わうことが人間関係の基盤となることが重要である。

そのために，保育者はそれぞれの子どもが楽しめる環境は何かを思案し，その環境の中で子どもが充実した遊びを展開しているかを省察することが先決である。さらに，保育者との間で信頼関係を構築できているかを検討し，その先に仲間とのかかわりや関係があることを心にとどめてほしい。　　　（廣瀬聡弥）

第19章　気持ちを理解するってどういうこと だろう？
自我の芽生えと遊びの中での他者理解

　社会性の発達は乳幼児期の発達や保育において関心を引きやすい。社会性には，自分の気持ちを伝えたり，相手の気持ちを理解した上で自分の気持ちを調整したり，といったことが含まれる。幼稚園教育要領（2017）の第２章「人間関係」の内容には，「（6）自分の思ったことを相手に伝え，相手の思っていることに気付く」とある。また，内容の取り扱いには，「（5）（略）幼児が教師との信頼関係に支えられて自己を発揮する中で，互いに思いを主張し，折り合いを付ける体験をし，きまりの必要性などに気付き，自分の気持ちを調整する力が育つようにすること」と示されている。そうしたことのすべては自己と他者の間で生じる。

　そこで，本章では，幼児期の自己の発達と他者理解の発達に焦点を当てていきたい。特に，自己の発達が他者理解や他者とのコミュニケーションを支え，一方で，他者理解や他者とのコミュニケーションが自己の発達を促す様子を見ていきたい。

1．自分と他者の関係の基盤—三項関係の成立

　電車の中でお母さんに抱かれている赤ちゃんと目が合うと赤ちゃんもじっと見返してくる。そんな時，私たちは「赤ちゃんが私を見つめている」と感じる。少なくとも赤ちゃんがこちらに向けている注意や何らかの意志を感じる。

　生後3か月頃には，子どもは養育者と視線を交わし合い，大人が微笑みかけると笑い返すようになる。そこには，お互いの注意や関心，気持ちの通じ合いがあるように感じられる。こうした感覚をトレヴァーセン（Trevarthen, C.）は**間主観性**と呼んだ（Trevarthen et al., 1998 中野ら訳 2005；鯨岡，2006）。また，生後半年頃には目の前の物に手を伸ばし，振り回したり，叩きつけたり

第19章　気持ちを理解するってどういうことだろう？　205

といった遊びを行う。こうした子どもと他者，子どもと物との間の関係を**二項関係**と呼ぶ。この頃の子どもは他の人との間に情動的な交流を持つことや物に対して働きかけることができる。一方で，物に対する注意や感情を他の人と共有することはできない。そのため，子どもは物を触っている時には近くに人がいてもそちらを気にしないし，人とかかわりあっている時は近くに物があってもそちらを気にしない。

　生後 9 か月頃までの二項関係においては，子どもは「いないいないばー」のように子ども自身と他者との一対一の関係でコミュニケーションを行う。生後 9 か月を過ぎると，養育者が指さした物を見たり，反対に，養育者に見てほしい物を子どもが指さしたりといった行動が頻繁に起こるようになる。これは子どもが物に注意を向けるだけでなく，同時に他者がその対象に注意を向けていることを意識していることを示している。こうした注意の状態を**共同注意**と呼ぶ（Bruner, 1975）。子ども自身と他者，子ども自身と物とのかかわりを統合し，相手と注意や意図を共有しながら物（対象）を子ども自身と他者とのコミュニケーションの中に位置づけていく。この自分−物−他者の関係を（二項関係に対して）**三項関係**と呼ぶ（図19-1）。指さしに代表されるような共同注意行動や三項関係の理解の始まりをトマセロ（Tomasello, M.）は 9 か月革命と呼んでいる（Tomasello, 1999 大堀ら訳 2006）。

　また，9 か月以降，ある物に対する大人の反応を基準に子どもが自身の行動を決める様子が見られるようになる。例えば，床の上の物を触ろうとした時にお母さんの方をちらっと見て，お母さんが怖い顔をしていたら触るのをやめる。なお，このように子どもがある対象への評価を大人の表情などを見ることで判断することを**社会的参照**（social referencing）と呼ぶ（第12章も参照）。これも三項関係の成立を示す行動の一つである（Tomasello, 1995）[1]。

1　三項関係の成立は延滞模倣とともに，ことばの始まりを示す（第16章参照）。

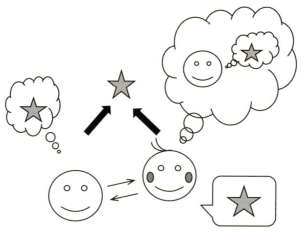

図19-1　三項関係（筆者作成）

2．自我の芽生え

　2歳児は養育者の言うことに何でも「イヤイヤ」と反抗し，無理にやらせようとすると癇癪を起こす。そのため，2歳代は「イヤイヤ期」や「**第一次反抗期**」と呼ばれたりする。英語では terrible two（恐るべき2歳）という表現もある。これは，子どもが，他者（養育者）が自身とは異なる感情や意思をもつことを理解し，（養育者の意思とは異なる）自分の意思で行動するようになるためである。つまり，他者の意思とは異なる，子ども自身の自我の芽生えである。

　自我が芽生えた2歳児は自分自身のやりたいことと他者（多くの場合，養育者）のやってほしいことが異なることには気づいている。それとともに，2歳頃には鏡に映った自分の姿が自分であることを理解するという形で，かすかに客観的な視点から自己を見つめる自己理解の芽生えが見られる。

　自己理解においては「他の人が自分をどのように思っているか」がわかることが重要である。しかし，それは4歳以降に「心の理論」が獲得されるのを待たなければならない（本章第4節参照）。その前に自分の姿が他者からどのよ

第19章　気持ちを理解するってどういうことだろう？　　207

表19-1　自己鏡映像に対する子どもの発達的変化（加藤，2008）

月齢	子どもの反応
12か月以前	鏡映像に対して社会的な反応（鏡映像を仲良しの他者として見ているような反応）が現れる。
12か月〜	自らの身体の動きと鏡映像の動きが同期していることに気づく。
18か月〜2歳前	鏡映像を見て恥ずかしそうにしたり，自己鏡映像を忌避したりする反応が見られる。
2歳前後	鏡映像マークテストに通過する。

うに見えるのかを理解する必要がある。大人は自分の姿がどのように見えるのかを，鏡を使って確認する。しかし，子どもが鏡に映った自分の姿（自己鏡映像）を理解できるようになるのは，ようやく2歳頃である（表19-1）。

　一方で，2歳児は自分でできることが増えてくる。また，何でも自分でしたい気持ちが強まる。すると，さまざまなこと（例えば，服を着たり，お菓子の袋を開けたり）をできないにもかかわらず，自分でやりたがるようになる。この時期の子どもには，やりたいことを（自分が）できるのかどうかといった客観的な判断力はまだないし，上手にやり遂げるだけの力や，気持ちを十分に伝えるだけのことばの発達も十分ではない。そのため，できないことでも挑戦するものの，思うようにできないと癇癪を起こしたりする。

　大人であれば，その場の状況から子どもの気持ちをくみ取れるかもしれないが，子ども同士だと自分の欲求をぶつけ合うだけになってしまうことも多い。

エピソード19-1　『自分の望みと相手の望み』（リョウガ君　3歳8か月頃：年少組）
問：リョウガ君とマコト君（マコちゃん）はなぜけんかになってしまったのだろう？

　リョウガ君は折り紙にベルトをつけて仮面ライダーのお面にしようとしている。そこにマコト君（マコちゃん）が「なんだよ，そんなもの。じゃあ，きて，そとに。おダンゴつくる？」と園庭から誘う。リョウガ君は折り紙を持ったまま，マコト君について園庭に出る。砂遊びをしたかったマコト君はリョウガ君から折り紙を取り上げる。「それ（仮面ライダーのお面）をやぶって」と言うマコト君に，リョウガ君は「ダメダメ。きっちゃダメ」と抵抗するが，マコト君は少し破いてしまう。リョウガ君は泣きながら，取り戻した折り紙を丸めて投げ捨てる。二人は一瞬にらみ合うが，リョウガ君はマコト君の側から離れ，マコト君はリョウガ君の様子を見つめている。そこに，おもちゃの熊手を持った男の子がリョウガ君に

208 第3部 発達の理論と子ども理解

> 話しかけてくる。リョウガ君は地面の熊手を手に取り，マコト君をちらりと見る。マコト君
> はリョウガ君に駆け寄り，叩きながらリョウガ君から熊手を奪い取ろうとする。リョウガ君
> も熊手で叩き返す。先生が気づいて，リョウガ君に声をかける。リョウガ君は泣きながら
> 「きっちゃったの」と先生に訴える。先生が「何を切ったの？」と尋ね，リョウガ君は「お
> りがみ」と答える。しかし，そこで近くにいた女の子が「頭をぶったんだよ」と会話に入っ
> てきたために，リョウガ君はそんなことを言いたいわけではないと，泣きながら首を振る。
> リョウガ君は「かみをきった」と再度訴えるが，先生も混乱し「髪の毛を切っちゃったの？」
> と返す。「ちがう！かみ！おりがみのかみ！」というリョウガ君のことばに先生も理解し，
> 周囲を見回し，先ほどリョウガ君が放り投げた折り紙を拾い上げ，広げて，「これが嫌だっ
> たの？」とリョウガ君の気持ちを代弁する。リョウガ君は大きくうなずく。その後，マコト
> 君も折り紙でお面を作る場面へと続いていく。

出典『3年間の保育記録② やりたい でも，できない 3歳児後半』より

　エピソード19-1では，マコト君は外で砂遊びをしたいと思っている。リョ
ウガ君は折り紙で作った仮面ライダーのお面で遊びたい。お互いに一緒に遊び
たいという点では一致しているが，遊びの内容については異なっている。そし
て，お互いの望み（何をしたいか）について「異なっている」ことには気づい
ているが，自分の望みをうまくことばで伝えたり，お互いの望みを調整したり
することはできずにいる。そのため，力づくで相手の行動を変えようとしてけ
んかになってしまう。先生は子どもに質問したり，子どもの気持ちをことばに
して代弁することで，リョウガ君とマコト君の間の調整を図ったり，自分の気
持ちの理解を促している。

3．自己制御と他者のことば

　子どもたちは4歳頃には親しい大人との一対一の会話はかなり上手にできる
ようになる。しかし，エピソード19-1のように自分自身の心情を語ることは
難しい。また，自分の行動をことばでコントロールすることは難しい。そのた
め，大人が子どもの行動を言語化し，きっかけを作ったり，方向づけをしたり
することが必要な場面が多くある。

　ルリア（Luria, A. P.）によるこんな研究がある。2〜6歳の子どもに「赤
ランプがついたらボタンを押してね。青ランプがついたら押さないでね」と指
示する。2歳児はランプに関係なくボタンを押してしまう。また，大人が「押

せ」とか「押すな」と声をかけても，声かけの内容に関係なく押してしまう。

　3〜4歳の子どもは大人の声かけがあると，自分の行動をコントロール，特に「押さない」でいることが，できる。とはいえ，3〜4歳児では赤いランプを「押せ」と自分で言った時には押すことはできるが，青いランプの時に「押すな」と言った時にも押してしまう誤りが見られた。

　5〜6歳になると，自分のことばにしたがって行動をコントロールできるようになり，青いランプの時に「押すな」と言いながら押さずにいられる。つまり，3〜4歳の子どもは，他者のことば（指示）にあわせて行動できるが，自分自身のことばで行動をコントロールすることは上手にできない。これに対して，5〜6歳になると自分の中のことば（**内言**）が発達し，内言によって自分の行動をコントロールできるようになる（黒田，1981；第14章も参照）。

　大人（養育者や幼稚園・保育所の先生）のことばかけだけではない。絵本の読み聞かせ，テレビのアニメといったもの——そうした物語の中の登場人物の台詞や行動——も子どもたちが自分や他者の気持ちに気づいたり，どんなふうにふるまえばよいのかを考えたりする助けになる（郷式，2016）。

4．他者理解の発達

　自分と他者の望みが異なることに気づけても，他者の望みの内容がわからなければ，お互いの望みを調整することは難しい。また，他者が自分の望みをどのように理解しているのかを理解することは，さらに難しい。このように「『他者が○○と考えている』ことについて考える」力は4歳以降に芽生えてくる。

　私たちは，他者の何らかの行動に対して「何を思っているのか」（信念）とか「何をしたいのか」（意図）といった心の状態を常に推測している。3歳児は他者と自分の欲求が異なることには気づいている。しかし，自分の知識，信念，意図と他者のそれが異なる時に，両者を分けて，論理的に考えていくことが難しい。例えば，3歳児は図19-2のような課題に対して，自分の知識と他者の知識を混同し，「箱」と答えてしまう。4歳以降になると現実や自分の知っていることとは異なる他者の心を正しく推測できるようになり，「かご」と答えるようになる。

ある行動の背後に心の中（の状態）を想定して理解する枠組みのことを「**心の理論（Theory of Mind）**」と呼ぶ。図19-2の課題は心の理論を研究するのに用いられる誤信念課題と呼ばれるものの一つで，この課題に通過すると，心の理論を獲得していると見なせると考えられている。4歳頃から正答できる子どもが出始め，発達障害などがない場合，小学校に入学するまでにはすべての子どもが正答できるようになる（子安，2016）。

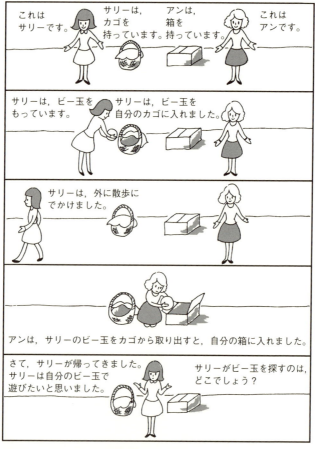

図19-2 サリーとアンの課題（Frith, 2003 富田・清水訳 2009を参考に作成）
誤信念課題の中で最も有名かつ標準的な課題の一つ。

第19章　気持ちを理解するってどういうことだろう？　　211

エピソード19-2　　『他の人の意図を読む』（リョウガ君　5歳6か月：年長組）
問：どんなことができるようになると，子どもたちだけで相談をまとめることができるようになるだろうか？

> 　子どもたちが運動会の種目の相談をしているが，あまり進展していない模様。ケイスケ先生が話し合いを促す。先生がいなくなった後，子どもたちだけで相談が始まり，頭の上でボールを受け渡していく提案がされる。ボールを持った女の子が「ちょっとやってみよう」と声をかける。女の子からボールを取ろうとする男の子が現れるが，女の子が素早くよけると，他の女の子がボールを持った女の子を追ってその子の後ろに並ぶ。それに他の子が次々と続き，子どもたちが一列に並ぶ。前からボールを渡していくと，前の子の動きを見て最後の子までボールが渡される。再度，後ろから前へボールが送られた後，先頭の女の子が「みんなこれでもういいの？」と確認し，他の子も賛同する。

出典『3年間の保育記録④　育ちあい学びあう生活のなかで　5歳児』より

　エピソード19-2では，リーダーの女の子の動きに合わせて，すぐにその後ろに続いた女の子に注目しよう。この子の行動からは「ちょっとやってみよう」というリーダーのことばから「一列になって実際にボールをリレーする」という彼女の意図を正しく読み取っていることがわかる。「心の理論」が獲得される4～7歳には一つひとつの具体的な指示がなくても相手のことばや状況から，正しくその意図や考えを読み取る能力が育ってくる。加えて，リーダーの女の子の「ちょっとやってみよう」とか「みんなこれでいい？」といったことばは，年少・年中組の頃には先生が担っていた役割やことばである。5歳児は，生活の中で体験してきた大人のことばやふるまいをしっかりと内化してきている。

5．自己主張と自己抑制

　第2節で触れたように，2歳児の自己主張は妥協を知らない。適切な自己主張とは「攻撃的でない方法で自分の要求を他者に伝える」ことである。なお，自己主張をしないことが自己抑制ではなく，仲間との関係において適応的であるためには，**自己主張**と**自己抑制**という二つの次元を調整していく必要がある。日本の子どもの場合，自己主張は4歳頃までは伸びるが，その後はそれほど伸びない（図19-3）。一方，自己抑制は伸び続ける（柏木，1988）。

　文化によって自己主張と自己抑制のいずれに価値をおくかは異なる。子ども

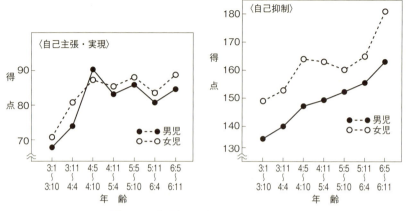

図19-3 　自己主張と自己抑制 （柏木，1988）

はその育つ文化に影響を受けて自己主張と抑制を発達させていく。例えば，日本では自己抑制は幼児期後半に入っても伸び続けるが，自己主張は伸びにくくなる（図19-3）。一方，アメリカでは逆の傾向が見られる（佐藤（2001）も参照）。また，多くの文化で男性よりも女性に自己抑制を求める。そのため，自己抑制は女児の方が高いことが多い（図19-3）。

　幼稚園や保育所では，家庭だけでは得られない広く一般的な社会・文化的価値観に触れ，適切な自己主張や抑制の能力を身につけていくことができる。そのため，そうした価値感は偏ったものであってはならない。また，幼稚園や保育所の先生をはじめ，子どもにかかわる大人は自身の価値観が偏ったものではないと思っていたとしても，それはあくまでその時代・地域（社会）の価値観に過ぎず，絶対的なものではないことを心に留めておく必要があるだろう。

（郷式　徹）

コラム 7　子どもを理解するさまざまな方法（2）観察，エピソード記録

　進化論の提唱者として有名なダーウィン（Darwin, C. R., 1809-1882）は，発達心理学の祖とも言われている。彼は，『MIND』という雑誌に「ある乳児の日記的素描（A biographical sketch of an infant）」と題して，長男の観察記録を記している。今日子どもを理解する方法には，心理学的な検査や質問紙法，実験法やインタビュー法などさまざまなものがある。しかし，生態学的妥当性のある自然な環境の中で，直接に子どもの行動や表情を読み取り，ことばを交わしながら理解を深める観察法は，古くて新しい人間理解の方法なのである。特に保育者は，自身も実践者として参加しながら観察を行う参与観察という形をとることが多い。そこでは，単に目に見える子どもの「行動」にのみ着目するのではなく，目に見えない子どもの「心の動き」を当事者として感じつつ，さらにはかかわりの中で生まれる自らの心の動きをもとらえながら「いま・ここ」で起きていることがらをエピソードとして記述していくことが重要である（鯨岡，2013）。

　保育者を目指す学生のみなさんの中には，「書く」ということ自体に負担を感じることもあるかもしれない。だが，書くことによって自分の経験を時間や空間を超えて他者と共有できることの意義を考えてほしい。記録があるからこそ，心が揺さぶられた保育の体験を他者に伝え，共有し，省察し改善していけるのである。

　本書では2章と19章で，同じ場面（リョウガ君とマコト君の折紙をめぐるいざこざ）がエピソードとして取り上げられている。19章の『エピソード19-1』では，子ども同士や保育者とのやりとりを，その表情や動き，ことばをつぶさに記述することで状況を見事に描きだしている。エピソードの「問」にあるように，「なぜ，リョウガ君とマコト君がけんかになってしまったのか」，その原因や経緯を客観的にとらえようとした視点と言えるかもしれない。一方で，2章の『エピソード2-1』では，同じ場面でも「困ったような表情」「うれしそうな表情」「悲しくて，悔しくて」などの子どもたちの心情も推し量りながら描いていることがわかるだろう。このエピソードでは，「リョウガ君の心にどんなものが残っただろうか？」という問があり，子どもたちの「心の動き」により着目した記述がなされている。同じ場面を共有したとしても，何に注目するのか，何を感じ，読み取るのかは少しずつ異なってくる。このような視点の多様性もまた，保育を他者とともに語ることのよさであろう。ぜひ，それぞれのエピソード記述の共通点と違いについて味わってみてほしい。

　どのような出来事を興味深いエピソードとして取り上げるかは，観察者の経験と力量と問題意識に大きく依存している。何気ない日常の中に，語りたくなるエピソードをたくさん見つける力を培うと，保育はますますおもしろくなるだろう。　　　　（藤崎亜由子）

第20章　子どもは規則や善悪をどのように学ぶのだろうか？
道徳性の発達

エピソード20-1 『やりたい放題』（リョウガ君　3歳3か月：年少組）
問：おもちゃを投げてしまったリョウガ君を，先生が強く叱らなかったのはなぜだろうか？

> 　部屋の中で遊んでいるリョウガ君は，ブロックが入っているカゴを豪快にひっくり返して全部出してみたり，大きなブロックを引き倒したり，棚からおままごと道具を床に落としたりと，部屋を散らかして回っている。さらにリョウガ君は電話のおもちゃを手に持って走り出すと，それをポイッと床に投げ落とし，おもちゃは床を滑って部屋の隅まで飛んでいく。それまで黙って様子を見ていた村石先生も，「あっ」と言ってリョウガ君に近づく。村石先生はおもちゃの飛んでいった先とリョウガ君の顔を交互に見て，「ちょっとリョウガ君，あっちまで飛んだ。拾ってきなさい」と優しい口調で言うが，リョウガ君はふざけて逃げ出す。村石先生は「ダメ」と言ってリョウガ君を追いかけ，「今のは向こうまで飛んだから」と背後からリョウガ君の両脇の下を支えて抱き上げ，おもちゃが落ちているところまで連れていく。村石先生「ほら見て」と，おもちゃのあるところを指し示し，「あそこまで行ったよ。拾ってくるよ」と言うが，リョウガ君は「いいの，いいの」とまるで他人事。村石先生「いいの，いいの，じゃないよー！」とあきれたように言い，再び拾うようにとリョウガ君に言い聞かせるが，リョウガ君はお構いなしに部屋の中をウロウロと歩き回っている。しばらくすると，村石先生は自ら落ちているおもちゃを拾って，リョウガ君のところに持ってくる。

出典『3年間の保育記録①　よりどころを求めて　3歳児前半』より

　入園してしばらく経ち，幼稚園に慣れてきたリョウガ君は，安心して自分の思いを出し始めている。担任の村石先生はそんなリョウガ君の様子を黙って見守っているが，おもちゃを投げてしまった時には，投げることはよくないということを伝えるべく，「拾ってきなさい」と優しい口調ではあるがしっかりと言い聞かせ，繰り返し働きかけている。それでも効果がないと見ると自らが率先して拾うことによって，リョウガ君にお手本を示そうとしている。

　このように私たちは，しなければいけないこと，してはいけないことについて，社会一般に受け入れられている規則や慣習を守りながら生活をしている。また，人として善い行い，悪い行いについて，ある程度みなに共通する基準をもっている。**道徳性**とはそれらの規則や慣習，善悪を含む道徳的価値を尊重する意識のことを言う。子どもは初めての集団生活となる幼稚園や保育所での生

第20章　子どもは規則や善悪をどのように学ぶのだろうか？　　215

活において，先生や友達とのかかわりの中で，自分や他者の行動に対する周りの人のさまざまな反応を見ながら，自分なりに善悪の枠組みを作っていく（神長，2004）。また幼稚園教育要領および保育所保育指針においても，「道徳性の芽生えを培う」ことが，幼児教育・保育の重要な目的の一つとして挙げられている。本章では，このような道徳性がどのようにして子どもの中で芽生え発達していくか，また道徳性を育む周囲の大人の働きかけとはどのようなものかについて考えていく。

1．道徳性の基盤

　生まれたばかりの赤ちゃんは，社会的な規則や規範とは関係なく，欲求のままにふるまっているように見える。**精神分析学**の創始者として知られるオーストリアの精神医学者，フロイト（Freud, S.；1856-1939）の古典的な道徳性理論はこのような見方に一致したものである。人の精神は原始的衝動で構成されるイド，その人固有の人格を実行する自我，衝動とのかかわりで自我をコントロールする超自我の3つの体系から成り，生後間もない時期はイドだけであるのが，0-1歳頃に自我がイドから分化して現れ，さらに3歳-4歳頃から超自我が発達しはじめると述べられている。この超自我こそが人格の道徳的体系であり，それまでに親から受けた禁止や罰が内在化されることで形成された良心によって社会的価値を取り入れ，あるべき行動基準によって自我を監視し，行動を調整することができるようになるという（大西，1992）。

　一方で子どもの日常的な行動を見ていると，1歳半-2歳頃の子どもたちが泣いている子どもに対して頭をなでる，おもちゃを渡すなど，相手をなぐさめ苦痛を減らすためのさまざまな方法を用いていることがわかる（第12章参照）。このようななぐさめ，援助，分与などの他者に利益となることを意図する自発的行動は**向社会的行動**と呼ばれるものである。ホフマン（Hoffman, M. L.）は，向社会的行動を動機づける要因が，他者が現実的に苦しんでいるのを見ることで感じられる**共感的苦痛**にあるとした。子どもの共感的苦痛が最初に見られるのは，生後10か月頃であるが，これは新生児に見られる情動伝染とは区別されるもので，痛がって泣いている赤ちゃんを見た時，動揺して泣きだすといった

ものである（Eisenberg, 1992 二宮他訳 1995）。

さらに，近年の発達心理学の研究は，生後数か月の乳児がさまざまな事柄を理解していることを示してきているが（第11・14章参照），その中の一つに生後6か月の乳児が，道徳的に「善い行い」と「悪い行い」を区別していることを示すものがある（Hamlin et al., 2007）。具体的には，図20-1のように○の形をしたキャラクターが坂を上ろうとしている時に，△の形をしたキャラクターがそれを下から押して手助けしようとしている動画と，□の形をしたキャラクターが上から押し戻して妨害しようとしている動画を見せる。その後，動画に出てきた△と□のキャラクターを乳児に示して，どちらか一方を選ぶように求めると，大部分の乳児が手助けした△のキャラクターの方を選ぶというものである。ここから，言語発達が十分でない乳児であっても，第三者に対する行動に基づいて他者を評価することができ，この能力はその後に発達する道徳的な思考や行為の基礎として役立つと解釈されている。このような乳児の理解は非常に原初的なものではあるが，道徳性の発達の基盤が生後間もない時期から備わっていることを示すものである。

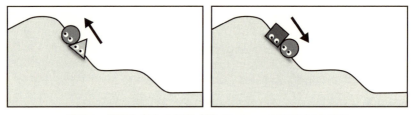

図20-1　手助け（左）と妨害（右）（Hamlin et al., 2007をもとに作成）

2．道徳的判断の発達

前節で述べたような生後1-2年頃までに見られた道徳性の基盤は，発達とともに次第に洗練されたものになっていく。認知発達段階の理論（第14章参照）で知られるピアジェ（Piaget, J. ; 1896-1980）は，道徳性を感情的・本能的なものではなく，正しい，間違っている，という判断（**道徳的判断**）を含む問題ととらえ，そのような判断の基準となる「規則」を子どもがどのようにと

らえているかを重視した。さらに道徳性は個人的な心理プロセスから生じるだけではなく、他者や社会の存在をぬきには考えることができないものであり、個人の心理プロセスと他者や社会を結びつけるものこそが「規則」であると考えた（吉岡，1992）。

　ピアジェは、子どものマーブル・ゲームと呼ばれる遊びを観察した。その中で、子どもにとって規則は、大人によって作られ変更することができない外在的なものであるという認識から、仲間同士の同意によって場合によっては変更も可能な内在的なものであるという認識へと変化することを主張した。ピアジェは、このような外在から内在へという発達的変化を実証するために道徳にかかわる多くの問題を取り上げた。具体的には次のような2種類の話を5歳から13歳までの子どもたちに聞かせて、2人の主人公のうちどちらがより悪いか、またそれはなぜかといったことについて質問をしている（Piaget, 1930 大伴訳 1954）。

　　1．ジャンという男の子が扉の向こう側にある椅子の上にコップが置かれていることを知らずに扉を開け、15個のコップをすべて割ってしまった。

　　2．アンリという男の子がお母さんの留守中に戸棚からジャムを取り出そうとして、そばにあったコップを1つ割ってしまった。

　その結果、年齢の低い子どもには、「コップをたくさん割った子の方が悪い」といった結果重視の反応が多いが、加齢とともにこのような反応は減少し、10歳頃になるとほとんどの子どもが、「勝手にジャムを取ろうとした子の方が悪い」という動機重視の反応を示すようになることがわかった。ピアジェはこの理由として、年齢の低い子どもに見られた結果重視の判断は、大人の子どもに対する拘束が、大人への一方的尊敬を通じて歪められて受け止められた結果であると述べている。つまり、年齢の低い子どもにとって規則は外在的なものであるから、この規則に背く程度が外在的に（物質的損害が客観的に）大きい方がより悪いと考えるのである。一方で、動機重視の判断をするためには、大人への一方的尊敬や服従に基づくのではなく、仲間との関係性の中で他者との協同や相互の尊敬に基づいて行動する経験が必要であると述べられている。言い換えれば子どもの道徳性の発達的変化は、判断の基準が大人や外在的規則というように自分以外のところにある**他律**の段階から、自らが考えて判断する**自律**

218 第3部 発達の理論と子ども理解

の段階への変化とも言える。

アメリカの心理学者，コールバーグ（Kohlberg, L.；1927-1987）は，ピアジェの考え方を発展させながらも，道徳性の発達が児童期以降も続くものと考え，独自の発達理論を展開した（Kohlberg, 1969 永野他訳 1987）。コールバーグは二つの価値観が対立する次のような話を，**モラルジレンマ**としてさまざまな年齢の人たちに聞かせた。「ある男性が病気で死にそうな妻のために，その病気の治療に効果がある唯一の薬を手に入れようとするが，薬屋は男性に薬を作るのにかかる費用の10倍の値段を請求した。男性はお金を用意するために手段を尽くしたが半分のお金しか用意できなかったため，薬屋に事情を話して，薬の値段をもっと安くするか後払いにさせてくれるように頼んだが，薬屋は聞き入れなかった。結果として男性は薬屋に盗みに入った」。その後，この男性は薬を盗むべきであったかどうか，またその理由を尋ねた。コールバーグは，薬を盗むべきであったかどうかという判断自体よりも，なぜそのような判断をしたかという理由づけを重視し，表20-1のような発達段階を提起した。さまざまな国での調査結果から，文化により多少の違いはあるものの，道徳判断の発達は全体としてこのような発達段階で進むことが示されている。日本で行われた調査では，小学校5年生と中学校2年生において段階3が最も多く，高校2年生では段階3と段階4が半数ずつ程度，大学生では段階4と段階5が半数ずつ程度見られることがわかった（山岸，1976）。コールバーグの理論は近年の道徳教育の分野で中心的な役割を担ってきており，モラルジレンマについて生徒同士で討論させる形式の道徳の授業も取り入れられてきている。このような討論を通じて子どもは前の段階の考え方の適切でない点や，一貫していない点に気づき，道徳的判断が上の発達段階に移行すると言われている（荒木，1997）。

第20章　子どもは規則や善悪をどのように学ぶのだろうか？　　219

表20-1　コールバーグによる道徳性の発達段階とモラルジレンマに対する回答例
(Kohlberg, 1969 永野他訳 1987)

Ⅰ. 前慣習的水準

段階1
〔服従と罰への志向〕
権威に自己中心的に服従し，問題とは直接関係のない被害や罰の客観的大きさに従った判断をする。
【賛成】彼がとった薬の値段はそれほど高価なものではない。
【反対】彼は捕まえられて刑務所に入れられる。沢山の被害を与えたのだから。

段階2
〔素朴な自己中心志向〕
自己や他者の欲求を満たす行いこそがよい行いであると判断する。
【賛成】彼は妻を助けたいのだから盗んでもよい。盗むより他に方法はない。
【反対】薬屋がつけた値段には問題はない。彼は儲けたいのだから。

Ⅱ. 慣習的水準

段階3
〔よい子志向〕
家族，教師，仲間といった周囲の他者との関係性を重視し，他者から認められる行いがよい行いであると判断する。
【賛成】彼のしたことは，よい夫なら当然するべきことである。
【反対】たとえ妻が死んだとしても彼のせいではない。薬屋が利己的なせいである。

段階4
〔権威と社会秩序への志向〕
義務を果たし権威を尊敬すること，既存の社会秩序を維持することが重要であると判断する。
【賛成】何もせず妻を死なせてしまったら，彼の責任になる。お金は後で支払えばいい。
【反対】彼が妻を救いたい気持ちはわかるが，盗むのは悪いことだ。

Ⅲ. 慣習以降の水準

段階5
〔社会的契約と法律遵守への志向〕
社会的契約や法律の意義や目的を正しく理解した上で，それらを遵守することが重要であると判断する。
【賛成】このような状況のために法律は作られたのではない。この状況で薬を盗むことは真には正しくないが，正当化される。
【反対】盗むことを完全に非難することはできないが，極端な状況であっても法律を勝手に曲げることは正当化されない。

段階6
〔良心または原理への志向〕
法律や規則が普遍的な道徳原理に反する時には，自己により決定された原理に従った判断をすることは間違いではないと判断する。
【賛成】これは盗むか妻を死なせるかどちらかを選択せざるを得ない状況である。生命を保護し尊重するという原則に従えば，盗むことは道徳的に正しい。
【反対】彼の妻と同じぐらい病気がひどく，薬を必要とする人が他にいるかもしれない。彼の妻だけではなく，すべての生命に同じように価値がある。

3. 子どもの道徳性を育むには

　ここまで道徳性の発達について述べてきたが，実際に幼児期において子どもの道徳性を育むために何が重要であるかを考えてみよう。まず1点目に挙げられるのは大人からの働きかけである。エピソード20-1における村石先生のリョウガ君への働きかけを振り返ってみよう。ここまで見てきたように，幼児の道徳性は基本的に他律的なものであり，信頼する大人の言うことを正しいと

考え，それに従う傾向が強い。そのため，「おもちゃを拾ってきなさい」と指示した村石先生のように，大人がことばや態度によって，しなければならないこと，してはいけないことをはっきりと示していく必要がある。ただし，このような働きかけが有効になるには，大人と子どもとの間にしっかりとした信頼関係が形成されていることが前提である。また，大人の権威によって「正しいこと」を一方的に教え込もうとすると，かえって子どもの他律的傾向を強めることになってしまう（文部科学省，2001）。そのため，村石先生はリョウガ君のふるまいを強く叱責するというよりは，「あっちまで飛んでいったよ」と指摘したり，実際におもちゃの飛んでいった先まで抱えていったりすることで，リョウガ君自身が自分の行為の結果について考え，自発的におもちゃを拾うきっかけを作っていたと考えられる。

　2点目に，仲間とのやりとりである。エピソード18-2（『黒ひげレストランでのいざこざ』参照，p.198）では，リョウガ君はレストランごっこでのやりとりをめぐってケント君と激しいけんかになってしまう。このようないざこざや葛藤を通じて，子どもは他者が自分とは違う思いや考えをもっていることに，身をもって気づいていく。ピアジェも指摘したように，子どもが自律的な道徳性を身につけるためには，一方的な尊敬の対象になりやすい大人との関係だけでは不十分であり，対等な仲間とのやりとりが欠かせないものである。この場合，保育者の役割は子ども同士を仲介することであり，場合によってはあえて何も言わずに見守ることも必要かもしれない。実際にエピソード18-2でのケイスケ先生のかかわりは，子どもたちに互いに話し合うことを促し，自分の思いをことばにして相手に伝えることや，相手の考えを受け入れ理解することを学ばせようとするものであった。

　3点目に，他者の行いから学ぶことである。**社会的学習理論**で知られるカナダの心理学者，バンデューラ（Bandura, A. ; 1925-）によれば，子どもは自分自身がよい行動をしてほめられたり，悪い行動をして叱られたりしなくても，周りの大人や他の子どもの行動を見てそれを模倣したり，他の子どもがほめられたり叱られたりしているのを見て新しい行動を身につけたりする（明田，1992）。エピソード20-1における村石先生は，リョウガ君にさまざまに働きかけながらも，最後にはあえて無理強いせずに自らおもちゃを拾って片づけると

ころを見せていた。保育者自身が子どものよいお手本となるような道徳性の実践者になることとともに，子ども同士が互いの行動から学び合えるようなクラス集団をつくることも道徳性を育む重要な側面である。

4．小学校以降の道徳教育とのつながり

　2018年より小学校における「道徳の教科化」が開始し，教科としての**道徳教育**のあり方に注目が集まっている。前節で述べた幼児期における道徳性の育ちは，小学校以降の道徳教育にどのようにつながっていくのであろうか。幼児期の学びが遊びや生活の中で成立する（第5・15章参照）のに対して，小学校以降の学びはあらかじめ用意された時間割と教材のもと自覚的に進められていく。そこでは課題を子どもなりに引き受け，自分のものとして取り組むことが求められる（無藤，2010）。このような違いにより，道徳教育はすべての学校段階で一貫して取り組むべきものであるが，指導形態の大きく異なる幼稚園・保育所と小学校の円滑な接続を図ることは容易ではないという指摘もある（越中，2015）。

　一方で，小学校低学年における道徳教育は，道徳の時間における指導と，学校の教育活動全体における教育（道徳以外の各教科，特別活動，朝の会，帰りの会，給食，清掃など）が両輪となって展開され，道徳の授業でも基本的生活習慣，善悪判断の自覚，社会生活上のルールを身につける指導が重視されているという（石田，2004）。また「道徳の教科化」がなされるにあたり，道徳の授業の具体的なあり方として，従来の道徳教育にありがちであった特定の価値観を教え込む方法ではなく，「考え，議論する」ことにより児童生徒の道徳性を育むことが求められている（小寺・藤永，2016）。「考え，議論する」授業とは，例えば前述したモラルジレンマ授業のようなものであると想定され，このような仮想的なモラルジレンマ場面において，自分の意見を積極的に述べるとともに，他の子どもの意見に耳を傾け，互いの意見を尊重した議論をすることには，幼児期において仲間とのいざこざ・葛藤を解決するプロセスや，遊びをめぐってルールや役割分担について話し合う経験が土台になることは確かであろう。

（鈴木亜由美）

掲載エピソード一覧（DVD登場順）　（『3年間の保育記録：一人の子どもの入園から卒園まで』岩波映像株式会社より）

No	エピソードタイトル	年齢	DVD	エピソード登場時間	掲載章	掲載ページ	主な関連章
5-1	初めての登園日	3歳0か月頃	1巻	01:49	5章	p.50	12章
3-1	乗り物遊具でユラユラ	3歳1か月頃	1巻	09:55	3章	p.26	16章
5-3	ママに抱っこしてほしい	3歳1か月頃	1巻	16:53	5章	p.51	
20-1	やりたい放題	3歳3か月頃	1巻	24:26	20章	p.214	3章、15章
15-1	プール遊びへのきっかけづくり	3歳4か月頃	1巻	29:35	15章	p.164	5章、14章
9-1	丸めて剣を作る	3歳6か月頃	1巻	41:52	9章	p.98	12章、13章
18-1	3歳クラスの遊び相手	3歳児前半・後半	1巻	46:00	18章	p.196	
2-1	ボクは仮面ライダー	3歳8か月頃	1巻	55:04	2章	p.19	3章、5章、12章、コラム7
19-1	自分の望みと相手の望み	3歳8か月頃	1巻	58:32	19章	p.207	コラム7
9-2	ボクにはできない	3歳8か月頃	1巻	01:03:56	9章	p.98	3章
9-3	自分の手でできた！	3歳11か月頃	1巻	01:08:40	9章	p.99	
17-2	ころんじゃった	4歳2か月頃	2巻	12:46	17章	p.187	
5-5	お弁当食べない宣言！	4歳6か月頃	2巻	21:57	5章	p.54	1章、3章、15章、17章
17-1	森を描こう	4歳6か月頃	2巻	26:35	17章	p.183	3章
13-2	オオカミのお面づくり	4歳8か月頃	2巻	29:34	13章	p.148	
14-1	みんなで劇ごっこ	4歳8か月頃	2巻	29:49	14章	p.155	
13-1	砂場遊びに夢中になるまで	5歳1か月頃	2巻	52:14	13章	p.141	3章
5-8	富士山とエベレストはどっちが高い？	5歳1か月頃	2巻	54:26	5章	p.57	
14-2	黒ひげレストランごっこ	5歳3か月頃	2巻	01:00:46	14章	p.156	
18-2	黒ひげレストランでのいざこざ	5歳3か月頃	2巻	01:00:46	18章	p.198	5章、12章、14章、20章
5-7	メニューの値段を決める	5歳3か月頃	2巻	01:02:25	5章	p.57	
19-2	他の人の意図を読む	5歳6か月頃	2巻	01:11:50	19章	p.211	
16-1	どうやってボールを回せばいい？	5歳6か月頃	2巻	01:11:50	16章	p.176	19章
14-3	四つ葉のクローバーをつくる	5歳9か月頃	2巻	01:17:14	14章	p.161	12章
16-2	星組探検隊だけのマークをつくろう	5歳9か月頃	2巻	01:31:50	16章	p.181	
3-2	探検隊の坂転がり	5歳9か月頃	2巻	01:33:43	3章	p.30	

注：本書掲載ページ順の一覧は、p. x を参照。

引用文献

■第1章

秋田喜代美 (2015). 子どもの発達を理解することの意義　新保育士養成講座編纂委員会（編）　新保育士養成講座第6巻　保育の心理学（pp. 8-19）　全国社会福祉協議会

Ariès, P. (1962). *Centuries of childhood*（R. Baldick, Trans.）. New York: Vintage Books.（杉山光信・杉山恵美子（訳）(1980).〈子供〉の誕生：アンシャン・レジーム期の子供と家庭生活　みすず書房）

Cole, M. (1996). *Cultural psychology: A once and future discipline*. Cambridge, MA: Harvard University Press.（天野　清（訳）(2002). 文化心理学：発達・認知・活動への文化—歴史的アプローチ　新曜社）

藤永　保 (2016). 発達研究・発達観・モデルの変遷　田島信元・岩立志津夫・長崎　勤（編）新・発達心理学ハンドブック（pp. 2-19）　福村出版

郷　康広・颯田葉子 (2007). 五感の遺伝子からみたヒトの進化　別冊日経サイエンス, 2007年9月号, 8-17.

刑部育子 (1998).「ちょっと気になる子ども」の集団への参加過程に関する関係論的分析　発達心理学研究, 9 (1), 1-11.

長谷川寿一・長谷川眞理子 (2003). 進化と人間行動　東京大学出版会

Heckman, J. J. (2013). *Giving kids a fair chance*. Cambridge, MA: Massachusetts Institute of Technology.（古草秀子（訳）(2015). 幼児教育の経済学　東洋経済新報社）

Ji, Q., Luo, Z. X., Yuan, C. X., Wible, J. R., Zhang, J. P., & Georgi, J. A. (2002). The earliest known eutherian mammal. *Nature, 416*, 816-822.

柏木惠子・古澤頼雄・宮下孝広 (2005). 新版　発達心理学への招待　ミネルヴァ書房

小林洋美 (2002).「見る目」から「見せる目」へ：ヒトの目の外部形態の進化　生物科学, 54 (1), 1-11.

国連人口基金　阿藤　誠（日本語版監修）(2011). 世界人口白書2011—70億人の世界：一人ひとりの可能性　公益財団法人ジョイセフ

厚生労働省 (2018). 平成29年簡易生命表の概況　Retrieved from https://www.mhlw.go.jp/toukei/saikin/hw/life/life17/dl/life17-02.pdf（2019年3月10日）

松沢哲郎 (2002). 進化の隣人　ヒトとチンパンジー　岩波書店

文部科学省 (2010). 幼児理解と評価の考え方　Retrieved from http://www.mext.go.jp/component/a_menu/education/detail/__icsFiles/afieldfile/2010/10/21/1298151_2_1_1.pdf

太田素子 (2007). 子宝と子返し：近世農村の家族生活と子育て　藤原書店

サトウタツヤ・鈴木朋子・荒川　歩（編）無藤　隆・森　敏昭（監修）(2012). 心理学のポイント・シリーズ　心理学史　学文社

篠崎信男（編）(1976). 人口問題の手引き　人口情報昭和50年度第3号　人口問題研究会

Vygotsky, L. S.　柴田義松（訳）(1956/2001). 新訳版思考と言語　新読書社

養老孟司 (2003). バカの壁　新潮社

■第2章

Garland, C., & White, S. (1980). *Children and day nurseries: Management and practice in nine London day nurseries.* London: Grant McIntyre.

鯨岡　峻 (1999). 関係発達論の構築　ミネルヴァ書房

鯨岡　峻 (2010). 保育・主体として育てる営み　ミネルヴァ書房

Mahler, M. S., Pine, F., & Bergman, A. (1975). *The psychological birth of the human infant: Symbiosis and individuation.* New York: Basic Books.（高橋雅士・浜畑　紀（訳）(2001). 乳幼児の心理的誕生—母子共生と個体化　黎明書房）

Wallon, H. (1956). *Les étapes de la personnalité chez l'enfant.*（浜田寿美男（訳）(1983). 子どもにおけるパーソナリティの発達段階　浜田寿美男（訳編）　ワロン／身体・自我・社会　第3部（pp. 231-244）　ミネルヴァ書房）

■第3章

厚生労働省 (2017). 保育所保育指針

松本信吾（編）(2018). 身近な自然を活かした保育実践とカリキュラム　中央法規出版

文部科学省 (2017 施行). 学校教育法

津守　真 (1997). 保育者の地平—私的体験から普遍に向けて　ミネルヴァ書房

■コラム2

小島佳子・渋谷郁子・山野栄子 (2017). 次世代に保育の魅力を伝える　鈴鹿大学生活コミュニケーション学研究所年報, *8*, 82-89.

谷川夏美 (2018). 保育者の危機と専門的成長　学文社

■第4章

犬塚朋子・大藪　泰 (2015). 1歳児の模倣行動における合理性理解の研究　日本心理学会第79回大会発表論文集, 146.

加藤繁美 (2017). 0歳〜6歳　心の育ちと対話する保育の本　学研

小西行郎・吹田恭子 (2003). 赤ちゃんパワー—脳科学があかす育ちのしくみ　ひとなる書房

Legerstee, M. T. (2005). *Infants' sense of people: Precursors to a theory of mind.* Cambridge: Cambridge University Press.（大藪　泰（訳）(2014). 乳児の対人感覚の発達　新曜社）

松本淳治 (1998).「寝る子は育つ」を科学する　大月書店

内閣府・文部科学省・厚生労働省 (2018). 平成29年告示　幼稚園教育要領（文部科学省）　保育所保育指針（厚生労働省）　幼保連携型認定こども園教育・保育要領（内閣府・文部科学省・厚生労働省）〈原本〉(2017). チャイルド本社

櫻井茂男・岩立京子 (2012). たのしく学べる乳幼児の心理　福村出版

菅原ますみ (1992). 発達研究における気質研究の流れ　東　洋・繁多　進・田島信元（編集企画）発達心理学ハンドブック（pp. 726-730）　福村出版

田中昌人 (1997). 乳児の発達診断入門　大月書店

外山紀子・中島伸子 (2013). 乳幼児は世界をどう理解しているか　新曜社

Vauclair, J. (2004). *Développement du jeune enfant: Motricité, perception, cognition.* Paris: Belin.（明和政子（監訳）鈴木光太郎（訳）(2012). 乳幼児の発達—運動・知覚・認知　新曜社）

山口真美 (2003). 赤ちゃんは顔をよむ　紀伊國屋書店

山口真美・金沢　創 (2008). 赤ちゃんの視覚と心の発達　東京大学出版会

■第5章

射場美恵子（1997）．納得と共感を育てる保育―0歳から就学前までの集団づくり　新読書社

服部敬子（2000）．5歳児　心理科学研究会（編）　育ちあう乳幼児心理学―21世紀に保育実践とともに歩む　有斐閣

神田英雄（1997）．0歳から3歳―保育・子育てと発達研究をむすぶ　ちいさいなかま社

神田英雄（2004）．3歳から6歳　ちいさいなかま社

川田　学（2017）．子どもも大人もかかわりながら「発達」する保育へ―要領・指針の発達観の変遷といま大事にしたいこと―　大宮勇雄・川田　学・近藤幹生・島本一男（編）　どう変わる？何が課題？現場の視点で新要領・指針を考えあう　ひとなる書房

無藤　隆（2017）．『幼稚園教育要領』改訂の趣旨　無藤　隆・汐見稔幸・砂上史子　ここがポイント！3法令ガイドブック―新しい『幼稚園教育要領』『保育所保育指針』『幼保連携型認定こども園教育・保育要領』の理解のために（p. 8）　フレーベル館

長瀬美子（2017）．乳幼児期の豊かな「学び」をどう保障するか―「幼児期の終わりまでに育ってほしい姿」をどうとらえるか―　大宮勇雄・川田　学・近藤幹生・島本一男（編）　どう変わる？何が課題？現場の視点で新要領・指針を考えあう　ひとなる書房

西川由紀子（2003）．子どもの自称詞の使い分け：「オレ」という自称詞に着目して　発達心理学研究, *14*（1）, 25-38.

田中昌人・田中杉恵［写真：有田知行］（1984）．子どもの発達と診断3 幼児期Ⅰ　大月書店

■コラム3

志水宏吉・鈴木　勇（編著）（2012）．学力政策の比較社会学【国際編】　明石書店

■第6章

秋田喜代美・第一日野グループ（編著）（2013）．保幼小連携　育ちあうコミュニティづくりの挑戦　ぎょうせい

Blos, P. (1967). The second individuation process of adolescence. *The Psychoanalytic Study of the Child, 22*, 162-186.

中央教育審議会（2011）．中央教育審議会答申　今後の学校におけるキャリア教育・職業教育の在り方について　文部科学時報　平成23年臨時増刊号（第1623号）　ぎょうせい

Erikson, E. H. (1959). *Identity and the life cycle*. New York: International Universities Press.（西平　直・中島由恵（訳）（2011）．アイデンティティとライフサイクル　誠信書房）

保坂　亨（1998）．児童期・思春期の発達　下山晴彦（編）　教育心理学Ⅱ―発達と臨床援助の心理学（pp. 127-154）　東京大学出版会

保坂　亨（2010）．いま，思春期を問い直す―グレーゾーンにたつ子どもたち　東京大学出版会

石井志昂（2018）．本屋大賞・辻村深月が「最も緊張した」と語った取材　不登校当事者が聞いたこととは　不登校新聞, 480号（2018/4/15）　Retrieved from https://futoko.publishers.fm/article/17755/（2019年2月17日）

岩宮恵子（2007）．思春期をめぐる冒険―心理療法と村上春樹の世界―　新潮社

岩宮恵子（2013）．好きなのにはワケがある：宮崎アニメと思春期のこころ　筑摩書房

岩宮恵子（2017）．近頃のシシュンキ（14）異界とムスビ：新海誠『君の名は。』にはまる　子どもの心と学校臨床, *16*, 113-118.

Marcia, J. E. (1966). Development and validation of ego identity status. *Journal of Personality and Social Psychology, 3*, 551-558.

文部科学省国立教育政策研究所（2015）．「中1ギャップ」の真実　Retrieved from http://www.

nier.go.jp/shido/leaf/leaf15.pdf（2018 年 6 月 23 日）

鍋田恭孝（2007）. 変わりゆく思春期の心理と病理—物語れない・生き方が分からない若者たち　日本評論社

下山晴彦（1998）. 青年期の発達　下山晴彦（編）　教育心理学 II—発達と臨床援助の心理学（pp. 183-205）　東京大学出版会

滝川一廣（2004）. 新しい思春期像と精神療法　金剛出版

辻村深月（2017）. かがみの孤城　ポプラ社

脇中起余子（2013）.「9 歳の壁」を越えるために—生活言語から学習言語への移行を考える　北大路書房

渡辺弥生（2011）. 子どもの「10 歳の壁」とは何か？—乗り越えるための発達心理学　光文社

■第 7 章

旭化成工業株式会社二世帯住宅研究所（1997）. 祖父母と孫の関係—居住形態による比較調査報告書　Retrieved from http://www.asahi-kasei.co.jp/hebel/nisetai/data/2005_sofubo/index.html/（2017 年 5 月 3 日）

Bateson, G.（1979）. *Mind and nature*. New York: Dutton.

Belsky, J., & Kelly, J.（1994）. *The transition to parenthood: How a first child changes a marriage: Why some couples grow closer and others apart*. New York: Delacorte Press.

Berg, I. K.（1994）. *Family based services: A solution focused approach*. New York: Norton.（磯貝希久子（監訳）（1997）. 家族支援ハンドブック—ソリューション・フォーカスト・アプローチ　金剛出版）

Di Gessa, G., Glaser, K., & Tinker, A.（2016）. The impact of caring for grandchildren on the health of grandparents in Europe: A lifecourse approach. *Social Science & Medicine, 152,* 166-175.

Drew, L. M., & Silverstein, M.（2007）. Grandparents' psychological well-being after loss of contact with their grandchildren. *Journal of Family Psychology, 21*（3）, 372.

早樫一男（2016）. 対人援助職のためのジェノグラム入門—家族理解と相談援助に役立つツールの活かし方　中央法規出版

Minuchin, S.（1974）. *Families and family therapy*. Cambridge, MA: Harvard University Press.（山根常男（訳）（1983）. 家族と家族療法　誠信書房）

内閣府（2013）. 平成 25 年度家族と地域における子育てに関する意識調査

中平絢子・馬場訓子・竹内敬子・髙橋敏之（2016）. 事例から見る望ましい保護者支援の在り方と保育士間の連携　岡山大学教師教育開発センター紀要, 6, 21-30.

小田切紀子（2012）.【離婚家庭の子どもへの支援】前編 日本の離婚家庭の現状—子どもから見た親の離婚　Child Resarch Net Retrieved from https://www.blog.crn.or.jp/report/02/159.html（2018 年 4 月 22 日）

棚瀬一代（2004）. 離婚の子どもに与える影響—事例分析を通して　京都女子大学現代社会研究, 6, 19-37.

吉野　純（2014）.「親の発達」の概念分析　日本小児看護学会誌, 23（2）, 25-33.

■第 8 章

阿部五月（2012）. 発達障害児の理解と支援　藤永　保（監修）　障害児保育：こどもとともに成長する保育者を目指して（pp. 86-108）　萌文書林

American Psychiatric Association（2013）. *Diagnostic and statistical manual of mental disorders*（5th ed.）. Washington, DC: American Psychiatric Publishing.（高橋三郎・大野　裕

（監訳）（2014）. DSM-5：精神疾患の診断・統計マニュアル　医学書院）

堀　智晴（2016）. 世界に一人しかいない「この子」の保育　日本保育学会（編）　保育学講座 1：保育学とは—問いと成り立ち（pp. 227–250）　東京大学出版会

木曽陽子（2012）. 特別な支援が必要な子どもの保育における保育士の困り感の変容プロセス　保育学研究, *50*, 26–38.

厚生労働省（2017）.　保育所保育指針　Retrieved from https://www.mhlw.go.jp/file/06-Seisakujouhou-11900000-Koyoukintoujidoukateikyoku/0000160000.pdf（2019 年 2 月 17 日）

松井剛太・越中康治・朴　信永・若林紀乃・鍛治礼子・八島美菜子・山﨑　晃（2015）. 保育者は障害児保育の経験をどのように意味づけているのか　保育学研究, *53*, 66–77.

文部科学省（1999）. 学習障害児に対する指導について（報告）　Retrieved from http://www.mext.go.jp/a_menu/shotou/tokubetu/03110701/005.pdf（2019 年 2 月 17 日）

文部科学省（2018）. 幼稚園教育要領解説　Retrieved from http://www.mext.go.jp/component/a_menu/education/micro_detail/__icsFiles/afieldfile/2018/04/25/1384661_3_3.pdf（2019 年 2 月 17 日）

文部科学省初等中等教育局特別支援教育課（2013）. 教育支援資料：障害のある子供の就学手続と早期からの一貫した支援の充実　Retrieved from http://www.mext.go.jp/a_menu/shotou/tokubetu/material/1340250.htm（2019 年 2 月 17 日）

村田カズ（2012）. 肢体不自由児，視覚障害・聴覚障害児の理解と支援　藤永　保（監修）　障害児保育：子どもとともに成長する保育者を目指して（pp. 46–85）　萌文書林

内閣府（2010）.「障害」の表記に関する検討結果について　Retrieved from https://www8.cao.go.jp/shougai/suishin/kaikaku/s_kaigi/k_26/pdf/s2.pdf（2019 年 2 月 17 日）

日本精神神経学会・精神科病名検討連絡会（2014）. DSM-5 病名・用語翻訳ガイドライン（初版）　精神神経学雑誌, *116*, 429–457.

総務省（2016）. 特別支援教育の対象の概念図（義務教育段階）　Retrieved from http://www.soumu.go.jp/main_content/000497035.pdf（2019 年 2 月 17 日）

杉田穏子（2010）.「あきらくんニュース」を媒介とした統合保育における関係の輪の広がり　保育学研究, *48*, 27–38.

田中康雄（2014）. 発達障害児である前に，ひとりの子どもである　汐見稔幸（監修）　発達障害の再考：支援とは？自立とは？それぞれの立場で自分にできることを問う（pp. 10–25）　風鳴舎

富永康仁（2014）. 知的障害　森　則夫・杉山登史郎（編）　DSM-5 対応：神経発達障害のすべて（pp. 38–42）　日本評論社

■第 9 章

Archer, C., & Siraj, I.（2017）. *Movement Environment Rating Scale（MOVERS）for 2-6-year-olds provision.* London: UCL IOE Press.（秋田喜代美（監訳）（2018）.「体を動かす遊びのための環境の質」スケール—保育における乳幼児の運動発達を支えるために　明石書店）

Butterworth, G., & Harris, M.（1994）. *Principles of developmental psychology.* Hobe, UK: Lawrence Erlbaum Associates.（村井潤一（監訳）（1997）. 発達心理学の基本を学ぶ—人間発達の生物学的・文化的基盤　ミネルヴァ書房）

鴨下賢一（編）（2013）. 苦手が「できる」にかわる！発達が気になる子への生活動作の教え方　中央法規

国立医療保健科学院（2012）. 乳幼児身体発育評価マニュアル：平成 23 年度　厚生労働科学研究費補助金（成育疾患克服等次世代育成基盤研究事業）　Retrieved from https://www.niph.go.jp/

soshiki/07shougai/hatsuiku/index.files/katsuyou.pdf（2019 年 4 月 7 日）

厚生労働省（2010）．平成 22 年乳幼児身体発育調査結果の概要　Retrieved from https://www. mhlw.go.jp/file/04-Houdouhappyou-11901000-Koyoukintoujidoukateikyoku-Soumuka/ kekkagaiyou.pdf

岡　隆（1992）．身体の形態と生理の発達　橋口英俊（編）　新・児童心理学講座第 3 巻：身体と運動機能の発達（pp. 41-80）　金子書房

Paruthi, S., Brooks, L. J., D'Ambrosio, C., Hall, W. A., Kotagal, S., Lloyd, R. M., ...Wise, M. S. (2016). Recommended amount of sleep for pediatric populations: A consensus statement of the American Academy of Sleep Medicine. *Clinical Sleep Medicine, 12,* 785-786.

渋谷郁子・笹井久嗣・少徳　仁（2016）．保育現場における子どもの不器用さの実態と支援の可能性：3 年間の縦断調査の結果から　日本発達障害学会第 51 回研究大会抄録集, 164.

Stratz, C. H.（1922）．森　徳治（訳）（1952）．子供のからだ　創元社

杉原　隆（2014）．幼児期の運動発達の特徴　杉原　隆・河邉貴子（編）　幼児期における運動発達と運動遊びの指導：遊びの中で子どもは育つ（pp. 12-30）　ミネルヴァ書房

山下俊郎（1951）．幼児の家庭教育　東洋書館

谷田貝公昭・高橋弥生（2007）．データでみる幼児の基本的生活習慣　第 3 版：基本的生活習慣の発達基準に関する研究　一藝社

■第 10 章

Anderson, P. (2002). Assessment and development of executive function（EF）during childhood. *Child Neuropsychology, 8,* 71-82.

Beauregard, M., Lévesque, J., & Bourgouin, P. (2001). Neural correlates of conscious self-regulation of emotion. *Journal of Neuroscience, 21,* RC165.

Breiter, H. C., Aharon, I., Kahneman, D., Dale, A., & Shizgal, P. (2001). Functional imaging of neural responses to expectancy and experience of monetary gains and losses. *Neuron, 30,* 619-639.

Breiter, H. C., Etcoff, N. L., Whalen, P. J., Kennedy, W. A., Rauch, S. L., Buckner, R. L., ...Rosen, B. R. (1996). Response and habituation of the human amygdala during visual processing of facial expression. *Neuron, 17,* 875-887.

Cornette, L., Dupont, P., Rosier, A., Sunaert, S., Van Hecke, P., Michiels, J., ...Orban, G. A. (1998). Human brain regions involved in direction discrimination. *Journal of Neurophysiology, 79,* 2749-2765.

Crone, E. A., Wendelken, C., Donohue, S., van Leijenhorst, L., & Bunge, S. A. (2006). Neurocognitive development of the ability to manipulate information in working memory. *Proceedings of the National Academy of Sciences of the United States of America, 103,* 9315-9320.

Decety, J., & Michalska, K. J. (2010). Neurodevelopmental changes in the circuits underlying empathy and sympathy from childhood to adulthood. *Developmental Science, 13,* 886-899.

Dekaban, A. S., & Sadowsky, D. (1978). Changes in brain weights during the span of human life: Relation of brain weights to body heights and body weights. *Annual Neurology, 4,* 345-356.

Fuster, J. M.（2006）．前頭前皮質：前頭葉の解剖学，生理学，神経心理学　新興医学出版社

Galvan, A., Hare, T. A., Parra, C. E., Penn, J., Voss, H., Glover, G., & Casey, B. J. (2006). Earlier development of the accumbens relative to orbitofrontal cortex might underlie risk-taking behavior in adolescents. *Journal of Neuroscience, 26,* 6885-6892.

引用文献　　229

Giedd, J. N., Blumenthal, J., Jeffries, N. O., Castellanos, F. X., Liu, H., Zijdenbos, A., Paus,T., Evans, A. C., & Rapoport, J. L.（1999）. Brain development during childhood and adolescence: A longitudinal MRI study. *Nature Neuroscience, 2*, 861–863.

Giedd, J. N., Raznahan, A., Alexander-Bloch, A., Schmitt, E., Gogtay, N., & Rapoport, J. L.（2015）. Child psychiatry branch of the National Institute of Mental Health longitudinal structural magnetic resonance imaging study of human brain development. *Neuropsychopharmacology, 40*, 43–49.

Giuliani, N. R., & Pfeifer, J. H.（2015）. Age-related changes in reappraisal of appetitive cravings during adolescence. *Neuroimage, 108*, 173–181.

Gogtay, N., Giedd, J. N., Lusk, L., Hayashi, K. M., Greenstein, D., Vaituzis, A. C., ...Thompson, P. M.（2004）. Dynamic mapping of human cortical development during childhood through early adulthood. *Proceedings of the National Academy of Sciences of the United States of America, 101*, 8174–8179.

Haist, F., Adamo, M., Han Wazny, J., Lee, K., & Stiles, J.（2013）. The functional architecture for face-processing expertise: FMRI evidence of the developmental trajectory of the core and the extended face systems. *Neuropsychologia, 51*, 2893–2908.

Hoogendam, J. M., Kahn, R. S., Hillegers, M. H., van Buuren, M., & Vink, M.（2013）. Different developmental trajectories for anticipation and receipt of reward during adolescence. *Developmental Cognitive Neuroscience, 6*, 113–124.

Jernigan, T. L., & Gamst, A. C.（2005）. Changes in volume with age--consistency and interpretation of observed effects. *Neurobiology of Aging, 26*, 1271–1274.

Joseph, J. E., Gathers, A. D., & Bhatt, R. S.（2011）. Progressive and regressive developmental changes in neural substrates for face processing: Testing specific predictions of the Interactive Specialization account. *Developmental Science, 14*, 227–241.

Klaver, P., Lichtensteiger, J., Bucher, K., Dietrich, T., Loenneker, T., & Martin, E.（2008）. Dorsal stream development in motion and structure-from-motion perception. *Neuroimage, 39*, 1815–1823.

Klingberg, T., Forssberg, H., & Westerberg, H.（2002）. Increased brain activity in frontal and parietal cortex underlies the development of visuospatial working memory capacity during childhood. *Journal of Cognitive Neuroscience, 14*, 1–10.

LeDoux, J. E.（1996）. *The emotional brain: The mysterious underpinnings of emotional life*. New York: Simon & Schuster.（松本　元（訳）（2003）. エモーショナル・ブレイン―情動の脳科学　東京大学出版会）

Lenroot, R. K., & Giedd, J. N.（2006）. Brain development in children and adolescents: Insights from anatomical magnetic resonance imaging. *Neuroscience and Biobehavioral Reviews, 30*, 718–729.

Lenroot, R. K., Gogtay, N., Greenstein, D. K., Wells, E. M., Wallace, G. L., Clasen, L. S., ...Giedd, J. N.（2007）. Sexual dimorphism of brain developmental trajectories during childhood and adolescence. *Neuroimage, 36*, 1065–1073.

McRae, K., Gross, J. J., Weber, J., Robertson, E. R., Sokol-Hessner, P., Ray, R. D., ...Ochsner, K. N.（2012）. The development of emotion regulation: An fMRI study of cognitive reappraisal in children, adolescents and young adults. *Social Cognitive and Affective Neuroscience, 7*, 11–22.

Mischel, W.（2014）. *The marshmallow test: Mastering self-control*. New York: Brockman.（柴田裕之（訳）（2015）. マシュマロ・テスト―成功する子・しない子　早川書房）

Petrides, M., Alivisatos, B., Meyer, E., & Evans, A. C. (1993). Functional activation of the human frontal cortex during the performance of verbal working memory tasks. *Proceedings of the National Academy of Sciences of the United States of America, 90,* 878-882.

Puce, A., Allison, T., Gore, J. C., & McCarthy, G. (1995). Face-sensitive regions in human extrastriate cortex studied by functional MRI. *Journal of Neurophysiology, 74,* 1192-1199.

佐藤　弥・魚野翔太・鈴木直人 (2010). 情動　村上郁哉 (編)　イラストレクチャー認知神経科学：心理学と脳科学が解くこころの仕組み (pp. 197-214)　オーム社

Sato, W., Yoshikawa, S., Kochiyama, T., & Matsumura, M. (2004). The amygdala processes the emotional significance of facial expressions: An fMRI investigation using the interaction between expression and face direction. *Neuroimage, 22,* 1006-1013.

Small, D. M., Gregory, M. D., Mak, Y. E., Gitelman, D., Mesulam, M. M., & Parrish, T. (2003). Dissociation of neural representation of intensity and affective valuation in human gustation. *Neuron, 39,* 701-711.

Swartz, J. R., Carrasco, M., Wiggins, J. L., Thomason, M. E., & Monk, C. S. (2014). Agerelated changes in the structure and function of prefrontal cortex-amygdala circuitry in children and adolescents: A multi-modal imaging approach. *Neuroimage, 86,* 212-220.

Tranel, D., Gullickson, G., Koch, M., & Adolphs, R. (2006). Altered experience of emotion following bilateral amygdala damage. *Cognitive Neuropsychiatry, 11,* 219-232.

Williams, L. M., Phillips, M. L., Brammer, M. J., Skerrett, D., Lagopoulos, J., Rennie, C., ...Gordon, E. (2001). Arousal dissociates amygdala and hippocampal fear responses: Evidence from simultaneous fMRI and skin conductance recording. *Neuroimage, 14,* 1070-1079.

Zeki, S. (1993). *A vision of the brain.* Oxford: Blackwell Scientific Publications. (河内十郎 (訳) (1995). 脳のヴィジョン　医学書院)

■第11章

Buchanan, J. W. (1933). *Elements of biology, with special reference to their role in the lives of animals.* New York, London: Harper & Brothers.

Fantz, R. L. (1961). The origin of form perception. *Scientific American, 204,* 66-72.

川上清文・高井清子・川上文人 (2012). ヒトはなぜほほえむのか――進化と発達にさぐる微笑の起源　新曜社

松阪崇久 (2013). 新生児・乳児の笑いの発達と進化　笑い学研究, 20, 17-31.

明和政子 (著)　松沢哲郎 (監修) (2004). なぜ「まね」をするのか――霊長類から人類を読み解く　河出書房新社

明和政子 (2006). 心が芽生えるとき――コミュニケーションの誕生と進化　NTT 出版

中村徳子 (2004). 赤ちゃんがヒトになるとき：ヒトとチンパンジーの比較発達心理学　昭和堂

奈良貴史 (2012). ヒトはなぜ難産なのか：お産からみる人類進化　岩波書店

新屋裕太・今福理博 (2018). 胎児期・周産期　開一夫・齋藤慈子 (編)　ベーシック発達心理学 (pp. 55-76) 東京大学出版会

竹下秀子 (2001). 赤ちゃんの手とまなざし――ことばを生みだす進化の道すじ　岩波書店

Vauclair, J. (2004). *Développement du jeune enfant: Motricité, perception, cognition.* Paris: Belin. (明和政子 (監訳)　鈴木光太郎 (訳) (2012). 乳幼児の発達――運動・知覚・認知　新曜社)

■第12章

de Waal, F. B. M. (2009). *The age of empathy: Nature's lessons for a kinder society.* New York:

Harmony Books.（柴田裕之（訳）　西田利貞（解説）（2010）. 共感の時代へ——動物行動学が教えてくれること　紀伊國屋書店）

Eibl-Eibesfeldt, I.（1984）. *Die Biologie des menschlichen Verhaltens: Grundriß der Humanethologie*. München: Piper.（日高敏隆（監修）　桃木暁子他（訳）（2001）. ヒューマン・エソロジー——人間行動の生物学　ミネルヴァ書房）

遠藤利彦・小沢哲史（2001）. 乳幼児期における社会的参照の発達的意味およびその発達プロセスに関する理論的検討　心理学研究, *71*, 498–514.

Farroni, T., Menon, E., Rigato, S., & Johnson, M. H.（2007）. The perception of facial expressions in newborns. *The European Journal of Developmental Psychology, 4*（1）, 2–13.

Heckman, J. J.（2013）. *Giving kids a fair chance*. Cambridge, MA: Massachusetts Institute of Technology.（古草秀子（訳）（2015）. 幼児教育の経済学　東洋経済新報社）

平林秀美（2009）. 他者の心を知る　無藤　隆・岩立京子（編）　乳幼児心理学（pp. 47–56）　北大路書房

伊藤理絵（2017）. 笑いの攻撃性と社会的笑いの発達　溪水社

金子智栄子（2009）. 自己と情動の発達　無藤　隆・岩立京子（編）　乳幼児心理学（pp. 91–104）　北大路書房

厚生労働省（2017）.　保育所保育指針　Retrieved from https://www.mhlw.go.jp/file/06-Seisakujouhou-11900000-Koyoukintoujidoukateikyoku/0000160000.pdf

松阪崇久（2016）. 保育における子どもの笑いと人間関係　笑い学研究, *23*, 18–32.

松阪崇久（2017）. チンパンジーの遊びにおける利他性と共感性——遊びを通した「思いやり」の発達と進化　西山学苑研究紀要, *12*, 47–64.

溝川　藍（2011）. 幼児期における感情表出の調整に関する理解の発達　京都大学大学院教育学研究科紀要, *57*, 503–515.

森口佑介（2018）. 自己と感情の発達　開　一夫・齋藤慈子（編）　ベーシック発達心理学（pp. 117–133）　東京大学出版会

無藤　隆（2016）. 幼児教育の効果と社会情動的スキルの指導　無藤　隆・古賀松香（編）　社会情動的スキルを育む「保育内容　人間関係」——乳幼児期から小学校へつなぐ非認知能力とは（pp. 1–11）　北大路書房

OECD（2015）. Fostering social and emotional skills through families, schools and communities. OECD.（池迫浩子・宮本晃司・ベネッセ教育総合研究所（訳）（2015）. 家庭, 学校, 地域社会における社会情動的スキルの育成：国際的エビデンスのまとめと日本の教育実践・研究に対する示唆　ベネッセ教育総合研究所）

友定啓子（1993）. 幼児の笑いと発達　勁草書房

内田千春（2017）. 幼児教育における社会情動的スキル　子ども学, *5*, 8–29.

■第13章

秋田喜代美（監修）　山邉昭則・多賀厳太郎（編）（2016）. あらゆる学問は保育につながる——発達保育実践政策学の挑戦　東京大学出版会

秋田喜代美・芦田　宏・鈴木正敏・門田理世・野口隆子・箕輪潤子・淀川裕美・小田　豊（2010）. 子どもの経験から振り返る保育プロセス　幼児教育映像制作委員会

東　洋・大山　正・詫摩武俊・藤永　保（1978）. 心理用語の基礎知識　有斐閣

de Charms, R.（1976）. *Enhancing motivation: Change in the classroom*. New York: Irvington.（佐伯　胖（訳）（1980）. やる気を育てる教室——内発的動機づけ理論の実践　金子書房）

Deci, E. L.（1971）. Effects of externally mediated rewards on intrinsic motivation. *Journal of*

Personality and Social Psychology, 18, 105–115.

Deci, E. L., & Flaste, R. (1995). *Why we do what we do: The dynamics of personal autonomy.* New York: G. P. Putnam's Sons. (桜井茂男（監訳）(1999). 人を伸ばす力：自発と自律のすすめ　新曜社)

Harlow, H. F. (1950). Learning and satiation to response in intrinsically motivated complex puzzle performance by monkeys. *The Journal of Comparative and Hysiological Psychology, 43*（4）, 289–294.

波多野誼余夫・稲垣佳世子 (1973). 知的好奇心　中央公論社

加用文男 (1990). 子ども心と秋の空：保育のなかの遊び論　ひとなる書房

黒石憲洋 (2016). 新・発達心理学ハンドブック　福村出版

Laevers, F. (2005). *Well-being and Involvement in Care Settings. A Process-oriented Self-evaluation Instrument.* Kind & Gezin and Research Centre for Experientel Education.

Lepper, M. R., Greene, D., & Nisbett, R. E. (1973). Undermining children's intrinsic interest with extrinsic reward. A test of the "overjustification" hypothesis. *Journal of Personality and Social Psychology, 28*（1）, 129–137.

中谷素之 (2014). 子どもの動機づけの何が問題か―やる気をめぐるギャップを考える　児童心理, *993*, 31–38.

OECD (2015). Fostering social and emotional skills through families, schools and communities. OECD. (池迫浩子・宮本晃司・ベネッセ教育総合研究所（訳）(2015). 家庭，学校，地域社会における社会情動的スキルの育成：国際的エビデンスのまとめと日本の教育実践・研究に対する示唆　ベネッセ教育総合研究所)

Ryan, R. M., & Deci, E. L. (2000). Self-determination theory and the facilitation of intrinsic motivation, social development, and well-being. *American Psychologist, 55*, 68–78.

佐伯　胖 (1995). 子どもと教育―「わかる」ということの意味（新版）　岩波書店

櫻井茂男 (2012). Theory 2 夢や目標をもって生きよう！―自己決定理論　鹿毛雅治（編）　モティベーションをまなぶ 12 の理論―ゼロからわかる「やる気の心理学」入門！(pp. 45–72)　金剛出版

汐見稔幸 (2001). 子どもの遊びってなんだろう―〈遊びと保育〉の原理論の試み　汐見稔幸・加用文男・加藤繁美（著）　これが，ボクらの新・子どもの遊び論だ (pp. 109–143)　財団法人文民教育協会　子どもの文化研究所

Skinner, B. F. (1968). *The technology of teaching.* New York: Appleton Century Crofts. (沼野一男（監訳）(1969). 教授工学　東洋館出版社)

上淵　寿 (2008). 乳児期の動機づけ発達　上淵　寿（編著）　感情と動機づけの発達心理学 (pp. 45–64)　ナカニシヤ出版

■第 14 章

Baillargeon, R., Spelke, E. S., & Wasserman, S. (1985). Object permanence in 5-month-old infants. *Cognition, 20*, 191–208.

林　創 (2007). 発達の理論―発達を見つめる枠組み　藤田哲也（編著）　絶対役立つ教育心理学―実践の理論，理論を実践　ミネルヴァ書房

Legerstee, M. (2005). *Infants' sense of people: Precursors to a theory of mind.* New York: Press of the University of Cambridge. (大藪　泰（訳）(2014). 乳児の対人感覚の発達―心の理論を導くもの　新曜社)

中垣　啓 (2011). ピアジェ発達段階論の意義と射程　発達心理学研究, *22*, 369–380.

Wynn, K. (1992). Addition and subtraction by human infants. *Nature, 358* (27), 749–750.

■第 15 章

Bruner, J. S. (1986). *Actual minds, possible worlds*. Cambridge, MA: Harvard University Press.

Vygotsky, L. S. (1934). 柴田義松（訳）(1962). 思考と言語（上・下） 明治図書

■第 16 章

天野　清 (1986). 子どものかな文字の習得過程　秋山書店

DeCasper, A. J., & Fifer, W. (1980). Of human bonding: Newborns prefer their mothers' voices. *Science, 208*, 1174–1176.

遠藤利彦 (2017). 赤ちゃんの発達とアタッチメント—乳児保育で大切にしたいこと　ひとなる書房

Fantz, R. L. (1961). The origin of form perception. *Scientific American, 204*, 66–72.

岩田純一 (2011). 子どもの発達の理解から保育へ　ミネルヴァ書房

国立国語研究所 (1972). 幼児の読み書き能力　東京書籍

Meltzoff, A. N., & Moore, M. K. (1977). Imitation of facial and manual gestures by human neonates. *Science, 198*, 75–78.

岡本夏木 (1985). ことばと発達　岩波書店

佐久間路子 (2011). はじめのことばはママかマンマか　遠藤利彦・佐久間路子・徳田治子・野田淳子　乳幼児のこころ—子育ち・子育ての発達心理学 (pp. 139–158)　有斐閣

高橋　登 (1997). 幼児のことば遊びの発達：“しりとり”を可能にする条件の分析　発達心理学研究, *8* (1), 42–52.

高橋　登 (2015). 子どもの読み書き能力とつまずき　発達, *141*, 29–33.

■第 17 章

Ainsworth, M. D. S., Blehar, M. C., Waters, E., & Wall, S. (1978). *Patterns of attachment: A psychological study of the strange situation*. Hillsdale, NJ: Erlbaum.

Bowlby, J. (1969, 1971, 1973). *Attachment and loss*. Vol. 1-3. New York: Basic Books. (黒田実郎他（訳）(1976, 1976, 1981). 母子関係の理論　全 3 巻　岩崎学術出版社)

Bronfenbrenner, U. (1979). *The ecology of human development experiments by nature and design*. Cambridge, MA: President and Fellows of Harvard College. (磯貝芳郎・福富　護（訳）(1996). 人間発達の生態学—発達心理学への挑戦　川島書店)

Erikson, E. H. (1963). *Childhood and society* (2nd enlarged ed.). New York: W. W. Norton. (仁科弥生（訳）(1977, 1980). 幼児期と社会（第二版）　みすず書房)

Erikson, E. H. (1968). *Identity: Youth and crisis*. New York: W. W. Norton. (中島由恵（訳）(2017). アイデンティティ—青年と危機　新曜社)

Erikson, E. H. (1982). *The life cycle completed*. New York: W. W. Norton. (村瀬孝雄・近藤邦夫（訳）(1989). ライフサイクル—その完結　みすず書房)

藤永　保・春日　喬・斎賀久敬・内田伸子 (1987). 人間発達と初期環境—初期環境の貧困に基づく発達遅滞児の長期追跡研究　有斐閣

Main, M., & Solomon, J. (1990). Procedures for identifying infants as disorganized/disoriented during the Ainsworth Strange Situation. In M. T. Greenberg, D. Cicchetti, & E. M. Cummings (Eds.), *Attachment in the preschool years* (pp. 121–160). Chicago, IL: University of Chicago Press.

西平　直（1993）．エリクソンの人間学　東京大学出版会

岡田敬司（1993）．かかわりの教育学―教育役割くずし試論　ミネルヴァ書房

■第 18 章

Bakeman, R., & Brownlee, J. R. (1980). The strategic use of parallel play: A sequential analysis. *Child Development, 51,* 873-878.

Bjorklund, D. F., & Pellegrini, A. D. (2002). *The origins of human nature: Evolutionary developmental psychology.* Washington, DC: American Psychological Association.（無藤　隆（監訳）　松井愛奈・松井由佳（訳）（2008）．進化発達心理学―ヒトの本性の起源　新曜社）

Eisenberg, N., & Fabes, R. (1998). Prosocial development. In W. Damon & N. Eisenberg (Eds.), *Handbook of child psychology*: Vol. 3. *Social, emotional, and personality development* (pp. 701-778). New York: Wiley.

Epstein, J. L. (1989). The selection of friends. In T. J. Berndt & G. W. Ladd (Eds.), *Peer relationships in child development* (pp. 158-187). New York: Wiley.

藤崎真知代（1993）．家族から近隣社会へ　高橋道子・藤崎真知代・沖真紀子・野田幸江（共著）子どもの発達心理学（pp. 71-98）　新曜社

藤澤啓子（2008）．幼児間における向社会的行動の互恵的交換　三田教育学研究, *16,* 1-10.

Harris, J. R. (1995). Where is the child's environment? A group socialization theory of development. *Psychological Review, 102,* 458-489.

Harris, J. R. (1998). *The nurture assumption: Why children turn out the way they do.* London: Bloomsbury.（石田理恵（訳）（2000）．子育ての大誤解―子どもの性格を決定するものは何か　早川書房）

Hartup, W. W. (1983). Peer relations. In P. H. Mussen (Ed.), *Handbook of child psychology*: Vol.4. *Socialization, personality, and social development* (pp. 103-196). New York: Wiley.

Hartup, W. W. (1996). The company they keep: Friendships and their developmental significance. *Child Development, 67,* 1-13.

謝　文慧（1999）．新入幼稚園児の友だち関係の形成　発達心理学研究, *10,* 199-208.

Kato-Shimizu, M., Onishi, K., Kanazawa, T., & Hinobayashi, T. (2013). Preschool children's behavioral tendency toward social indirect reciprocity. *PLOS ONE, 8,* e70915.

子安増生（2005）．心の理論―心を読む心の科学　岩波書店

Ladd, G. W., Kochenderfer, B. J., & Coleman, C. C. (1996). Friendship quality as a predictor of young children's early school adjustment. *Child Development, 67,* 1103-1118.

松井愛奈・無藤　隆・門山　睦（2001）．幼児の仲間との相互作用のきっかけ―幼稚園における自由遊び場面の検討　発達心理学研究, *12,* 195-205.

文部科学省（2017）．幼稚園教育要領

文部科学省（2018）．幼稚園教育要領解説

Parten, M. (1932). Social participation among pre-school children. *Journal of Abnormal and Social Psychology, 27,* 243-269.

Premack, D., & Woodruff, G. (1978). Does the chimpanzee have a theory of mind? *The Behavioral and Brain Sciences, 1,* 515-526.

Robinson, C. C., Anderson, G. T., Porter, C. L., Hart, C. H., & Wouden-Miller, M. (2003). Sequential transition patterns of preschoolers' social interactions during childinitiated play: Is parallel-aware play a bidirectional bridge to other play states? *Early Childhood Research Quarterly, 18,* 3-21.

Rogoff, B. (1998). Cognition as a collaborative process. In W. Damon (Ed.), *Handbook of child psychology*: Vol. 2. *Cognition, perception, and language* (pp. 679-744). New York: Wiley.

Rubin, K. H. (1982). Nonsocial play in preschoolers: Necessarily evil? *Child Development, 53,* 651-657.

斎藤こずゑ (1986). 仲間関係　無藤　隆・内田伸子・斉藤こずゑ (編)　子ども時代を豊かに (pp. 59-111)　学文社

Smith, P. K. (1978). A longitudinal study of social participation in preschool children: Solitary and parallel play reexamined. *Developmental Psychology, 14,* 517-523.

住田正樹 (1995). 子どもの仲間集団の研究　九州大学出版会

Teasley, S. D. (1995). The role of talk in children's peer collaborations. *Developmental Psychology, 31,* 207-220.

Tomasello, M., Kruger, A. C., & Ratner, H. H. (1993). Cultural learning. *Behavioral and Brain Sciences, 16,* 495-511.

■第19章

Bruner, J. S. (1975). From communication to language. *Cognition, 3,* 255-287.

Frith, U. (2003). *Autism: Explaining the enigma* (2nd ed.). Malden, MA: Blackwell Publishing. (富田真紀・清水康夫 (訳) (2009). 新訂自閉症の謎を解き明かす　東京書籍)

郷式　徹 (2016). 心の理論を支える構造と物語—未来への展望　子安増生・郷式　徹 (編)　心の理論：第2世代の研究へ (pp. 187-202)　新曜社

柏木恵子 (1988). 幼児期における「自己」の発達—行動の自己制御機能を中心に　東京大学出版会

加藤弘美 (2008). 自己イメージの起源　加藤義信 (編)　資料でわかる認知発達心理学入門 (pp. 76-83)　ひとなる書房

子安増生 (編著) (2016).「心の理論」から学ぶ発達の基礎—教育・保育・自閉症理解への道　ミネルヴァ書房

鯨岡　峻 (2006). ひとがひとをわかるということ—間主観性と相互主体性　ミネルヴァ書房

黒田吉孝 (1981). ルリアの幼児期前半における言語の行動調節機能の研究とその問題　滋賀大学教育学部紀要 (人文・社会・教育科学), *31,* 57-68.

佐藤淑子 (2001). イギリスのいい子日本のいい子　中央公論新社

Tomasello, M. (1995). Joint attention as social cognition. In C. Moore & P. Dunham (Eds.), *Joint attention: Its origins and role in development* (pp. 103-130). Hillsdale, NJ: Lawrence Erlbaum.

Tomasello, M. (1999). *The cultural origins of human cognition*. Cambridge, MA: Harvard University Press. (大堀壽夫・中澤恒子・西村義樹・本多　啓 (訳) (2006). 心とことばの起源を探る　勁草書房)

Trevarthen, C., Atitken, K., Papoudi, D., & Roberts, J. (1998). *Children with autism: Diagnosis and interventions to meet their needs* (2nd ed.). London: Jessica Kingsley Publishers. (中野　茂・伊藤良子・近藤清美 (監訳) (2005). 自閉症の子どもたち—間主観性の発達心理学からのアプローチ　ミネルヴァ書房)

■コラム7

Darwin, C. R. (1877). A biographical sketch of an infant. *MIND, 7,* 285-294.

鯨岡　峻 (2013). 子どもの心の育ちをエピソードで描く—自己肯定感を育てる保育のために　ミネルヴァ書房

■第 20 章

明田芳久（1992）. 社会的認知理論―バンデューラ（Bandura, A.）　日本道徳性心理学研究会（編著）　道徳性心理学―道徳教育のための心理学（pp. 221-235）　北大路書房

荒木紀幸（1997）. 続 道徳教育はこうすればおもしろい―コールバーグ理論の発展とモラルジレンマ授業　北大路書房

越中康治（2015）. 幼保小連携とモラル　有光興記・藤澤　文（編著）　モラルの心理学―理論・研究・道徳教育の実践（pp. 143-153）　北大路書房

Eisenberg, N. (1992). *The caring child*. Cambridge, MA: Harvard University Press.（二宮克美・首藤敏元・宗方比佐子（訳）（1995）. 思いやりのある子どもたち―向社会的行動の発達心理　北大路書房）

Hamlin, J. K., Wynn, K., & Bloom, P. (2007). Social evaluation in preverbal infants. *Nature, 450,* 557-559.

石田　周（2004）. 小学校低学年における道徳教育の展開は？―道徳性の芽生えの育成　東洋館出版社

神長美津子（2004）. 心を育てる幼児教育　神長美津子（編著）　心を育てる幼児教育―道徳性の芽生えの育成（pp. 8-15）　東洋館出版社

Kohlberg, L. (1969). Stage and sequence: The cognitive-developmental approach to socialization. In D. Goslin (Ed.), *Handbook of socialization theory and research*. Chicago, IL: Rand McNally.（永野重史（監訳）（1987）. 道徳性の形成―認知発達的アプローチ　新曜社）

文部科学省（2001）. 幼稚園における道徳性の芽生えを培うための事例集　ひかりの国

無藤　隆（2010）. 発達心理学を学ぶ意味　無藤　隆・中坪史典・西山　修（編著）　新・プリマーズ/保育/心理　発達心理学（pp. 1-10）　ミネルヴァ書房

小寺正一・藤永芳純（2016）. 四訂道徳教育を学ぶ人のために　世界思想社

大西文行（1992）. 精神分析理論―フロイト（Freud, S.）　日本道徳性心理学研究会（編著）　道徳性心理学―道徳教育のための心理学（pp. 3-14）　北大路書房

Piaget, J. (1930). *Le jugement moral chez l'enfant*.（大伴　茂（訳）（1954）. 児童道徳判断の発達　同文書院）

山岸明子（1976）. 道徳判断の発達　教育心理学研究, *24,* 97-106.

吉岡昌紀（1992）. 認知発達論―ピアジェ（Piaget, J.）　日本道徳性心理学研究会（編著）　道徳性心理学―道徳教育のための心理学（pp. 29-46）　北大路書房

人名索引

A
阿部五月　90-92
Ainsworth, M. D. S.　192
秋田喜代美　7, 63, 108, 149, 150
明田芳久　220
天野 清　9, 179
Anderson, P.　116
荒木紀幸　218
Archer, C.　108
Ariès, P.　6
東 洋　142

B
Baillargeon, R.　159
Bakeman, R.　200
Bandura, A.　220
Beauregard, M.　116
Belsky, J.　73
Berg, I. K.　83
Beteson, G.　74
Bjorklund, D. F.　199, 200, 202
Blos, P.　67
Bowlby, J.　192
Breiter, H. C.　115
Bronfenbrenner, U.　193-195
Brownlee, J. R.　200
Bruner, J. S.　169, 205
Buchanan, J. W.　120
Butterworth, G.　103

C
Chess, S.　39
Cole, M.　8, 9
Cornette, L.　113

Crone, E. A.　116, 117

D
Darwin, C. R.　213
de Charms, R.　150
de Waal, F.　133, 134
DeCasper, A. J.　173
Decety, J.　115
Deci, E. L.　144, 145, 149
Dekaban, A. S.　111
Di Gessa, G.　80
Drew, L. M.　80

E
越中康治　221
Eibl-Eibesfeldt, I.　132
Eisenberg, N.　202, 216
遠藤利彦　134, 174
Epstein, J. L.　197
Erikson, E. H.　61, 63, 73, 80, 184-188, 190, 191, 195

F
Fabes, R.　202
Fantz, R. L.　123, 173
Farroni, T.　133
Fifer, W.　173
Flaste, R.　145, 149
Freud, S.　215
Frith, U.　210
藤永 保　3, 191, 193
藤永芳純　221
藤崎真知代　201
藤澤啓子　203
吹田恭子　38
福富 護　194
古草秀子　6, 138

Fuster, J. M.　116

G
Galvan, A.　115
Gamst, A. C.　113
Garland, C.　13
Giedd, J. N.　111, 112
Giuliani, N. R.　117
郷 康広　4
Gogtay, N.　111, 112
郷式 徹　209
刑部育子　10

H
Haist, F.　114
浜田寿美男　15
浜畑 紀　15
Hamlin, J. K.　216
Harlow, H. F.　143
Harris, J. R.　201
Harris, M.　103
Hartup, W. W.　197, 198
長谷川眞理子　4
長谷川寿一　4
波多野誼余夫　142
服部敬子　58
早樫一男　82
林 創　158
Heckman, J. J.　6, 138
日野原重明　79
平林秀美　133, 134
Hoffman, M. L.　215
Hoogendam, J. M.　115
堀 智晴　85, 96
保坂 亨　61, 66, 68, 69

I

射場美恵子　53
池迫浩子　137, 142
今福理博　119, 121, 125
稲垣佳世子　142
犬塚朋子　46
石田　周　221
石田理恵　201
石井志昂　69
磯貝芳郎　194
伊藤理絵　134
岩宮恵子　70
岩田純一　177

J

Jernigan, T. L.　113
Ji, Q.　4
Joseph, J. E.　113, 114

K

神長美津子　215
鴨下賢一　104
神田英雄　53
金子智栄子　132, 134-137
柏木惠子　3, 212
加藤弘美　207
Kato-Shimizu, M.　202
河内十郎　113
川田　学　49
川上清文　122
加用文男　150
Kelly, J.　73
Klingberg, T.　117
木曽陽子　94
Klaver, P.　114
小林洋美　4
Kohlberg, L.　218, 219
小島佳子　36
近藤邦夫　185
小西行郎　38
小寺正一　221
子安増生　201, 210
鯨岡　峻　12, 14, 24, 204,
　　213

黒田吉孝　209
黒石憲洋　144

L

Ladd, G. W.　197
Laevers, F　149
LeDoux, J.　115
Legerstee, M.　159
Lenroot, R. K.　111, 112
Lepper, M. R.　148
Luria, A. P.　208

M

Mahler, M.　15
Main, M.　193
Marcia, J. E.　70
松井剛太　94
松井愛奈　200
松本　元　115
松本淳治　38
松本信吾　27
松阪崇久　126, 133, 134
松沢哲郎　4
McRae, K.　117, 118
Meltzoff, A. N.　174
Michalska, K. J.　115
Mischel, W.　116
Minuchin, S.　79
溝川　藍　134, 136
桃木暁子　132
Moore, M. K.　174
森　德治　101
森口佑介　132, 134
村井潤一　103
村瀬孝雄　185
村田カズ　88
無藤　隆　55, 137-139, 200,
　　202, 221
明和政子　121, 122, 126

N

鍋田恭孝　67
永野重史　218, 219
長瀬美子　49

中垣　啓　158
中平絢子　78, 79
中島由恵　185, 187
中村徳子　127
中野　茂　204
中谷素之　146
奈良貴史　127
二宮克美　216
西平　直　191
西川由紀子　54
仁科弥生　188
沼野一男　147

O

小田切紀子　81
大堀壽夫　205
岡　隆　99-101
岡田敬司　189
岡本夏木　180
大西文行　215
大野　裕　89, 91, 92
太田素子　6
大伴　茂　217
大藪　泰　46, 159
小沢哲史　134

P

Parten, M.　199
Paruthi, G.　107
Pavlov, I. P.　163
Pellegrini, A. D.　199, 200,
　　202
Petrides, M.　116
Pfeifer, J. H.　117
Piaget, J.　153, 155, 158-
　　160, 216-218
Portmann, A.　127
Premack, D.　201
Puce, A.　113

R

Robinson, C. C.　200
Rogoff, B.　202
Rubin, K. H.　200

Ryan, R. M. 144

S
Sadowsky, D. 111
佐伯　胖 150
斎藤こずゑ 201
佐久間路子 174
櫻井茂男 144, 145, 148, 149
サトウタツヤ 2
佐藤　弥（Sato, W.） 115
佐藤淑子 212
颯田葉子 4
Scammon, R. E. 99, 101
柴田裕之 116, 133, 134
柴田義松 10, 168
渋谷郁子 108
志水宏吉 60
清水康夫 210
下山晴彦 61, 71
篠崎信男 5
新屋裕太 119, 121, 125
汐見稔幸 149
Silverstein, M. 80
Siraj, I. 108
Skinner, B. F. 147, 165
Small, D. M. 115
Smith, P. K. 200
Solomon, J. 193
Stratz, C. H. 101
菅原ますみ 39
杉原　隆 103, 108

杉田穏子 96
杉山恵美子 6
杉山光信 6
住田正樹 196, 197
鈴木　勇 60
鈴木光太郎 119, 121, 122, 125
Swartz, J. R. 115, 116

T
高橋雅士 15
高橋　登 178, 179
高橋三郎 89, 91, 92
高橋弥生 106, 107
竹下秀子 125
滝川一廣 67
田中昌人 50
田中杉恵 50
田中康雄 95
棚瀬一代 81
谷川夏美 36
Teasley, S. D. 202
Thomas, A. 39
Thorndike, E. L. 165
Tomasello, M. 202, 205
富永康仁 89
富田真紀 210
友定啓子 133
Tranel, D. 115
Trevarthen, C. 204
辻村深月 69
津守　真 25, 28-32, 34

U
内田千春 137, 139
上淵　寿 143

V
Vauclair, J. 119, 121, 122, 125
Vygotsky, L. S. 9, 10, 153, 159-161, 168, 169

W
脇中起余子 64, 65
Wallon, H. 15
渡辺弥生 66
謝　文慧 197
White, S. 13
Williams, L. M. 115
Woodruff, G. 201
Wynn, K. 159, 160

Y
山岸明子 218
山下俊郎 107
谷田貝公昭 106, 107
養老孟司 8
吉野　純 77
吉岡昌紀 217

Z
Zeki, S. 113

事項索引

あ

間の世界　57
アイデンティティ・ステイタス　70
アイデンティティの確立　70
アイデンティティの感覚　184
仰向けに寝かせる育児　129
足場かけ　168
遊び　188, 197
　──相手　197
アタッチメント（愛着）　146, 191
安心度　149
アンダーマイニング効果　148
安定型　192
アンビヴァレント型　193
移行対象　135
いざこざ　198
一語文　175
一次的感情　132
一次的ことば　180
居場所（安全基地）　146
インクルージョン　85
エピジェネティック　187
円環的因果律　73
園内研修　95
教え‐教えられる　4
音遊び期　173
音韻意識　179

か

外言　159
外発的微笑　126

外発的報酬（ごほうび）　148
回避型　192
かかわり　199
過期産　122
学習障害（LD）　92
獲得的変化　3
葛藤　197
加配保育者　94
感覚運動期　154
感覚野　113
環境（人・モノ・コト）との出会い　35
関係発達論　12
観察学習　166
間主観性　204
基準喃語　173
機能的磁気共鳴画像　110
基本的感情　132
基本的信頼感の感覚　184
基本的生活習慣　105
キャリア教育　71
ギャング（＝悪漢）・エイジ　66
ギャング・グループ　68
9か月革命　205
9歳の壁　64
教育的かかわり　18
境界（バウンダリー）　80
境界侵犯　79
共感的苦痛　215
協調運動　105
共同学習　202
共同行為　189
共同注意　205
恐怖症　163
勤勉性　63

具体的操作期　157
形式的操作期　157
現在を形成する　33
原始反射　125
語彙爆発　175
向社会的行動　202, 215
構成主義　159
行動主義　162
合理的配慮　86
呼応関係　189
コーディネーター　95
心の理論　55, 197, 201, 210
誤信念課題　210
個体発生的発達　3
ごっこ遊び　189
古典的条件づけ　163
「子ども」という観念　6

さ

三項関係　174, 205
三人関係　73, 188
ジェネラティヴィティ　73, 190
ジェネラルムーブメント　125
ジェノグラム　75
シェマ　153
視覚障害　87
自我の芽生え　204
磁気共鳴画像　110
試行錯誤学習　165
自己鏡映像　207
自己決定理論　144
自己主張　56, 211
自己統制　56
自己抑制　56, 211
肢体不自由　87

索　引　241

質問期（命名期）　175
児童心理学　2
自発の微笑　126, 174
自閉症スペクトラム障害
　　（ASD）　90
社会構成主義　159, 167
社会情動的スキル　55, 137,
　　142
社会・情動的発達　137
社会性　188
社会の遊び　199
社会的学習理論　220
社会の葛藤　201
社会的参照　134, 205
社会的認知　200
社会的微笑　126
社会的欲求　142
周産期　120
主体としての心　14
10歳の壁　64
ジョイニング　78
小1プロブレム　63, 180
障害受容　95
障害を理由とする差別の解
　　消の推進に関する法律
　　86
条件反射　163
情動調律　133
情動伝染　41, 133, 215
食事　107
初語　175
自律　217
しりとり　179
新生児模倣　126, 174
親密性　73
心理社会的危機　184
心理社会的発達理論　73,
　　195
随意運動　102
衰退的変化　3
睡眠　107
スタートカリキュラム　63
ストレンジ・シチュエーショ
　　ン法　192

スモール・ステップの原理
　　147
生活の質（Quality of life）
　　88
清潔　107
成功体験　90
省察　34
生殖性　73
精神分析学　215
生成　187
生態学的発達理論　195
生物学的発達　3
生理の早産　127
生理的微笑　174
生理的欲求　142
世代間境界　79, 80
世代性　73
前操作期　155
前頭前野　112
相互作用　197
相互性　29
早産　122
側坐核　115
粗大運動　102
育てられる者　73, 186
育てる者　73, 186
存在感　25

た
第一次反抗期　206
胎芽期　119
胎児期　120
第二次性徴　66
第2の個体化過程　67
他者視点の取得　134
他職種連携　95
他律　217
知的好奇心　143
知的障害　89
着脱衣　107
チャム・グループ　68
中1ギャップ　68
注意欠如・多動性障害
　　（ADHD）　90

忠誠葛藤　81
聴覚障害　87
調節　153
直線的因果律　74
対の関係　52
出会う　31
低出生体重児　122
同化　153
動機　142
　　――づけ　142
　　　外発的――　144
　　　内発的――　144
道具操作　104
道具的条件づけ　165
統合　対　絶望　80
統合保育　86
道徳教育　221
道徳性　214
道徳的判断　216
徳　184
特別支援教育　86
友達　197

な
内化　160
内言　159, 209
仲間入り　200
仲間関係　196
泣き声　130
難産　127
二項関係　205
二次的感情　132
二次的ことば　180
二次的就巣性　128
日常生活動作（Activities of
　　Daily Living：ADL）
　　88
能動性　28

は
灰白質　111
排泄　107
白質　111
発育曲線　99

発達　2, 35
　――科学　3
　――障害　89
　――段階　7
　――の最近接領域　168
　――の連続性　61
ピア・グループ　68
微細運動　102
微視発生的発達　3, 8
非認知的能力　55, 137
表現　32
表示規則　136
ピンチ状把握　104
複数担任制　94
二人関係　73, 188
文化・歴史的発達　3
ペアレントトレーニング
　　78

辺縁系　113
変化の過程と仕組み　3
扁桃体　115
保育観　24
保育カンファレンス　95
保育者の援助　35
保護者支援　95
ホモ・サピエンス　4

ま
交わる　32
マスタリー・モチベーション
　　143
継母（父）神話　81
満期産　122
見立て遊び　189
無秩序・無方向型　193
夢中度　149

メディア　190
モラルジレンマ　218

や
指さし　205
養護的かかわり　17
幼児期の終わりまでに育って
　　ほしい姿　12

ら
ライフサイクル　186, 190
卵体期　119
リーチング　103
理解　32
劣等感　63

わ
笑い声　126

【執筆者一覧】（五十音順，*は編者）

網谷綾香（あみたに・あやか）*
大阪成蹊短期大学幼児教育学科教授
担当：第6章

大倉得史（おおくら・とくし）
京都大学大学院人間・環境学研究科教授
担当：第2章

大橋喜美子（おおはし・きみこ）
大阪成蹊大学教育学部／大学院教育学研究科教授
担当：第4章

興津真理子（おきつ・まりこ）
同志社大学心理学部／大学院心理学研究科教授
担当：第7章

倉盛美穂子（くらもり・みほこ）
福山市立大学教育学部教授
担当：第14，15章

郷式　徹（ごうしき・とおる）
龍谷大学文学部教授
担当：第19章

佐藤　弥（さとう・わたる）
京都大学こころの未来研究センター特定准教授
担当：第10章

渋谷郁子（しぶや・いくこ）*
華頂短期大学幼児教育学科准教授
担当：第8，9章，コラム2

少徳　仁（しょうとく・ひとし）
竜王町ふれあい相談発達支援センター
担当：コラム6

鈴木亜由美（すずき・あゆみ）
広島修道大学健康科学部教授
担当：第20章

鈴木　勇（すずき・いさむ）
大阪成蹊大学教育学部／大学院教育学研究科教授
担当：コラム3

羽野ゆつ子（はの・ゆつこ）*
大阪成蹊大学教育学部／大学院教育学研究科教授
担当：第17章

平沼博将（ひらぬま・ひろまさ）
大阪電気通信大学共通教育機構人間科学教育研究センター教授
担当：第5章

廣瀬聡弥（ひろせ・としや）
奈良教育大学教育学部教授
担当：第18章

藤崎亜由子（ふじさき・あゆこ）*
兵庫教育大学大学院学校教育研究科准教授
担当：第1，13章，コラム1，7

松阪崇久（まつさか・たかひさ）
関西学院大学教育学部准教授
担当：第11，12章

松本信吾（まつもと・しんご）
岐阜聖徳学園大学教育学部教授
担当：第3章

安田志津香（やすだ・しづか）
元大阪成蹊短期大学幼児教育学科教授
担当：コラム4

横山真貴子（よこやま・まきこ）
奈良教育大学教育学部教授
担当：第16章

吉次豊見（よしつぐ・とよみ）
大阪成蹊大学教育学部准教授
担当：コラム5

あなたと生きる発達心理学
子どもの世界を発見する保育のおもしろさを求めて

| 2019 年 5 月 20 日 | 初版第 1 刷発行 | 定価はカヴァーに |
| 2021 年 4 月 20 日 | 初版第 2 刷発行 | 表示してあります |

編　者　藤崎亜由子

　　　　羽野ゆつ子

　　　　渋谷　郁子

　　　　網谷　綾香

発行者　中西　　良

発行所　株式会社ナカニシヤ出版

　　　〒606-8161 京都市左京区一乗寺木ノ本町 15 番地

　　　　TEL 075-723-0111　FAX 075-723-0095

　　　　http://www.nakanishiya.co.jp/

　　　　Email iihon-ippai@nakanishiya.co.jp

　　　　郵便振替　01030-0-13128

装幀＝白沢　正
印刷・製本＝亜細亜印刷

© 2019 by A. Fujisaki, Y. Hano, I. Shibuya, & A. Amitani　　Printed in Japan.

＊落丁・乱丁本はお取替え致します。

ISBN978-4-7795-1370-1

本書のコピー，スキャン，デジタル化等の無断複製は著作権法上での例外を除き禁
じられています。本書を代行業者等の第三者に依頼してスキャンやデジタル化する
ことはたとえ個人や家庭内の利用であっても著作権法上認められておりません。